# はじめに

JN007556

　徒歩で行ける程度の狭い範囲が生活のすべてだった子どもの頃，その生活圏を越えて外の世界に出ることはとても勇気のいることでした。と同時に，「あの山の向こうはどんなところだろう」と，ワクワクしながらまだ見ぬ土地に対して思いを馳せていたことも覚えています。私たちの地理に対する興味は，こうした見知らぬ土地への好奇心や憧憬から始まったのかもしれません。大人になるにつれ，その対象は日本全国や世界各地にも広がっていきましたが，異郷に対するワクワクした気持ちは誰もが変わらずもちつづけていることでしょう。

　私たちがもつさまざまな地域への興味・関心を満たしてくれるのが地理の学習です。たとえば，日頃見慣れた身近な地域でも，注意深く観察してみると，いくつもの新たな発見や疑問がわいてきます。つい最近まで畑だったところが整地されて，いつの間にか敷地面積100㎡たらずの建売住宅が何棟か建てられた。畑の所有者はなぜ農業をやめてしまったのか？　この建売住宅を購入するのはどんな階層の人なのだろう……？　次々と疑問がわいてきます。その疑問や謎を解き明かしていくのが地理の学習なのです。

　その際に役立つのが地図です。たとえば，畑から宅地への土地利用変化は，作成年度の異なる地形図や空中写真を比較することで明らかにすることができます。以前ならば，こうした作業は新旧の地形図を入手するところから始めなければなりませんでしたが，現在ではICT技術の発達により，地理院地図や「今昔マップ」のサイトから簡単に入手することができます。さらに，Google Earthやストリートビューの機能を使えば，いながらにして日本だけでなく世界各地の「現地」を視覚的に観察することができます。「地理教師　見てきたような　嘘を言い」と揶揄された時代は過ぎ去り，世界各地の「今」を生徒たちと共有しながら学習することができるのです。

　本書は，高等学校地理歴史科に新設された必履修科目「地理総合」を実践するにあたって，地理を専門とする教員はもちろん専門としない教員や地理歴史科の教員免許を取得しようとしている学生のみなさんにも，授業づくりの視点や方法を具体的に提示することをめざしています。これまで「地理」は教えにくい科目だと言われてきました。難解な自然地理学の専門用語や面倒な地図指導，年々更新される統計数値への対応等，「地理」はできれば担当したくない科目だったと思います。しかし，本来地理の学習は，身近な地域や日本各地，世界各地で生起しているさまざまな地理的事象の謎解きです。幸い「地理総合」では，そうした謎や疑問を「主題」や「問い」として設定し，ストーリー性のある授業を構想することを求めています。さらに，前述の地理院地図やGoogle Earthのように，楽しく，実感をもって学ぶことができるツールも用意されています。

本書の各節では，まず授業の「ねらい」を明確にしたうえで，学習テーマに対する生徒たちの興味・関心を喚起するための導入教材を紹介しました。次いで，導入教材を足がかりにし，①具体的な教材研究とそれにもとづいた授業づくりの過程の解説，あるいは②授業展開モデルを例示するという構成をとっています。

　読者のみなさまには，本書の内容を参考に，ワクワクするような「地理総合」の授業を実践していただければと願っています。

竹内裕一

大野　新

「地理総合」の授業　目次

# 地理で学ぶ世界と日本

第1章では，新設された「地理総合」導入の経緯とその趣旨の検討をふまえて，授業づくりの視点と課題を明らかにします。こうした作業は，学習指導要領を相対化してとらえ，授業をどのように構想すべきなのかを考えるうえで重要です。さらに，激しく変動する現代を生きる高校生が獲得すべき地理的な見方・考え方とは何なのかを考察することを通して，学習者である高校生を，現代世界を構成する主体として育むために，「地理総合」はどのような役割を担うべきかを検討します。

# 1 「地理総合」における授業づくりの視点

----

キーワード　主体的・対話的で深い学び（アクティブ・ラーニング）　地理的な見方・
　　　　　　考え方　「主題」や「問い」を中心に構成する学習　SDGs

----

## （1）必履修科目「地理総合」の新設

　高等学校における社会系科目としての「地理」は，1978 年版学習指導要領の「現代社会」，さらに 1989 年版の「世界史」の必修化にともない，長らく「①地理の履修者減→②地理教員の採用減→③入試での地理出題大学の減少と受験者減」（戸所 2015　p.64）という負のスパイラル状態を余儀なくされてきました。そのような中，2018 年改訂により必履修科目「地理総合」が新設され，地理学・地理教育関係者は「地理」が再び表舞台に立つことができる環境が整ったと，大きな期待を寄せています。

　しかし，「地理」が再興あるいは復活するか否かは，いかに魅力的な「地理総合」カリキュラムやそれを具現化した授業を提供できるかにかかっていると言っても過言ではありません。そこで，本項では，本書で魅力的な「地理総合」の授業モデルを提供するに先だって，その成立過程をふまえながら，授業づくりの視点を検討してみましょう。

## （2）学力観・授業観の転換と「地理総合」

　今次の改訂は，中央教育審議会（2012）の大学教育の質的転換に対する「答申」に謳われた「アクティブ・ラーニング」の提唱を契機にしています。従来の大学教育は，狭い専門分野における知識の伝達・注入が中心であり，日々進歩する科学技術や激動する世界情勢，深刻化する社会問題の解決には無力でした。「答申」では，このような硬直化した大学教育を打破するには，教員と学生が意思疎通を図りつつ知的に成長する場を創り，「学生が主体的に問題を発見し解を見出していく能動的学修（アクティブ・ラーニング）への転換」（p.9）を主張し，大学教育の抜本的な改革を示唆しました。

　アクティブ・ラーニングに象徴される高等教育における学力観・授業観の転換が，初等・中等教育に波及していったのが，今次の改訂でした。とりわけ高等学校教育は，大学教育改革と連動した高大接続の視点から，大学入試改革との一体的な改変がめざされました。中教審教育課程企画特別部会（2015）では，次期改訂がめざす資質・能力を育むためには，学びの量とともに質や深まりが重要であり，「課題の発見・解決に向けた主体的・協働的な学び（いわゆる「アクティブ・ラーニング」）」（p.17）を強調しています。

　こうした教育課程改革の動向を高校「地理」に引き寄せて考えてみると，初等・中等教

育の中で，やや特異な位置にあったことがわかります。1989年改訂において導入された「新しい学力観」による学力観・授業観の転換は，その後1998年版の「生きる力」の育成に引き継がれ，いわゆる「ゆとり教育」として具現化されていきました。地理教育の分野では，中学校の変化がもっとも顕著でした（竹内　2018）。従来から中学校地理的分野のカリキュラム構成原理は地誌学習でしたが，1998年版ではより普遍的な学力である「地理的な見方・考え方」や「学び方（地理的技能）」を学ぶ地理カリキュラムに転換されました。その後，「ゆとり教育」批判により再び地誌学習に回帰しましたが，その学力観・授業観は次の2008年版以降にも引き継がれ，世界地理学習における「主題学習」や日本地理学習の「動態地誌的学習」の導入として結実し，今次の改訂に至っています。

　それに対して高校「地理」は，1999年版で「地理A」の内容構成が「現代世界の特色と地理的技能」「地域性を踏まえてとらえる現代世界の課題」となり，「地理的な見方・考え方」や「学び方（地理的技能）」の視点が導入されましたが，中学校のような抜本的な改変には至りませんでした。加えて，相変わらず事実的知識に偏重した大学入試やICT環境の未整備など小・中学校に比べて劣悪な教育環境が，硬直化した地理授業を助長していました。今次の改訂では，そのような高校教育を根本的に見直す改革が行なわれ，地理歴史科における「地理総合」「歴史総合」，公民科の「公共」の新設につながったのです。

## （3）「地理的な見方・考え方」と「主題」や「問い」を 中心に構成する学習

　「主体的・対話的で深い学び」と言い換えられた「アクティブ・ラーニング」は，その後の教育課程改訂の中核を担っていくことになります。「地理総合」では，変化の激しい現代社会を生き抜くために必要な知識・技能や思考力・判断力・表現力などの資質・能力の育成をめざして，「主体的・対話的で深い学び」による学習過程を創造することが求められています。

　「地理総合」における「主体的・対話的で深い学び」を支えているのが，「地理的な見方・考え方」と「主題」や「問い」を中心に構成する学習（以下，「主題学習」）です。

　新学習指導要領では，思考力・判断力・表現力や学びに向かう力・人間性等の情意面は，教科固有の文脈の中で習得される内容事項（知識・技能）と関連づけられながら育まれていくという立場に立っています。すなわち，教科学習によって獲得される資質・能力は，当該教科固有の教育内容の学習を通して育むのであり，各教科固有の「見方・考え方」はその視点として，「各教科等を学ぶ本質的な意義の中核をなすものとして，教科等の教育と社会をつなぐものである」（中教審2016　p.34）としています。

　地理教育において「地理的な見方・考え方」が位置づけられたのは，1969年版の中学校地理的分野からであり，その後1989年版からは高校地理にも取り入れられました。今次の改訂では，2009年版の「地理的な見方・考え方の基本」を継承し，①位置や分布，②場所，③人間と自然の相互依存関係，④空間的相互依存，⑤地域，という5つの視点を明示しています。学習指導要領では，「地理的な見方・考え方」を働かせる学習過程を，

地理的事象の意味や意義，特色や相互の関連を考察したり，地域に見られる課題を把握して，その解決に向けて構想したりすることであり，またそれを用いることによって生徒が獲得する知識の概念化を促し理解を一層深めたり，課題を主体的に解決しようとする態度につなげると説明しています（文部科学省 2018）。

　他方，「主題学習」は，「主体的・対話的で深い学び」を実現するための学習過程として提唱されています。「地理総合」では，「問い」や単元を貫く「主題」のもと，課題把握→課題追究→課題解決という学習過程を想定し，社会的事象に対する知識，技能，思考・判断・表現，主体的にかかわろうとする態度の獲得をめざした学習を計画的・構造的に配置することが求められています（中央教育審議会教育課程企画特別部会 2015）。こうした探究的な学習は，当該単元だけで完結するのではありません。学習過程を通して解決できなかった課題は，次の単元，さらにその先の単元に引き継がれて学習が螺旋的に深化していくという継続的なカリキュラム展開が期待されているのです。

　これまで，高校地理授業は，教育内容優先の「1時間1話完結型」の授業が主流でした。「1時間1話完結型」授業は，前述のような大学入試への対応とも相まって，生徒の興味・関心や学ぶ意義と乖離した知識中心の「暗記地理」に道を開いてきたとも言えるでしょう。「主題学習」の導入は，こうした硬直化した高校地理授業を変革する突破口としても提唱されているのです。


## （4）「地理総合」の内容

　「地理総合」の学習内容は，地図・地理情報システム（GIS），グローバル，ESD（Education for Sustainable Development），防災という4つのキーワードによって構成されています（表1）。このような学習内容は，従来の「地理」においても取り扱われていましたが，「地理総合」の場合は次の2つの側面から導出されています。

　第1は，「地理総合」によって育成すべき資質・能力という視点です。今次の改訂では，「何を知っているか」という知識・理解の獲得を中心とした授業から，「何ができるようになるか」という資質・能力の育成への転換がめざされています。「地理総合」の場合は，「広い視野に立ち，グローバル化する国際社会に主体的に生きる平和で民主的な国家及び社会の有為な形成者に必要な公民としての資質・能力」の育成が目標として掲げられており，そうした資質・能力を獲得するために必要な教育内容（何を学ぶか）と学習方法・学習過程（どのように学ぶか）が選択されていくことになります。

　こうした教育目標からの学習内容の導出は，井田（2016）が指摘するように，「地理」の学習を通して育成すべき人間像（人材）を明確にし，そのような人間像を育むために何を学ぶべきかを特定することにつながります。

　第2は，国連の持続可能な開発目標（SDGs）に示された地球環境変動や自然災害，空間的不平等，貧困問題など，現代世界が抱えるさまざまな課題に対して，「地理」の立場から扱うべき学習内容を選定し，焦点化している点です。中央教育審議会初等中等教育分

表1　「地理総合」の内容構成

| **A　地図や地理情報システムでとらえる現代社会** |
| --- |
| 　位置や分布などに着目して，地図・地理情報システム（GIS）に関する理解を深め，B・Cの基礎となるような汎用的な地理的技能を身につける。 |
| **B　国際理解と国際協力** |
| （1）生活文化の多様性と国際理解<br>　場所や人間と自然との相互依存関係などに着目して，世界の人々の生活文化の多様性や変容について理解し，自他の文化を尊重し国際理解の重要性を理解する。<br>（2）地球的課題と国際協力<br>　空間的相互依存作用や地域などに着目して，地球規模の諸課題の存在と関係性を理解し，その解決に向けた国際協力のあり方について考察する。 |
| **C　持続可能な地域づくりと私たち** |
| （1）自然環境と防災<br>　人間と自然環境との相互依存関係や地域などに着目して，日本をはじめ世界で見られる自然災害や生活圏における自然災害の特色と防災へのそなえについて理解する。<br>（2）生活圏の調査と地域の展望<br>　空間的相互依存作用や地域などに着目して，生活圏の課題を地域調査等の探究活動を通して解明し，持続可能な地域づくりのために必要な取り組みを多面的・多角的に考察・構想・表現する。 |

出典）文部科学省　2018より作成

　科会（2016）は，「地理総合」新設に際して，「持続可能な社会づくりに必須となる地球規模の諸課題や地域課題を解決する力を育む科目」として「地理総合」を性格づけています。現代世界が抱える深刻な社会問題の解決に向けて，「地理総合」が貢献できる分野を学習内容としたのです。具体的には，「地理総合」新設に向けて先導的役割を担ってきた日本学術会議（2017）は，環境と人間のかかわり，地域性に関する学問領域・科目という地理学・地理教育の特性を生かして，SDGsの17の目標のうち「貧困や空間的不平等に関する項目」や「環境・防災に関する項目」「国際関係に関わる項目」を重点的に取り扱うべき内容として提言しています。さらに，課題解決にあたっては，地図やGIS，フィールドでの地域調査など，空間科学としての地理学独自の研究手法を通して「主体的対話的で深い学び」を実現することをめざすべきであるとしています。

## （5）「地理総合」授業づくりの視点

　以上のような「地理総合」の成立過程と新科目としての特徴をふまえるならば，実際の授業はどのように構想されるべきなのでしょうか。ここでは，高校教育現場の実態と「地理総合」設立の趣旨をふまえて，授業づくりの視点を考察してみましょう。

　**第1は，地理を専門としない教員への配慮が必要です。**前述のように，1978年版で必履修科目「現代社会」が新設されて以降，「地理」はずっと低空飛行状態でした。地理教員の採用人数も低く抑えられてきたため，必履修科目である「地理総合」は歴史や公民の教員も担当せざるをえないという状況にあります。地理を専門としない教員にとって「地理」は，馴染みのない地図やGIS，自然地理的な内容項目があり，できれば担当したく

ない科目であるといいます。そのような教員に対して，専門的な地理の知識や技術がなくても，興味をもって取り組める授業の開発と紹介が必要になってくるでしょう（本書がその一端を担おうと試みていることは，次章以降をお読みいただくと理解していただけると思います）。

　その際重要なのが，地理にこだわりすぎないことです。「地理総合」新設にあたって地理関係者は，地理学・地理教育の社会的有用性，独自性を前面に押し出して広報活動を展開してきました（竹内　2016）。その甲斐あって必履修化が実現したのですが，現在はそのことが逆に足かせになってしまっています。このような事態を打開するには，地理のハードルを下げること，つまり地理にこだわらず歴史や公民の教員の専門性を生かした「地理総合」の授業を柔軟に構想することも必要です。具体的には，1978年版で新設された「現代社会」において，地理教員が担当した授業を想起するといいでしょう。それまで1年に設置されることが多かった「地理」を担当していた地理教員は，新課程で1年に設置された「現代社会」をそのまま担当する場合が多く見られました。その際，地理教員は「現代社会」の環境問題などの学習項目を自分の専門分野に引き寄せて授業を構想し，多くの優れた実践を生み出しました。

　第2は，第1点目とかかわって，総合的な視点を導入することです。「地理総合」の中核的な教育内容であるSDGsが対象とする事象は，幅広い研究分野におよんでいます。たとえば，先に示した「地理総合」内容構成の4つのキーワードは，いずれも地理学・地理教育が独占している研究対象や教育内容ではありません。「地理総合」では，一方で地理独自の視点や方法にこだわりながらも，課題解決の過程では，広く他分野の研究成果や分析視点・分析方法を取り入れることにより，より広い視野から多面的・多角的な問題解決のあり方を模索していくべきだと思います。

　第3は，「どのように学ぶか」という学びの質を重視することです。「地理総合」では，育成すべき資質・能力から教育内容を選定し，「主題学習」による探究的な学習過程を通して，「主体的・対話的で深い学び」の実現をめざしています。そこでもっとも重要なのが，学習者が学習課題を自分事としてとらえる当事者意識です。この当事者意識を涵養するには，「どのように学ぶのか」という学習方法（教授行為）の工夫が不可欠です。幸い地理教育では，直接体験による地域調査（フィールドワーク）はもちろんのこと，1980年代より国際理解教育や開発教育，環境教育等に学びながら，シミュレーションゲームやロールプレイ，ディベート等，いわゆる参加型学習を積極的に導入してきました。こうした地理教育実践を通して得られた知見は，「地理総合」においても大いに生かされるべきでしょう。


## （6）「地理総合」の実践課題

　以上の検討からも明らかなように，「地理総合」は持続可能な社会づくりに必須となる地球規模の諸課題や地域課題の学習を通して，「主体的・対話的で深い学び」を実現しようとしています。しかし，それらを実践するにはいくつかの大きな課題があることも事実です。最後に，「地理総合」の実践課題とその克服の視点をまとめておきましょう。

第1は，「地理総合」が学習対象とする地球規模の諸課題や地域課題の解決に向けた学習過程をどのように構想するかという点です。「地理総合」で扱う社会（地域）問題は，立場の異なる人々の多様な意見や考えを考慮に入れれば入れるほど，解決策を見出すことが困難となり，学習者は無力感を抱いたまま終わることになりかねません。そこで重要なのが継続的な課題の追究と粘り強い対話の積み重ねです。社会（地域）問題の学習では，問題解決を当該単元だけで完結させるのではなく，学習を通して合意形成できた点は何か，解決できなかった問題は何かを明確にして，次の単元や「地理探究」，さらには歴史や公民の他科目の学習へと継続・深化させていく必要があります。こうした学習の積み重ねこそが，真の意味での「主体的・対話的で深い学び」の実現につながるでしょう。

　第2は，生徒の世界観（世界認識）形成をどのように保障するのかという課題です。地理教育の目標の1つに，学習者の世界観形成に資するという点があります。「主題学習」で構成される「地理総合」では，地域を総体としてとらえる地誌的視点が弱くなりがちです。この点を克服するには，「地理総合」のカリキュラムの中に地誌的視点を組み込むことが必要であると考えます。たとえば，「地理総合」で取り上げる「主題」は具体的な地域事例を通して学習することになりますが，そうした地域事例を取り上げる際に地誌的視点を導入するのです。また，「地理総合」全体のカリキュラムを構想する際に，事例地域を地誌的な観点から選択・配置しておくことも重要でしょう。世界地誌学習を学習内容とする「地理探究」との連携も考えられますが，「地理探究」が選択科目であることに加え，大学入試における「地理」受験の設置実態を考えると，多くの履修者を期待することはできません。そうなると，やはりある程度「地理総合」内で完結した地誌的視点を導入することのほうが，現実的であると言えるでしょう。

**参考文献・資料** -------------------------------------------------------------------------------

　井田仁康　2016.「高等学校『地理』の動向と今後の地理教育の展望」人文地理 68-1，pp.66-78

　竹内裕一　2016.「『地理総合（仮称）』の内容構成と今後の課題——学習指導要領改訂に向けたこの間の動向から」地理教育 45，pp.6-15

　竹内裕一　2018.「新学習指導要領をどう読むか——その位置と実践の方向性」地理教育 47，pp.6-16

　中央教育審議会　2012.『新たな未来を築くための大学教育の質的転換に向けて——生涯学び続け，主体的に考える力を育成する大学へ（答申）』

　中央教育審議会　2016.『幼稚園，小学校，中学校，高等学校及び特別支援学校の学習指導要領等の改善及び必要な方策等について（答申）』

　中央教育審議会教育課程部会社会・地理歴史・公民ワーキンググループ　2016. 配付資料（第 13 回，2016.5.26）https://www.mext.go.jp/b_menu/shingi/chukyo/chukyo3/071/siryo/__icsFiles/afieldfile/2016/07/06/1371619_14.pdf（最終閲覧 2021 年 2 月 20 日）

　中央教育審議会教育課程企画特別部会　2015.『論点整理』

　中央教育審議会初等中等教育分科会　2016. 教育課程部会高等学校部会配付資料（第 5 回，2016.6.27）https://www.mext.go.jp/b_menu/shingi/chukyo/chukyo3/075/siryo/1373892.htm.（最終閲覧　2021 年 2 月 20 日）

　戸所　隆　2015「高校『地理総合（仮称）』新設・必修化の意義と今後」地理 723，pp.61-65

　日本学術会議地域研究委員会・地球惑星科学委員会合同地理教育分科会　2017.『提言　持続可能な社会づくりに向けた地理教育の充実』

　文部科学省　2018.『高等学校学習指導要領解説　地理歴史編』東洋館出版社

（竹内裕一）

# 2 「地域から世界をつなぐ」地理的な見方・考え方

------------------------------------------------------------

キーワード　地理的な見方・考え方　新型コロナウイルス　感染症　地域課題

------------------------------------------------------------

## （1）「地理総合」の授業を作る視点

　前項で述べられたように，新しい学習指導要領では，変化の激しい現代社会を生き抜くために必要な知識・技能や思考力・判断力・表現力などの資質・能力の育成をめざした学力観・授業観にもとづいた授業が求められています。おそらく，必修化された「地理総合」の授業はこれまで地理の授業を担ってきたプロパーの教員だけではなく，他科目の教員も担当することでしょう。「地理」という科目が高校の実質的な必修科目からはずれて40年以上の歳月が流れました。「地理」を高校で履修しなかった人たちもこの本を読んでいることと思います。

　そこで，この項では「地理」の授業をいかに作っていくのかについて，具体例をもとにして考えていきたいと思います。今回，事例として取り上げるのは，まだまだ渦中にある新型コロナウイルスの問題です。今後，さまざまな教科目で扱われるであろうコロナ問題を，地理で扱う場合，どのような視点で考えていけばよいのでしょうか。

## （2）新型コロナウイルスと世界

　2020年，中国から広がったとされる新型コロナウイルス（covid-19）は，急速に全世界に拡大していきました。当初は中国の武漢市で感染が拡大しましたが，その後各大陸に感染が広がり，日本では，横浜に来航したクルーズ船から感染が始まりました。やがて，感染の拡大を防ぐために，2月末に学校の閉鎖が決まり年度末の卒業式などがとりやめとなりました。2020年3月に成立した特別措置法によって，4月7日に東京，神奈川，埼玉，千葉，大阪，兵庫，福岡の7都府県に緊急事態宣言を発令し，4月16日に対象が全国に拡大しました。年度当初と重なって，日本のさまざまな機関では業務が停止・縮小されました。学校現場も大きく混乱し，新年度になっても児童・生徒の登校はできませんでした。そして5月25日には首都圏1都3県と北海道の緊急事態宣言が解除となり，およそ1か月半ぶりに全国で解除されることになりました。しかし，予定されていたオリンピックは延期され，緊急事態宣言は2021年の年明けから再度一部の自治体で発出されています。

　それにともなって，全国の学校でも日常の生活が大きく変化していきました。登校時間や授業の形態，消毒体制，行事の実施などがさまざまな制約を受ける1年となりました。

筆者が勤務する大学でも新年度の授業は連休明けから少しずつ始まりましたが，中・高とは異なり，すべての授業がオンラインとなりました。

授業開始直後（5月15日）に，教職の授業を受講する学生に出した課題（Q．今，われわれが真っ只中にいる新型コロナウイルス問題を地理歴史科の授業で扱うとしたら，ど

図1　全世界の新型コロナウイルス感染状況

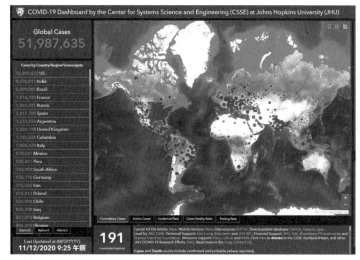

出典）esri ジャパン HP

のような内容にしますか。箇条書きでかまいませんので，あげてみてください）に対する答えをあげてみましょう。

「コロナウイルス感染拡大から考える都市問題／差別の歴史（ハンセン病，原発事故等）／ウイルスがもたらす社会革新／コロナウイルスと世界の外交関係（進む中国の世界進出）／グローバル化（ヒトモノの往来が激しいからこそ）／シルクロードと絡めて（中国と欧州のつながりは昔からある）／自粛と経済（インフレ・デフレが起こること）／経済危機の歴史（原因の分類，戦争や感染症，災害など）／恐慌の歴史／グローバル化の功罪について／東京一極集中のもたらす帰結／政府のコロナ対応に見る各国での人権意識の違いと背景」などがあがりました。まだまだ長く続くであろうコロナの収束が見えない中で，生徒とともに何を考えていけばよいのかを大学生なりに答えています。

その後，感染者数は世界各地で増加していきました。今回，何回も見ることになったある画面があります。図1は，アメリカのジョンズ・ホプキンス大学が更新している全世界の感染状況を表したものです。そして，日本でも毎日，各都道府県別の感染者数や死亡者数が自治体から発表されています。その後，ワクチン開発が進み，接種が始まりましたが，まだまだコロナの収束は見えない状況が続いています。

## （3）新型コロナウイルスと地理教育

このコロナウイルスで変化した世界を地理教育で扱うとしたら，どのような視点で授業化していくでしょうか。先ほどの大学生の回答にもヒントがありますが，今回のウイルスはある意味世界で同じように起こった現象であるととらえてみると，地理的な見方・考え方の1つである地域差を考えるうえで重要な視点を提供してくれています。

a）起こった事象の地域的な差異を考える

　多くの生徒が疑問に思うことは，なぜ世界で感染状況にこれだけの違いが出たかということでしょう。その点で，まずは世界各地の感染状況を比較してみることが地理的に見てとても重要なことです。現代世界ではさまざまなスケールでのデータが開示されています。市町村レベル，都道府県レベル，国レベル，州（大陸）レベルまでデータや分布図で確認することができます。その次に違いが出た理由を考えることとなります。

b）起こった事象の内容や背景，推移を確認する

　コロナウイルスで言うならば，どのような感染症なのか，症状や感染源，感染の過程などの知識を共有します。もちろんその時点でわかっている知見にもとづくものでかまいません。そして，感染速度が大変に速かった背景や感染状況の地域的な違いについて，資料をもとに考えます。明らかにグローバル化の進展が今回の感染伝播の速度と関連しています。

b）その事象によって国際社会がどのように変化したかをとらえる

　コロナの感染拡大によって，ヒトやモノの流れが大きく変化しました。地理教育において，これらの流れをとらえることは見方・考え方の重要なテーマです。ヒトの流れが止められたことで，ビジネスや観光，留学，移民などさまざまな影響が出ました。モノの流れが滞ったことで，産業，労働，消費などに大きな変化が出ました。また，コロナによって不振となった産業や逆に活況となった産業を考えてみることも重要です。旅行業界や飲食業界のことは容易に想像できますが，たとえばスーツや化粧品の売れ行きが落ちたり，チューインガムやキャンディーの売り上げが落ちたとなると，その理由を考えることは，消費行動や，現代人のライフスタイルを考えることにもつながります。

d）その事象に対して世界各国はどのような対応を迫られたかを考える

　コロナで言えば，ロックダウンや緊急事態宣言など各国で出された対策をまずとらえます。たとえば，ヨーロッパ各国での対応を見ても国によってかなり違いがありました。感染症に対する姿勢の違いが浮き彫りとなりました。さらにアメリカやブラジル，インド，中国などの人口大国の対応もそれぞれ異なりました。日本国内で考えると，特定給付金やGoTo イート，GoTo トラベルなどの対応がとられましたが，世界でも同じような対応がとられたのか，あるいは日本独自のものなのかについて考えることもできます。

e）危機的な状況に対する国際社会の連帯や協力を考える

　人類史上でもまれなパンデミックの状況下で，国際社会がどのように協力して立ち向かっていったのかを考えることも重要です。世界的な組織であるWHOの動向を追い，ワクチン開発の流れや接種に向けての準備や途上国に向けての医療体制の整備など，一国の範囲を越えた協力体制が今回ほど求められたことはありませんでした。SDGsに見られるように，地球的課題が浮き彫りにされたできごととなっています。


## （4）地理教育がめざすもの

　これまで述べてきたように，地理教育では1つの事象を見るときに空間軸や時間軸など

を使います。特に空間軸に関しては，さまざまな地域スケールを可変的にとらえながら見ていくことが必要です。これをイメージで表すと図2のようになります。

図2　地域学習を軸とした社会科・地理教育カリキュラムの概念図

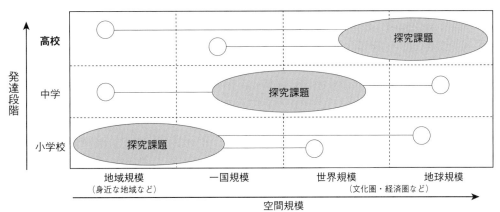

出典）竹内　2012，p.70より作成

　この図は小学校から高等学校まで，探究の中心となる地域スケールをどこにおくかを示しており，たとえば高等学校ならば，世界規模や地球規模の事象に中心をおいていることを示しています。その場合，それぞれの規模の中のことだけを学ぶのではなく，必要に応じて身近な地域の規模にまでおろして，問題を考えることも求められます。小学校から少しずつその見方を養っていき，最終的に高校段階では，地球規模の探究課題に軸足をおきながら地域レベルにまで視点をもってきたり，対応を考えることができるようにします。
　コロナウイルスで置き換えるならば，地域で起こっている感染対策や社会変化を見つつ，世界全体での地域的差異に気づき，その理由や背景が考えられるようにすることが目標です。やがては，その能力を地球的規模で発生しているほかの課題に対しても向けることができるようになれば，地理教育の所期の目標は達成できたと考えてよいでしょう。
　本書の次からの項目では，具体的な事象を取り上げて，どのように授業で取り扱っていくかを提案していきます。今回は「地理総合」で扱われる項目を中心に展開していますが，やがてはコロナウイルスが広がった世界の状況についても授業で取り扱っていければと考えています。

参考文献・資料 --------------------------------------------------------------------------------
　池田考司・杉浦真理編著　2020.『感染症を学校でどう教えるか』明石書店
　上田昌文・宮内泰介　2020.『実践 自分で調べる技術』岩波新書
　小池とみ子　2009.「地誌学習と系統学習の統合と新たな『空間規模論』の展開」地理教育研究所論集 13，pp.46-51
　竹内裕一　2012.「地域における社会参加と地理教育」E-Journal GEO 7-1，pp.65-73
　山本太郎　2011.『感染症と文明——共生への道』岩波新書
　esri ジャパン　https://www.esrij.com/industries/case-studies/135794/（最終閲覧 2021年2月10日）

（大野　新）

# 地図や地理情報システムで見える地域と世界

第2章では，地図や地理情報システムによる授業づくりを検討します。地理学習に地図は欠かせません。従来の地図学習は，読図や作図の技能や投影法等の知識・理解の習得を中心とした無味乾燥としたものでした。しかし，現在では，ICT技術の発達により，スマートフォンの地図アプリに象徴されるように，デジタル地図と接する機会が格段に増えました。本章では，そうした地図をとりまく進化・発展の実態をふまえて，現代世界を読み解くツールとしての地図の教材化について検討してみたいと思います。

# 1 地図は身近にあふれている

2-1

キーワード　路線図　触地図　市街図　ハザードマップ　地形図

## （1）授業のねらい

　本章では，「地理総合」の大きな柱の１つである地図について学びます。本項はその入り口でもあり，同時に年間の最初の授業でもあります。そこで，生徒たちにとって身近な事例を取り上げます。日常生活では多くの地図を目にしていることにあらためて気づいてほしいと思います。

　高校生にとって，毎日の通学路はとても身近なフィールドです。実はたくさんの地図が設置されていますが，生徒たちにはあまり認識されていないようです。でも同時に，地図情報のもとになる施設の立地や各所の景観などは理解してお互いに共有しています。

　そこでこの授業では，駅に設置されている地図や，駅から学校までの市街図，学校周辺の地形図などを活用して，日常生活と地図の結びつきについて考察していきます。ペアワークやグループワークを設定できる場面も多く，アクティブ・ラーニングの要素も加えることが可能です。１年間の最初の単元ですから，楽しみながら学ぶことをめざしましょう。

## （2）テーマのための導入素材

　駅でまず生徒が目にするのは「路線図」です（図1）。縮尺も一定ではなく，一見すると地図とは認識できないかもしれません。でも，鉄道の利用者が必要とする情報を簡潔に表現しています。路線ごとの駅の順序や，他の路線に乗り換えることのできる駅などが示されています。利用の目的に合った内容をわかりやすく表現することで，地理情報や空間情報を地図として表現しています。

図1　JR成田駅の路線図

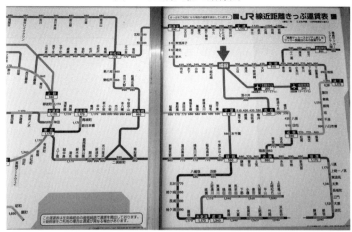

出典）筆者撮影

## （３）授業の流れ

### ①駅にある地図を探す

　「けさも成田駅は混んでいたかな？」と呼びかければ，生徒からはさまざまな反応が返ってきます。次に「駅にはどんな地図があるかな？」と問います。ペアで出し合うように指示すれば，たくさんの答えが出されます。「切符売り場の上にある料金表も地図ですか？」と質問が出れば，教科書で「路線図」を確認します。「駅のまわりの場所の地図もあるよね」「バス乗り場の案内図もあるよ」「旅行とかのパンフレットにも地図が載っているよ」などなど，多くの反応で盛り上がります。

　そこで私から「触地図もあるでしょ？」と問うと，生徒たちは「……」。どんな地図なのかわからないようです。「トイレの前の……」「ぶつぶつした……」とヒントを出すと，何人もの生徒が気づきます。「便器とか個室とか洗面台の場所の地図だよ」とか「点字も書いてありました」など。なかには「触っている人は見たことないな～」と発言があると，ほかの生徒も「あーあれね」とさらに思い出すようです。

　筆者が勤務する高校の生徒が利用する最寄りの駅（JR成田駅・京成成田駅・スカイアクセス成田湯川駅）には，いずれも触地図が設置されています。改札口付近には駅構内の主要施設を案内した触地図，トイレの入り口には多目的と男女それぞれの室内の設備を示した触地図，新しく設置されたものの中には音声案内をそなえた触地図も見られます（図2）。

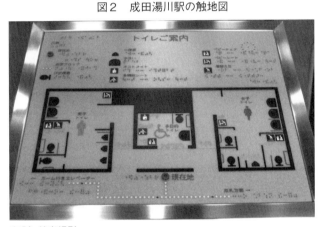

図2　成田湯川駅の触地図

出典）筆者撮影

　そこで，設置箇所を教えて，よく見てくるように伝えます。後日その報告をし合います。「普通の案内図より単純だった」「他の地図より情報量が少なかった」「シンプルでわかりやすかった」「けっこう混む場所なのであまり落ち着いて見られなかった」「チャイムの音が鳴りつづけていた。場所を知らせていたのかな？」「車イスでも触れるような低い場所に斜めに設置されていた」「案内板の下まで点字ブロックがつながっていた」等々，触地図の特性や利用者への配慮などにも気づけたようでした。

　バリアフリーに関する法令が整備されたことで，触地図を含む福祉インフラの整備が大きく進展しました。都市部を中心に，駅や隣接施設，公園や公共施設などにも触地図が設置されるようになってきました。ある生徒からは「でも，あまり使われていないのでは？」と疑問も出されました。その理由を考察する中で，「存在が知られていないのではないか？」「みんなが使うのであまり清潔ではないのかも？」「混雑していてゆっくりと読むことができないからスマホで見られるようにしては？」と建設的な意見やアイディアも生ま

れてきます。

　見える人も見えない人も（見えにくい人も）みなで使える地図とは何かを考えさせることで，ユニバーサルデザインの考え方も学ぶ機会となります。地図の技術が急速に進化していることを学ぶのと同時に，地図を通した「共生」を考察するきっかけともなるでしょう。

### ②通学路と地図

　電車通学者が多い学校では，最寄り駅から市街地を通っていく通学路も多いのではないでしょうか。「駅から学校へ来る間には何があるか」と問えば，「駅前には○○と△△があって……」「信号の角には□□が……」「あの家にはおじいちゃんが」「あのアパートからはたくさんの外国人が自転車で……」等々たくさんの情報が返ってきます。それらを整理するために「では簡単に地図化してみようよ」と伝えますが，周辺の区画や各所の位置関係はかなり曖昧なようです。そこで，市役所が作成している市街図を配り通学路周辺の地図情報を整理させます。すると，自分のもっている情報と，正しい距離感にもとづいた地域の景観が結びつくようです。

　各自治体では市民向けに市街図を作成しています。カラーで見やすく生活に関連のある情報が掲載されています。主要施設の位置や名称も記されています。金融機関や郵便局，病院や市役所など日常生活にかかわりの深い施設も紹介されています。生徒たちは，毎日行き来している通学路の周辺の地理的特色を，生活情報として表現された地図情報として照らし合わせることができました（図3）。

図3　成田ふるさとガイド

出典）成田市広報課

　続いて，「通学路は安全かな？」「どんな自然災害が心配かな？」と問います。おおむね平坦で整備された市街地を通っている彼ら・彼女らにとっては，特に思いあたることもないようです。でもハザードマップを配り見せてみると，「駅の近くや通学路のまわりにも土砂災害警戒区域ってのがあるぞ」「イオンのあたりは2～5mも浸水するって書いてあるわ」など驚きを隠せないようです。「うちの学校も指定避難所になってる」「隣の小学校も運動公園も……」などの情報もあわせて読みとることができたようです。

　各自治体ではハザードマップが作成され配布されています。生徒に「自宅周辺のハザードマップを見たことがある？」と聞いても，ほとんどは見ていないようです。市役所などで入手して家族と一緒に広げてみることを勧めます。授業では各自のスマートフォンで，国土交通省のハザードマップのポータルサイトを利用させています。すぐに慣れた手つき

で自宅周辺の地図情報を検索します。縮尺を変えながら閲覧することにより，自分たちがよく知っている地域の地形や地勢と照らし合わせながら自然災害の危険性を想定することができるようです（図4）。

　これらの地図は市役所でもらいました。地理の授業で利用したい旨を話せば，とても丁寧に対応してくれます。グループ学習やペアワークを予定していれば，10部や20部などまとまった部数を依頼します。毎年更新されて新版が発行される場合などには，旧版の残部をもらうこともあります。授業の資料として使うには十分です。生徒たちには提供先の部署名なども教えると，今後の地域調査などの授業で地元市町村役場へ出向くときの参考にもなります。

図4　成田市防災マップ

出典）成田市危機管理課・建築住宅課

### ③学校周辺の観察

　授業時間内に実施できる巡検は限られています。私は年間に3〜5回行なっています。いずれも地形図を読ませながら行ないます。生徒は通学路以外の周辺地域のことはほとんど知りません。興味がないのか，忙しくて寄り道もできないのか，学校に隣接した区域にもはじめて見る景色がたくさんあるようです。

　地形図を配布して「学校のまわりの土地利用の特色は何か？」「東門の周辺には何があるかな？」と問うと，ニュータウンの一部として国や自治体の行政機関が計画的に配された一画であるはずなのに「果樹園がたくさんあるんだ！」「病院も立ってるんだね！」などと怪しげな会話が聞こえてきます。それらは誤りで，凡例を確認すれば正しくは「官公署」と「保健所」であることがわかります。でも「官公署って……何？」など実感がわいてこないようなので，一緒に見に行くことにします（図5）。

　今回のテーマは「地図記号の実物を確認する」です。約30分間の行程には生徒が「知らなかった」記号が次々に登場します。「官公署って普通の古い建物なんだ」「保健所って書いてなければ医療関係だってわからない」「マラソンコースってこんな斜面に囲まれてたんだ」「警察署の敷地の中にはいろんな建物があるね」「税務署では今でもそろばんを使ってるのかな？」「低いのになぜ高塔なの？」など。実際の景色を見ればさまざまな疑問も浮かぶようです。同時に生徒たちの不確かな知識がいかに多いか，今後の授業計画の参考にもなります（図6）。

　学校周辺の巡検を重ねることで，周辺の地理的特色を体感する機会ともなります。学校近くのバス停には若い女性客が列を作ります。成田ニュータウンは空港で働く人たちが暮

図5　地形図

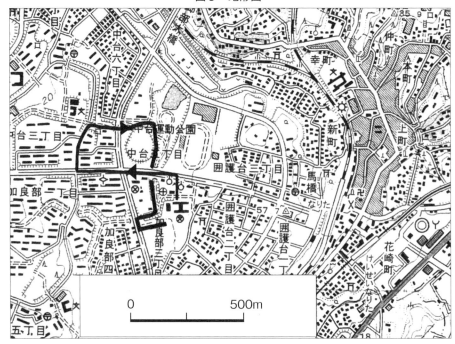

出典）2万5千分の1地形図　平成10年更新「成田」

図6　地図記号と景観

①官公署（⚷）

出典）筆者撮影（以下，同）

②斜面（盛土部　━━━━）

③税務署（◈）

④高塔（⊓）

らす職住近接の町であることがわかります。また，ニュータウンに隣接した住宅地域を歩けば，個々の住宅の面積の違いや寺社や墓地の立地などから，中心市街地に近い旧集落で開発がなされ都市化が進んだことが読みとれます。さらには，一見すると平坦な台地上に

広がる学校周辺の地域にも，利根川や印旛沼の水系が樹枝上に入り込んで谷津を刻んでいます。駅に近い区域では埋め立てられた谷津の中に住宅街が形成されていることも見て取れます。

地形図の読図と巡検を組み合わせる学習は，地域の地理的特色を理解する手法の1つであることを実感できます。「地理総合」では，「C　持続可能な地域づくりと私たち」において，「（1）自然環境と防災」や「（2）生活圏の調査と地域の展望」について学びますが，その際，頻繁に地形図が登場します。それらを学ぶ前に，「身近な地域」の地形図で慣れておくことも大切だと考えています。


## （4）この授業をさらに広げるには

これらの授業ではペアワークやグループワークの場面を数多く設定しています。身近に存在する地図だからこそ，気づいたことをお互いに話し合ったり，知らなかったことを気軽に伝え合ったりすることができます。それらのやり取りを通して，地図の特徴を理解しながらその活用方法を身につけることが可能となります。

この単元は1年間の最初の授業です。地理を学ぶ楽しさやおもしろさを感じられる時間にしたいものです。前述のとおりこの後に登場するGISの学習（本書2-7，2-8）の入り口でもあります。日常生活と地図とのかかわりを実感できる授業の展開を心がけたいものです。

さらに，この単元で学んだ内容は，「地理総合」の最終章で学ぶ「防災」や「地域調査」にもつながります。学校や自宅の周辺などの身近な地域における自然災害について，過去の歴史や将来の防災を学習することが，国内外の他地域のそれを学ぶきっかけとなります。また，地図学習と合わせて学校周辺のフィールドワークを重ねることが，野外における調査活動の練習の場ともなるでしょう。

**参考文献・資料** --------------------------------------------------------------

石毛一郎　2000.「千葉県における触地図案内板の設置状況」地理学研究報告21（千葉大学自然科学研究科）

石毛一郎　2015.「授業で巡検に行こう」房総地理66（千葉県高等学校教育研究会地理部会）

石毛一郎　2016.「授業をアクティブに」地理の広場135（全国地理教育研究会）

千葉県高等学校教育研究会地理部会編　2019.『新しい地理の授業』二宮書店

地理院地図　https://maps.gsi.go.jp/#5/36.104611/140.084556/&base=std&ls=std&disp=1&vs=c1j0h0k0l0u0t0z0r0s0m0f1（最終閲覧2020年12月15日）

成田市防災マップ（成田市総務部危機管理課）https://www.city.narita.chiba.jp/anshin/page070400.html（最終閲覧2020年12月15日）

成田市地震ハザードマップ（成田市土木部建築住宅課）https://www.city.narita.chiba.jp/anshin/page173400.html（最終閲覧2020年12月15日）

成田ふるさとガイド（成田市企画政策部広報課）https://www.city.narita.chiba.jp/shisei/page064500.html（最終閲覧2021年12月15日）

2万5千分の1地形図「成田」（平成16年更新）（国土地理院）

ハザードマップポータルサイト（国土地理院）https://disaportal.gsi.go.jp/（最終閲覧2020年12月15日）

（石毛一郎）

# 2 世界観の変遷と地図の進化

---

キーワード　バビロニアの世界地図　エラトステネスの測量
　　　　　　プトレマイオスの世界地図　ＴＯマップ　坤輿（こんよ）万国全図

---

## （１）授業のねらい

　地図は各時代や各民族の世界観を表現してきました。地図の歴史をたどることにより，人間の活動がどのような広がりをへてきたかがわかります。特に世界地図は，人々の世界観が変化するにつれて，その姿を大きく変えてきました。

　新指導要領において「地理総合」と「歴史総合」が新設される経緯には，地理も歴史も（公民も）すべてを学ぶことにより，偏りのない社会認識を形成しようとする議論がありました。この単元では，歴史学習で学ぶ世界観の変遷を，地理学習で学ぶ地図の進化に照らし合わせながら授業を展開していきます。

## （２）テーマのための導入素材

　ギリシア時代のもっとも優れた地理学者の１人といわれるエラトステネスは，ナイル川上流のアスワンと河口のアレキサンドリアが同一子午線上にあることを前提に，地球の大きさを測ろうと試みました。夏至には，北回帰線上のシエネ（現在のアスワン）では太陽が天頂に達するのに対して，アレキサンドリアでは天頂より少し南側を通ることから，その角度差と２地点間の直線距離によって，地球は１周で約４万4500kmであると算出したのです（図1）。

　天文学や幾何学の発展などにより測量技術が進歩し，地球が球体であることがわかり，徐々に範囲を広げながら多くの世界地図が作られるようになりました。

図1　エラトステネスの測量

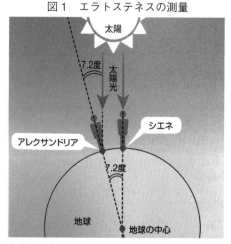

出典）田代　2018

## （３）授業の流れ

### ①時代順に並べる

　4枚の地図を提示して「作成された時代順に並べてみよう」と指示します。はじめは個

図2　バビロニアの世界地図

出典）大英博物館所蔵

図3　TOマップ

出典）Wikimedia Commons

図4　プトレマイオスにもとづく地図

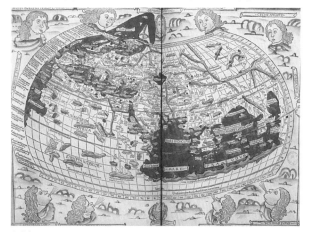

出典）Wikimedia Commons

図5　坤輿万国全図

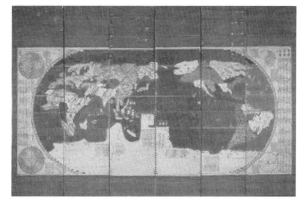

出典）宮城県図書館所蔵

人で考えさせます。「教科書を見てもいいですか？」と聞かれたら「何も見ないでがんばってみよう」と励まします。

　4枚のうち，バビロニアの世界地図（図2，以下バビロニア）とTOマップ（図3，以下TO）は円形に描かれた図形のような印象を受けるので，プトレマイオスの地図（図4，以下プトレマイオス）や坤輿万国全図（図5，以下万国全図）とは区別して検討する生徒が多いようです。

　次にペアワークで，さらにはグループワークでも同様に検討させます。「陸地の形も描かれずに，絵文字で説明しているからバビロニアが一番古いのではないか」「単純な円形だけどアルファベットが使われていたりするからTOのほうが新しいのだろう」など意見が集約されるようです。また「プトレマイオスはヨーロッパとアフリカやアジアの一部だけが描かれている」「万国全図は世界全体がけっこう正しく書かれている」のような理由で順番が確定されていきます。生徒たちが出した答えでもっと

も多かったのは「バビロニア→TO →プトレマイオス→万国全図」でした。私が「残念！」と言うと，「何で〜？」と驚き疑問を抱くようです。

## ②各時代の世界観

それぞれの地図について，表記された内容と作成された時代の背景を考えてみます。

まずバビロニアの地図については，円の中心にあるコンパスの穴が首都のバビロン（バグダッド）であり，そこを流れるユーフラテス川が図の右下でペルシア湾に注いでいることが描かれています。円周に沿って「にがい河」と書かれたエリアが塩分を含んだ水域，つまり海を示しており，その外側の三角形が未知の大陸と考えられていたようです。紀元前700年頃に作られた世界最古の世界地図と言われています。円と直線とを組み合わせた単純な図は，とても地図とは思われない形態ですが，バビロニア人が抱いていたメソポタミアを中心とした地理的世界像が表現されているのです（図2）。

アリストテレスにより地球球体説が実証され，その後，エラトステネスにより緯線と経線を利用して2地点間の距離を測り地球の大きさを計算する試みもなされました。ローマ時代には地理的知識の拡大にともなって地理学も大きく進歩しました。プトレマイオスは，球体である地球を平面に投影する方法として円錐図法を考案して，地中海をはじめとしてヨーロッパの多くや，アフリカやアジアの一部を描いたのです（図4）。

しかし，中世に入るとヨーロッパではキリスト教の勢力が強くなり，聖書が絶対であるという価値観が台頭しました。ギリシアやローマの古代科学は衰退し，地球球体説も否定されるようになりました。地球球体説が教会によって否定されたのは，自分たちが居住する土地の反対側に別の人々が暮らす土地があると認めることは聖書の真理にもとるとされたからだと言われています。キリスト教の世界観では地球は平らであり，聖地エルサレムを中心として大陸の周囲をオケアノスという海がめぐるとされました。それを地図化したTOマップでは，地上の楽園とされたエデン（アジア）を上（東）に，左下にヨーロッパを右下にアフリカを描きました。アジアとヨーロッパの境界には現在のドン河が，アフリカとの境界にはナイル川が，ヨーロッパとアフリカの間には地中海が描かれています（図3）。

マルコポーロが東方遠征した後に記された『東方見聞録』には「黄金の国ジパング」として日本が登場します。その後宣教師たちがアジアを訪れるようになると，東アジアの各地域が地図に詳しく描かれるようになりました。宗教改革後にはイエズス会が設立され，南アメリカや東アジアへの布教活動も盛んとなりました。ザビエルの後に中国への入国に成功したマテオ・リッチは，数学や天文学をおさめユークリッド幾何学の訳本とともに「坤輿万国全図」を刊行しました。東アジアを中心に描かれたこの地図では，1000以上の地名が記載されていますが，その多くはアジアとヨーロッパであり，まだ新大陸の地名はあまり記されていません。また，マゼランがフエゴ島を発見したことで信じられるようになったメガラニカとよばれた南方の巨大な大陸も地図上に加えられました。この地図は江戸にも持ち込まれ，日本人が世界を知るための貴重な資料になったと言われています（図5）。

### ③入試問題も活用してみる

　古地図を使って世界観や地域観を考察する問いは，大学入試でも出題されています。大学入試センター試験では，1999年の本試験で東アジアを表した3枚の古地図が出題され，朝鮮半島の有無や日本列島の描写，大陸の海岸線の描き方などを根拠に時代順に並べる問題が出題されました。同じく2005年には，上述したプトレマイオスの地図やTOマップなど3枚の古地図を比較して，古代の限定された地理的知識や大航海時代に拡大された地理的知識，中世における宗教にもとづく世界観などを根拠に作成された時代を考えさせる出題がなされました。

## （４）この授業をさらに広げるには

　日本における地図の変遷にも触れておくとよいでしょう。国内最古の地図と言われるのが，奈良時代に作られた行基図です。長らく加筆・訂正が繰り返されながら用いられてきました。江戸初期の改訂では，まだ東北地方が大まかにしか描かれず，幕府の統治下になかった蝦夷地は含まれていませんでした。

　その後，伊能忠敬が全国の海岸線を歩き，近代的な測量技術による実測をもとに大日本沿海輿地全図を作成したことは有名です。明治に入り陸軍が地図作成に携わり，戦後には地理調査所から国土地理院へと変遷を遂げながら全国各地における測量と地図の作成が継続されています。

　「地図の歴史は文字の歴史より古い」と言われてきたように，いにしえの世から人々は日々の生活に必要な情報を地図に描いて共有してきました。技術が進化して行動範囲が広がるにつれて，地図に表現される範囲も広がりました。宗教による価値観をはじめそれぞれの時代における情勢によって地図の科学的水準が後退した場面もありましたが，歴史を経て人々の世界観や地域観は大きく進化して，そのたびにより正確な地図が作られるようになってきました。

　「地理総合」ではGISをはじめとする現代の地図についても詳しく学びます。それらは長い年月をへて人々が築き上げてきた地図づくりの最新場面なのだと認識することも，地図学習における大切な前提なのだと思います。

**参考文献** --------------------------------------------------------------

ヴィンセント・ヴァーガ，アメリカ議会図書館　2009.『ビジュアル版　地図の歴史』（川成洋ほか訳）東洋書林

織田武雄　2018.『地図の歴史 世界篇・日本篇』講談社

田代　博　2008.『情報ものしり百科2　進化する地図の形と歴史』学習研究社

田代　博　2018.『基礎からわかる　地図の大百科』1-4巻，岩崎書店

山岡光治　2008.『地図を楽しもう』岩波ジュニア新書

アン・ルーニー　2016.『地図の物語──人類は地図で何を伝えようとしてきたのか』（井田仁康監修）日経ナショナルジオグラフィック社

（石毛一郎）

# 小縮尺の地図から 世界をとらえるには

キーワード　メンタルマップ　地図投影法　メルカトル図　地球儀　正距方位図

## （1）授業のねらい

　この項では，球体である地球の姿を縮小して表現する方法について学習します。地球上の大陸の面積や形，距離，方位などをそのまま表すことができるのは，同じ球体である地球儀だけですが，持ち運びなどに難があります。一方，平面である地図で表すとなると，どこかに必ず「ゆがみ」が生じます。すべての要素が正しい地図は存在しないので，その目的に応じて地図を使い分ける必要があります。

　授業では，生徒たちが描いたメンタルマップをもとに，その典型と言ってもよいメルカトル図による世界認識がもたらす誤解について，地球儀や正距方位図を用いて考えていきます。生徒一人ひとりが，頭の中の地球儀を自由自在にまわし，平面の地図と比べられるようになる（＝アタマを柔らかくする）ことが目標です。

## （2）テーマのための導入素材

　図1は，THE WORLD MAP FUROSHIKI（風呂敷）です。

　ほかに，諸外国で発行されたもの（たとえば，オーストラリアのいわゆる「マッカーサーの世界地図」など），日本以外を中心とする正距方位図などを黒板に貼り出します。

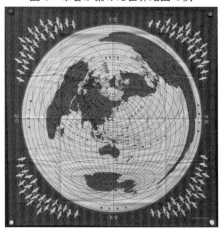

図1　筆者が集めた世界地図の例

出典）筆者撮影

## （3）授業の流れ

### ①メンタルマップを描こう

　新年度最初の授業において，多くの教員は，生徒たちにメンタルマップ（頭の中の世界認識）を描かせているのではないでしょうか。その目的はさまざまあると思われますが，筆者の場合は，①認識の「抜け」（南・北アメリカ，ユーラシア・アフリカをそれぞれ独立させて描く生徒が多い＝中米，中東が認識されていない，など）を再確認させる，②誰もが判で押したように，日本を中心とした，西方にユーラシア・アフリカ，東方に南・北アメリカ，南方にオース

トラリアが配置された「メルカトル図」様の図を描くという事実を指摘することです。

　これらを通して，我々は「自分（の国）を中心に，知っているところは詳しく，知らない，あるいはイメージのわかないところは省略して世界を描く傾向にある」とまとめます。そして，①については，「これからの学習で埋めていきましょう」，②については，前出の導入素材を黒板に貼り出し，「みんなが描いたものも正解ですが，世界地図の描き方は１つではありません。あれも，これも，みんな世界地図ですよ」と指摘します。

**②球体を平面に表現すると……**

a）見慣れた地図を使って

　以下のワークシートを配付し，４人程度のグループを組ませます。「同じグループの人と相談しながら，問い①〜④の答えを出してください。ただし，教科書や地図帳を見てはいけません」と指示します。

図２　ワークシート──地球の姿と地図の表現

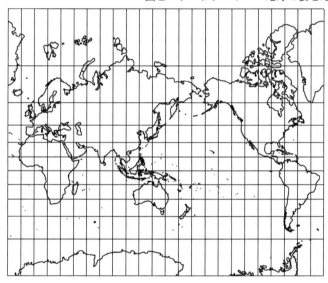

①東京とロンドンを結ぶ最短ルートを
　示しなさい。
②東京から見た東西南北方向をそれぞ
　れ示しなさい。
③東京の対蹠点を◎で示しなさい。
④陸半球と水半球の中心をそれぞれ△
　と□で示しなさい。

　毎回，質問を受けるところが③と④です。

S：先生，「対蹠点」って何て読むんですか？　どういう意味ですか？

T：「たいせきてん」と読みます。東京の真反対側のことです。

S：陸半球と水半球は何ですか？

T：地球を自由にまわして，いろいろな角度から見たときに，陸地と海洋それぞれの面
　　積がもっとも大きく見える半球のことです。その中心になりそうなところに印を付
　　けて。

　しばらく相談させた後，①〜④それぞれ数人ずつ指名し，スクリーンに投影してある同じ地図を使って発表させます。これらの内容は，中学校の教科書でも触れられているものですが，毎年かなりの生徒が誤答を出します。

　①「最短距離」については，予想どおり２地点間を直線で結んでしまいますし，②「東

西南北」については，経線と一致する南北方向は問題なく答えられるものの，東西方向を経線と直交させてしまうことがほとんどです。④「陸半球と水半球の中心」については，なかなか難しいようです。誤答として多いパターンが，陸半球についてはユーラシア大陸の中央付近，水半球については太平洋の同じく中央付近にそれぞれの中心を示すものです。どの事例からも，日本を中心とするメルカトル図上でしか物事をとらえていないことがうかがえます。

　一方で，③については，正解をピンポイントで示すことができる生徒は多くありませんが，「ブラジル？」「南米の右（東）側？」くらいの認識をもっているようです。

b）地球儀を使って

　T：はい，ありがとうございました。残念ながら，③の「対蹠点」を除いて，正解できた人はほとんどいませんでしたねえ。

　S：えー!?（「やっぱりね」と言いたげな顔も半分くらい）

　T：この作業で使った地図は，前回の授業で全員が描いたものと同じタイプですね。我々は幼い頃から見つづけているので，この地図を通して地球や世界を見る癖がついている人が多いのです。地図は，地球という球体をある意味ではむりやり平面上に表したものなので，特に世界地図については，どうしても「ゆがみ」が生じます。この「ゆがみ」に気づかないと，誤解してしまうことがたくさんあります。ところで，球体である地球の姿をもっとも正確に表現できるものは何だと思いますか？

　S：地球儀！

　T：そのとおりです。大陸などの形や面積，距離や方位などをすべて正確に表現できる地図は存在しません。正確に知りたいのであれば，地球儀を使うか，その目的に合った地図を用意する必要があります。

　ここで，廊下に用意しておいた巨大な風船地球儀を持ち込みます。直径1m弱，抱えて歩いていると必ず声がかかるほどに，そのインパクトは抜群ですが，空気を入れるのも抜くのもひと苦労というところが難点です。地球儀については，さまざまなサイズ，デザインのものが出回っていますが，40人全員が見ることのできるサイズとなると，「大きい（全員で見る）」か「小さい（1人で見る）」かのどちらかに限られそうです。「小さい」については，紙風船（1個あたり200円前後，図3）や，ウレタン製のボール（同数十円，同）がありますが，全員に配るのであれば，年度始めに教材費として計上しておく必要があります。また，沼津工業高等専門学校の佐藤崇徳先生がHPで公開されている「ピンポン球地球儀」を作ってみるのも楽しそうです。この単元については，自由にさまざまな角度から地球の様子を見てもらいたいので，どのような地球儀を使うにし

図3　紙風船，ウレタンボール

ても，軸やフレームで固定されていないも
のが適していると思います。

さて，風船地球儀を使って説明していき
ます。代表の生徒たちに，実際に前で作業
をしてもらってもいいでしょう。

まず，①「東京とロンドンの最短コー
ス」です。2つの都市の間にスズランテー
プなどをピンと張ってあてたものが，最短
コースです（図4）。この線をワークシー
トの地図上に落とすと，ロシア北部からス

図4　東京とロンドンの最短コース

カンジナビア半島を抜けてロンドンに至る曲線になります。これらは，「大圏航路」，「大
圏コース」とよばれます。一方，地図上の直線で表されたコースを地球儀にあてると，か
なり緩みが出ます。

答えが出たところで，以下のようなやりとりをして，問いを追加します。

T：ところで，飛行機が上空を飛ぶロシアは，前は何という国で日本との関係はどう
　　だったかな？

S：ソ連！　冷戦？

T：そうですよね。関係が悪かったから，日本の航空会社はソ連上空を飛ぶことができ
　　なかったのです。ではその当時，ロンドンをはじめとして，東京からヨーロッパに
　　向かう飛行機はどこを飛んでいたと思いますか？

ソ連上空を飛行できない時代には，「北回り」とよばれる，北極を通過してヨーロッパ
に至るルートが使われていました。1万3000km近い距離があるのに加えて，当時の主
力機の航続距離は9000kmに満たなかったことから，給油のためアラスカのアンカレジ
に寄港していました。「北回り」でも20時間近くかかっていましたが，このルートと並
行してそれ以前から就航していた「南回り」ルートは，東京からホンコン，バンコク，
ニューデリー，テヘラン，カイロ，ローマ，パリを経由し丸1日以上かけてロンドンに到
着するというものでした。地球儀上をたどってみると，その大変さを感じられそうです。

次に②「東京から見た東西南北」です。生徒たちが，経線と直交する方向を東西として
しまう気持ちはわかりますが，ワークシートの地図は赤道を中心として作られているの
で，経線と東西方向が直交するのは赤道上だけです。「東京から見た」であれば，その中
心は東京でなければなりません。風船地球儀の周囲と同じ長さに切った2本の紙テープ
を，半分の長さのところで直交するように接着したものを用意します。このうちの1本
を北極と南極を通るよう経線に，また直交する部分を東京に合わせたとき，もう1本の
テープによって示される線が東西方向です。この線をワークシートの地図上に落とすと，
東の方向はハワイの南を通過し，太平洋と南米大陸南部を横断，また，西の方向は中国南
部からインドを抜け，アフリカ大陸の南部と大西洋を横断し，ともにアルゼンチン沖に至
る曲線になります。そして，東西それぞれの方向へ地球を半周した先，つまりアルゼンチ

ン沖の海上（36°S, 140°W）が，③「東京の対蹠点」となります。ただし，対蹠点の位置については，緯度は北と南を，経度は 180°からもとの位置の経度を引き，東と西を入れ換えれば求められます。

　④「陸半球と水半球の中心」については，風船地球儀を自由にまわしながら，見たこともないような角度から探してみるといいと思います。正解は，陸半球の中心がフランスのパリ付近（48°N, 1°E），水半球がニュージーランド領アンティポディーズ諸島付近（48°S, 179°W）となります（図5）。陸地が最も大きく見えるとはいえ，陸地と海洋の割合は 49：51，水半球となると 10：90 にもなり，地球が「水の惑星」と言われることが理解できます。また，陸半球と水半球それぞれの中心は，対蹠点の関係にあります。

　ちなみに，アンティポディーズ諸島は，他のいくつかの島々とともに 1998 年に「ニュージーランドの亜南極諸島」として，世界自然遺産に登録されています。地名のアンティポディーズとは，この地域を探検したイギリス人たちが名づけたもので，「対蹠点」を意味します。正確には対蹠点とは言えませんが，対蹠点にもっとも近い陸地ではあります。

図5　陸半球と水半球

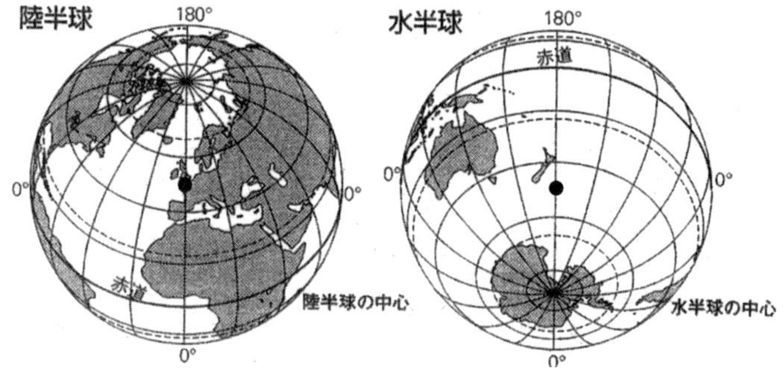

陸半球　　　　　水半球

出典）二宮書店編集部　2017

　図6に，①〜④の解答例を示します。

c）正距方位図を使って

　さて，今回の問いを考えるにあたって適した地図とは，どのような地図でしょうか。ここでは，問い①・②を検証するために，メルカトル図とよく比較の対象となる正距方位図

図6　問い①〜④の解答例

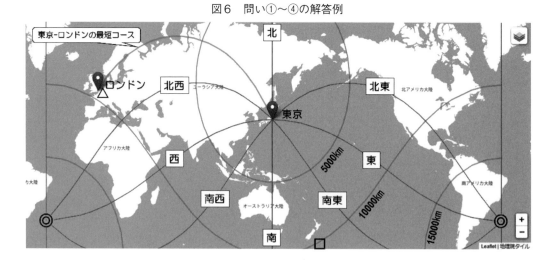

を使います。この地図では，その名のとおり距離と方位が正しく表されますが，正しいのは中心からのみですので，東京を中心とした図を用意する必要があります（図7）。

　東京と任意の1点を結んだ直線は，2地点間の最短ルート（大圏航路，同コース）となり，その距離と方位が正しく表されます。実際に，東京とロンドンを直線で結んでみると（同），航空機は北北西に向かって飛ぶことになり，このルートをワークシートの地図に落とすと，ロシア北部を通過する曲線で表されることがわかります。また，東西方向を示す直線を同じくワークシート地図上に落とすと，地球儀を扱った際に確認した曲線となります。

　ところで，正距方位図は，国連旗のデザインとして使われていることでも知られています。国連旗では，図8のように北極点を中心に南緯60°までの範囲が描かれています。正距方位図は，図9のような舟形を円周の方向に拡大したもの，というイメージで作られていますので，世界全図の場合は図の外周が中心に対する対蹠点を表すことになります。ゆえに，東京を中心とした図では，外周全体がアルゼンチン沖海上の一点を指すことになるため，特に南米大陸の形が大きくゆがんでいます。この周縁部のゆがみが，正距方位図の欠点としてあげられます。他方，このことから図の半径は地球半周分の2万kmとなり，先ほどの東京－ロンドン間の距離は，約1万kmであることがわかります。

図7　正距方位図

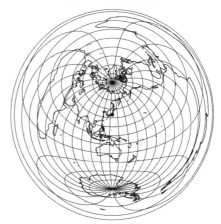

図8　国連旗

図9　東京を中心に地球を切り開いた地図

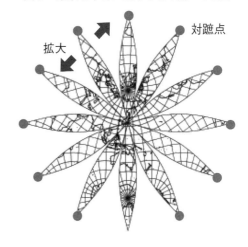

拡大

対蹠点

**参考文献・資料** --------------------------------------------------------------

佐藤崇徳 on the web　https://user.numazu-ct.ac.jp　上記サイト内「ピンポン球で地球儀を作ろう！」https://user.numazu-ct.ac.jp/~tsato/tsato/geoweb/ping-pong-globe/（最終閲覧2021年2月20日）
二宮書店編集部　2017.『データブック オブ・ザ・ワールド2017 ──世界各国要覧と最新統計』二宮書店

（山本晴久）

# 4 地図からとらえる世界の自然環境

---

キーワード　海底地形　大地形　海流　大気の大循環

---

## （1）授業のねらい

　毎年，地理の授業を担当していて，一部の物好き（？）を除いて，地形や気候などの自然地理分野が楽しい，好き，という生徒にあまり出会わないような気がします（ひとまず，筆者の力量は棚に上げますが……）。地誌に入ると，自分の興味のある場所が出てきたりするので，また反応も変わってくるのですが，学習の動機づけという点で，自然地理学習の難しさを感じます。

　筆者自身は，最終的には日本のおかれた地形的，気候的な条件をもとに「災害から，どのように命を守るのか」というところに力点をおきますが，この項では，自然地理学習における地形と気候それぞれの分野について，世界地図を使って，生徒たちが「何これ？」，「何で？」と素朴な疑問をもち，「ちょっとおもしろそうだから勉強してみようかな」と思ってもらえるような導入の工夫を紹介します。

## （2）テーマのための導入素材

　アメリカ・コロンビア大学のラモント研究所は，米軍によるものも含め，1950年代初めから大西洋のさまざまな地点で海底地形のデータを集め，長さ1万5000kmにもおよぶ長大な海山の連なりである大西洋中央海嶺の存在を明らかにしました。図1は，研究チームのヒーゼン，サープらが作成し，1959年に公表されたものです。

## （3）授業の流れ

### ①世界の大地形

　T：突然わかりきった質問で恐縮ですが，日本で一番高い山は？
　S：富士山！
　T：では，世界で一番高い山は？
　S：エベレスト！
　T：エベレストというのは，あの地域を植民地にしていたイギリスが設置した測量局の長官の名前です。もちろんイギリス人のね。では，現地語で言うと？
　S：えーと，チョモランマでしたっけ？

図1　世界の海底地形図

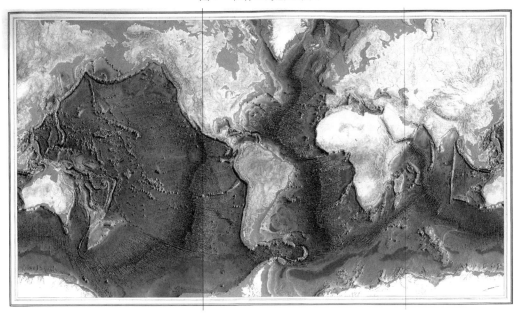

出典）米議会図書館蔵

T：そう，中国側のチベットの言葉ですね。ちなみにネパール語では，サガルマータと言います。では，その高さは？

S：8848 m です（たまに物知りの生徒がいる）。

T：おー，よく知ってましたね。ちなみに，1995年にアメリカの測量隊が GPS を使って測定したところ，8850 m だったそうです。地図帳は 8848 m のままだけどね。学校のまわりが 10 m そこそこの高さなので，地球の表面というのは，相当でこぼこしているよね。さてそれでは，世界で一番「長い」山は？　これは地図帳見ていいですよ。

S：（しばらく地図帳を眺めた後……）アンデス山脈か，ロッキー山脈あたりじゃないですか？

T：そうですね，見えているところで言えば，アンデス山脈ですかね。見えてるところで言えばね。

S：見えてる？

T：では，こんな世界地図見たことありますか？（図1「世界の海底地形図」を投影する）これ，何の地図だと思いますか？

S：？？？

T：これは，海底の地形を表現した世界地図です。こう見ると，海底というのも，かなりのでこぼこがあることがわかりますね。そして，ここ，大西洋の真ん中あたり（図で濃い黒色になっているところ）を見てください。山脈のような高まりが続いていますね。地図帳で地名を調べてごらん。

S：大西洋中央海嶺です。

**4** 地図からとらえる世界の自然環境　　39

T：海嶺とは，海底の山脈のことです。大西洋中央海嶺は，麓からの高さが一番高いところで3000 m以上あるそうです。そして，この距離を見てください。大西洋の北から南まで，約1万5000 kmもあります。アンデス山脈が8000 km弱だから，世界で一番「長い」山は？

S：ずるーい！

　20世紀の初めに，ドイツ人の気象学者であったウェゲナーは，大西洋両岸の海岸線が類似していることなどから，現在の大陸の分布はその分裂や移動によるものであるという「大陸移動説」を唱えましたが，科学的な根拠を示すことができませんでした。この説が支持されるようになったのは，1960年代後半のことです。

　第二次世界大戦中から，米軍が開発した音響探査技術であるソナー（SONAR, SOund NAvigation and Ranging：敵の潜水艦を探知するために，目標物に向けて発射された音波が，反射して返ってくるまでの時間をもとに距離を測定する技術）が海底地形の調査にも応用されるようになっていました。これにより，グリーンランド北部からアフリカ南端にわたる長大な海底山脈，大西洋中央海嶺をはじめとする世界各地の海嶺や，太平洋を取り囲む海溝の存在が明らかになりました。

　さらに，海嶺と海溝の周辺では地震が多発し，海嶺の両側に異なる磁気を発する岩盤の帯が交互に並んでいることもわかりました。これらの研究の成果から，海嶺付近では地球の内部からわき出る物質が海底を押し上げ，その両側へ向かって海底の岩盤が移動していること，海溝付近では地球内部へ岩盤が引きずり込まれ消失していること，そして地球表面は，このような動きをする十数枚の岩盤（＝プレート）に覆われ，現在の陸地が形成されてきたことなどが導き出されました。いわゆる，「プレートテクトニクス理論」です（本書4Ⓐ-2参照）。

　以上を導入として，大地形についての具体的内容に入っていきます。時間に余裕があれば，アメリカ・コロンビア大学をはじめとする研究チームの奮闘について触れたり，古くは瓶詰や缶詰から，現代のインターネットやGPSに至るまで，軍事技術の民生技術への転用について考えさせたりする機会にもなりそうです。

## ②世界の気候

T：今日は，私のフィギュアコレクションを紹介しますね（図2「ペンギンのフィギュア」を次々に並べる）。

S：……（また，おかしなことを始めた）。

T：これは水族館の売店で買ったんですけど，ペンギンって本当にかわ

図2　ペンギンのフィギュア

水族館や動物園で，大人気のペンギン。世界各地には，最大のコウテイペンギン（身長130cm）から，最少のコガタペンギン（同40cm）まで18種が生息し（あるいは飼育され）ています。

図3　ペンギンの生息地

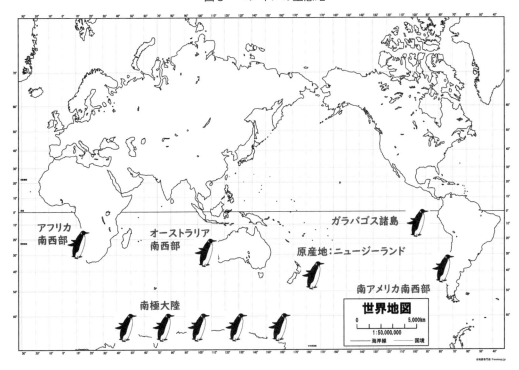

いいよね。ところで，ペンギンはどんなところで生活しているのかな？

S：寒いところ？　南極？

T：そういうイメージが強いですね。ということは，北極にもいる？

S：いますよね……，あれ？　いなかったっけ？

T：ペンギンの生息地をあげてみますね。南極，ニュージーランドと，オーストラリア，
　　南アメリカ，アフリカそれぞれの南部と，ガラパゴス諸島です。北極にはいません
　　よ。これらの生息地に共通することは何ですか？

S：南半球？

T：そのとおり。ペンギンは南半球にしかいません。それは，なぜなんでしょう？　グ
　　ループで話し合って，答えを出してください。教科書や地図帳を見てもいいですよ。
　　あと，ヒントを１つ。ペンギンの原産地は，ニュージーランドです。

　相談をさせている間に，世界地図上にペンギンの生息地を示したものを投影しておきま
す（図3）。各グループから出てくる答えについては，みなで共有したいところです。設
備が貧しい公立高校ゆえ，100円ショップで購入した厚紙でできたホワイトボード（裏に
マグネットを貼ってある）とマーカーを１本ずつ配り，貼り出してもらいます（図4）。

　「北半球には，ペンギンのエサがない」，「南半球には，ペンギンの天敵がいない」，「北半
球まで行く体力がなかった」などの答えがあがってきますが，「北半球にも，エサはありま
す」，「南半球にも，天敵はいます」，「ペンギンは，陸上ではヨチヨチ歩きですが，泳ぎは
得意です」などと返します。さらに，地図を示しながら，「原産地のニュージーランドから，
他の土地へ移動するときに利用したものは何だったんだろう？　ヒントになりそうな地図

図4　貼り出された答え（一部，画像を編集）

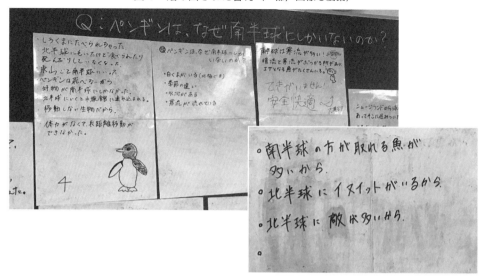

図5　話し合いの様子

を，教科書や地図帳から探してみよう」とあらためて指示します。そうすると，いくつかのグループから，「海流ですか？」という声があがります。

　ペンギンの主なエサとなるオキアミなどの動物プランクトンは，冷たい海水に多く発生します。ペンギンはエサを求めて，その沿岸に周囲よりも水温が低い海水，つまり「寒流」が流れている地域に生息するようになりました。具体的には，原産地のニュージーランドから，西寄りの海流に乗って南極へ，南極からはそれぞれペルー海流に乗って南アメリカ西岸へ，ベンゲラ海流に乗ってアフリカ西岸へ，西オーストラリア海流に乗ってオーストラリア西岸へと広がってきたのです。海流の地図を示し（図6），図3におけるペンギンの生息地と比べて確認させます。

　ところで，ペンギンは，南極など極寒の地だけに生息するわけではありません。ガラパゴス諸島は，赤道直下，気候帯で言えば熱帯に位置します。エサが発生する寒流という条件さえあれば，生息地の気温自体は関係ありません。しかし，その後，高温の赤道付近で温められた海水は，暖流となって高緯度地方へ流れ，寒流は消失してしまうため，ペンギンはエサ場のない赤道周辺の海域を越えて北半球へ移動することができませんでした。これが，本時の問いの答えとなります。

　この後は，「海流は，なぜ発生するのか？」→「風が吹いているから」，「海流は季節に

図6　世界の潮流

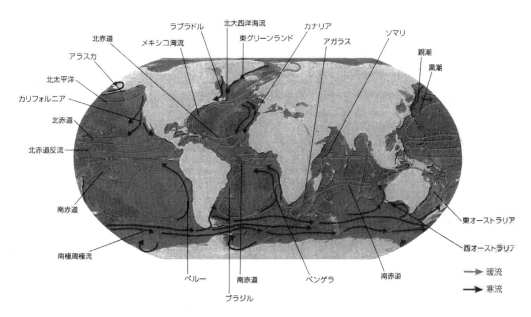

出典）『海洋大図鑑』ネコ・パブリッシングより作成

よってその向きを変えることはないが，風はなぜ決まった方向に吹いているのか」→「太陽との関係，緯度の違いによる」という展開で，世界各地の気候を決定づけている「大気の大循環」の学習に入ります。ペンギンというお馴染みの動物の生態を通して，少しでも興味をもって取り組んでくれれば，と思っています。

## 参考文献・資料

松本穂高　2008.「ペンギンはなぜ南半球にしかいない？——ニュージーランドの動物地理」地理月報504
松本穂高　2017.『歩いてわかった地球のなぜ !?』山川出版社
Beyond Discovery ——日経サイエンス「地殻変動を探る——海底拡大とプレートテクトニクス」 http://www.nikkei-science.com/beyond-discovery/earth/01.html（最終閲覧2021年2月20日）
Manuscript painting of Heezen-Tharp "World ocean floor" map by Berann　https://www.loc.gov/item/2010586277/（最終閲覧2021年2月20日）

（山本晴久）

# 5 日本の国土構成を考えるために

---

キーワード　中央防波堤埋立地　「令和島」　地理院地図

---

## （1）授業のねらい

　　地図に描かれた「領土」は，まるで自分の身体そのもののように視覚化され，「侵害された」という意識を持つと，自分の身が引き裂かれたように感じる。領土と自分を一体化させた「視覚的感覚」から引き起こされるイメージ。領土ナショナリズムがもつ「魔力」であろう。地理と歴史を中心とした国民教育の"成果"でもある。「こちら」が無条件に正しく，「あちら」に全く正当性はない……（岡田　2013, p.27）。

　領土問題については，北方領土，竹島，尖閣諸島すべてを小学校5年社会科から高等学校地理歴史・公民科において，「固有の領土」であることを繰り返し取り上げることが求められています。「地理総合」においては，「A　地図や地理情報システムで捉える現代世界」の中で領土問題を取り上げることになっており，学習指導要領の内容の取り扱いに関して「我が国の海洋国家としての特色と海洋の果たす役割を取り上げるとともに，竹島や北方領土が我が国の固有の領土であることなど，我が国の領域をめぐる問題も取り上げるようにすること。その際，尖閣諸島については我が国の固有の領土であり，領土問題は存在しないことも扱うこと」と明記されています。

　18歳選挙権の導入にともなって，高校生に主権者としての批判的な思考力を育むことの重要性については論をまたないと思います。領土問題を扱うにあたっては，政府見解を教え込む視点を乗り越えて，東アジアの平和をどう構築すべきかを生徒に検討させるような授業設計が必要であると筆者は考えています。

　この項では，領土問題の解決策を具体的に生徒たちが切実感をもって考えはじめる事例として，東京都内の埋立地（中央防波堤埋立地）をめぐる帰属問題を取り上げて，江東区側と大田区側の主張をふまえて，その解決策を具体的に検討することをねらいとした授業を紹介します。小学校，中学校と繰り返し学んできた領土問題についての政府見解をふりかえりつつ，対立する相手国の主張を知ることの必要性を生徒たちに気づかせる（岡田の言う「こちら」と「あちら」の主張の歴史的背景を理解させる）ことができれば，この授業のねらいは達成されたものと考えます。

　領土問題は国家間の問題であるという生徒たちの思い込みにゆさぶりをかけ，友人の意見をふまえながら対立を解消する手立てについて，切実感をもって検討する授業案を示したいと思います。

## （2）テーマのための導入素材

　図1は，地理院地図で表示した東京湾に位置する中央防波堤埋立地の空中写真です。授業ではこのカラーコピーを班に1枚ずつ配付します。また，戦後の埋立地の拡張の経過についても地理院地図を活用して読みとることが可能です（生徒個人のスマートフォンを授業で使用することが可能であれば，直接生徒に検索させることももちろんできます）。

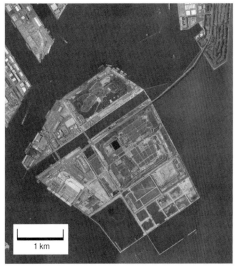

図1　中央防波堤埋立地

出典）地理院地図

## （3）東京都内の領土問題
### ──「令和島」誕生の歴史的背景とは？

　東京湾内には，40年にもわたり中央防波堤埋立地内に帰属未定となっている土地がありました。1973年の埋め立て開始当初は，近隣5区が帰属を主張していましたが，2002年に品川・港・中央の3区が主張を取り下げ，江東・大田の2区が帰属をめぐる争いを繰り広げてきました。江東区側は，埋め立てによりゴミ運搬車が区内を通過し，生ゴミからハエが大量発生したことに我慢を続けてきた高度経済成長期の厳しい状況を訴えます。一方の大田区側は，漁業者が海苔養殖の漁場を放棄して埋め立てが行なわれた経緯と，陸海空運の拠点として羽田空港と一体的に活用することが必要であると主張します。両区ともそれぞれの歴史的背景を根拠として，埋立地の「全島帰属」を求めていました。2020年に開催予定だった東京オリンピックでは埋立地の一部が馬術，ボート・カヌー，自転車競技の会場となることが決まり，埋立地をめぐる両区の帰属論争は過熱していきました。

　2017年には東京都が任命した自治紛争処理委員が調停案を示します。その内容は，埋

表1　中央防波堤埋立地，帰属問題の経緯

| 1973年 | 埋め立て開始 |
|---|---|
| 1996年 | 防波堤内側の埋め立て完了 |
| 2002年 | 臨海トンネル開通，大田区と地続きに<br>中央，港，品川区が帰属主張を取り下げ |
| 2016年 | 江東区と大田区が協議再開 |
| 2017年 | 調停案を江東区は受け入れたが，大田区が拒否し提訴 |
| 2019年 | 東京地方裁判所による判決<br>埋立地の帰属は，79.3％を江東区，20.7％を大田区とする<br>両区が判決を受け入れを表明し，帰属問題は解決した |

出典）『東京新聞』2019年9月21日掲載表より作成

立地の約86％を江東区，約14％を大田区に帰属させるものでしたが，「全島帰属」を主張しつづけてきた大田区はこれを拒否し，江東区を相手取り埋立地の境界の確定を求めた訴訟を東京地裁に起こします。

　東京地裁は，2019年9月，埋立地の79.3％を江東区，20.7％を大田区に帰属するとの判決を示し，オリンピックの競技会場は江東区の帰属となる判断がくだされます。

　この判決を受けて大田区長は「判決は無念千万だが（2017年の調停案に比べ）帰属が増えコンテナ埠頭と物流機能部分が利用でき，羽田空港と合わせ，国際競争力の強化に有益だ」と述べ，地裁判決を受け入れることを表明したのです。都内の埋め立て地をめぐる帰属論争は，東京オリンピックを目前にして解決することになりました。

　大田区に帰属する地域では，新たな町名が住民による投票を受けて2020年6月から「令和島」となり，新元号を用いた地名として注目を集めました。一方で江東区側の埋立地は「海の森」という町名に決まりました。

## （4）授業の展開

### ①導入

　問題の所在を明らかにするために，以下の新聞記事を読み，空欄にあてはまる語句を確認します（新聞記事を使っての授業では，記事中にある略地図をヒントにします）。

> 　都のガス発電所の建設候補地にも選ばれた東京湾内の埋立地の行政区が決まらない。
> 　（　①　）区と（　②　）区が互いに帰属を主張して譲らない「領土問題」が続いている。
> 　帰属未定となっているのは，お台場の沖にある中央防波堤周辺の500ha余りの土地。
> 　1970年代半ばから都が（　③　）を埋め立て，「内側」「外側」「新海面」の3地区に分かれている。埋め立て当初は近隣5区が帰属を求めていたが，2002年に品川，港，中央の3区が降り，江東区と大田区が残った。（中略）それぞれが帰属の根拠とするのは，埋立地が造られた歴史的経緯だ（『朝日新聞』2012年5月25日）。

［答え　①江東　②大田　③ゴミ］

### ②展開1

　地図帳を開き，本時の舞台はどこかを確認します。東京都以外の学校の場合，東京ディズニーリゾート（所在地は千葉県）の位置に注目させ，東京湾が定規で引いたような直線的な海岸線になっている理由を，冒頭で読んだ新聞記事の内容をふまえて予想させるとよいでしょう。やや古い試験問題ですが，センター試験（2000年度地理B本試験・第3問　問2）に東京湾岸の土地利用に関して，5つの選択肢の中から不適切なものを選ばせる出題があり，そこで示された図からは東京湾の埋め立ての変遷を読みとることができます。

### ③展開2

　まずは，導入で読ませた新聞記事の最後にある「歴史的経緯」をきちんと押さえ，争点を明らかにします。『読売新聞』都民版の特集「東京の記憶」には都内各地の地域の変遷がコンパクトにまとめられています。ここでは「ゴミ戦争　怒れる江東　収集車阻止」（2009年8月10日），「大森の海苔養殖　埋め立て　消えた江戸前」（2011年5月30日）を活用します。前者には高度経済成長期に「夢の島」へのゴミ埋め立てにより都内のゴミが収集車により運ばれ，ランドセルにハエたたきを差して登校した江東区の小学生の様子が描かれています。後者からは東京オリンピック（1964年）に向けた高速道路の建設や羽田空港の拡張により埋め立て予定地の海苔の漁業権放棄を受け入れた大田区の状況をつかむことができます。

　両区は2017年に法律にもとづいて都に調停を申請します。都は両区の護岸からの等距離線などを基準として，中央防波堤の9割を江東区，1割を大田区に帰属させる調停案を提示します（『読売新聞』2017年9月29日夕刊）。地形図（2万5千分の1『東京南部』，地理院地図も活用できる）をもとにして，調停案の境界線を確認します。その後，大田区議会はこれに反発，東京地裁に境界画定の訴訟を起こしたことで泥沼の様相を呈しはじめた両区の領土紛争の概略を解説します。

### ④探究活動

　ここで生徒に「両区の領土問題を解決するためにはどうすべきか。江東区と大田区で1：1に分割する案以外の解決策をグループで検討してみよう」という問いを示し，班ごとに検討させます。各班には，図1で示した素材を配布し，図中に班で相談した結果を記入するよう指示します。その後各班の意見を比較します。

### ⑤まとめ

　タレントのマツコ・デラックスさんは地理に明るいことで知られています。この問題に関して出演したテレビ番組の中で「お台場から先だけで新しい区を作っちゃえば？　解決できないのよ，境目って。いまだに解決してない都道府県とか市町村の境目って日本全国ですごい箇所あるからね」（東京MXテレビ『5時に夢中』2017年10月16日放送）と発言し，24区目を作り中央防波堤を帰属させるという独自の解決策を提案しています。各班から出された意見に補足して，さまざまな解決策が考えられることを示します。

　授業の最後に，埋立地の79.3％を江東区，20.7％を大田区に帰属させるとの東京地裁の判決を示し，2019年に両区がこれを受け入れて帰属問題が解決したことを説明します。江東区が管轄する人工島にはオリンピック会場にちなんで「海の森」，大田区側には住民投票の結果を受けて「令和島」という新たな地名が生まれたことを確認します。時間に余裕があれば，周辺の埋立地には，品川区「勝島」（日中戦争の勝利を祈念して名づけられた），大田区「平和島」（終戦後に平和を願った地名として誕生した）などがあることも紹介し，「令和島」を含めて人工島である埋立地につけられた地名の意味について生徒に考えさせられ

るとよいと思います。

## （5）この授業をさらに広げるには

大谷猛夫（2014）は，地図を活用した授業のヒントを以下のように述べています。

　　北朝鮮がアメリカにミサイルを飛ばすと日本の上空を通る，という議論をふりまい
　ている。北朝鮮のミサイル基地からワシントンを直線で結べば，日本の上空などかす
　りもしない。メルカトル図法でごまかされている。二点間の直線は正距方位図法の地
　図を使わないと理解できない。地球儀の上で確かめれば小学生にもわかる。地図を
　使って正確な位置関係を学習し，国際関係の現状を学習していくことが必要となる
　（p.262）。

メルカトル図法は地理院地図にも活用されています。田代博（2020）は，「メルカトル
図法を否定するつもりはありませんが，面積，距離，方位において大きな問題があります。ウェブで使われているからやむを得ない面はありますが，無自覚に使う向きもあります。投影法の観点から地理院地図を見つめる必要があります」（p.33）と警鐘を鳴らしています。図法の学習と関連づけながら，領土問題の学習を展開することも「地理総合」の授業の新しい視点として提示しておきたいと思います。

元文部科学省事務次官，前川喜平（2018）は，領土問題に関する教科書記述について以

図2　北朝鮮とワシントンの位置関係

出典）「どこでも方位図法」（CC BY-SA 4.0）より作成

下のように述べています。

　……政府見解を必ず書けというのは，非常に問題だと思っているんです。しかも領土については，「固有の領土だ」と書けとなっている。そうではなくて「日本政府はこれこれの理由で固有の領土だと主張している，一方，どこどこ政府は，これこれの理由で自分の領土だと主張している」。そう書くべきであって，政府の見解をそのまま地の文章で書くのはよくないと思う。政府の見解を知らなければ批判することもできませんから，政府の見解を批判の対象として，客観的事実として書くのはいいでしょう。それを「竹島は誰が何と言おうが日本の領土なんだ」というふうに教科書に書くのはどうかと思います（p.37）。

　日本の最南端に位置する沖ノ鳥島に対して，政府は巨費を投じて大規模な護岸工事を行ない，島の周囲の排他的経済水域を維持しています。国連海洋法条約121条による島の定義を見ると「自然に形成された陸地であって，水に囲まれ，高潮時においても水面上にあるもの」とされています。消波ブロックとチタンネットで覆った岩礁が，高潮時に数センチ水面上に出る点から，一応沖ノ鳥島（東小島）を島ととらえることもできます。その一方で，同条約には「人間の居住又は独自の経済生活を維持することのできない岩は，排他的経済水域又は大陸棚を有しない」との規定があります。無人島であり経済生活を営むことができない沖ノ鳥島の実情から，中国は日本が周囲の排他的経済水域を主張することはできないと主張しつづけています。「沖ノ鳥島は誰が何と言おうが日本の最南端なんだ」と教科書をそのままなぞり生徒に教え込むことから一歩抜け出て，国家の領域とは何かを検討することは高校生対象の授業では十分に実現可能であると考えます。見方によっては，資源確保を目的とした沖ノ鳥島をめぐる日中の見解の相違も領土問題の範疇に含めることができるでしょう。

　政府広報に堕さない新たな領土問題の授業が，今後現場から提案されることを願って筆をおきたいと思います。

**参考文献** --------------------------------------------------------------------------------

大谷猛夫　2014.「忘れ去られた社会的視点の醸成」教育科学研究会編『講座　教育実践と教育学の再生第3巻　学力と学校を問い直す』かもがわ出版

岡田　充　2013.「国家主権を相対化する契機に」新崎盛暉ほか著『「領土問題」の論じ方』岩波ブックレット

田代　博　2020.「地理院地図を効果的に使うために」地理教育49

前川喜平　2018.「前川喜平氏大いに教科書を語る」『教科書レポート2018』出版労連

（武田竜一）

# 6 地図から考える国々の結びつき

---

キーワード　EU　ヒト・モノ・カネの自由移動　東欧拡大

---

## （1）授業のねらい

　複数の地図を用いて，比較することにより，地域の変遷を理解することができます。身近な地域ではなく，広い領域においても，地図で変遷を確認することにより，国家間の結びつきや経済の発展の度合い，その地域の歴史などの理解が深まります。

　ここでは現在のヨーロッパ連合（以下，EUとする）の加盟国の変遷を理解して，ヨーロッパ共同体（EC）からEUへの発展の過程，ECやEUの歴史と加盟国の地域的変化，経済的統合，そして政治的統合へのプロセスを地図から読みとっていきます。EUでは，1993年に市場が統合され，現在では「ヒト」，「モノ」，「カネ」の自由移動が可能になっています。その中でも「ヒト」の移動は，EU加盟国外にも広がっており，シェンゲン協定に加盟していれば，自由になっています。EU加盟国やシェンゲン協定を理解することにより，今日の課題である難民問題の理解も深まります。

## （2）テーマのための導入素材

　図1は2021年1月現在のシェンゲン協定への加盟国を示しています。たとえば，日本から他国に出国しようとする際，パスポートが必要になり，空港や港ではパスポートチェックが行なわれます。日本から出国する際には，日本国政府の「出国」のスタンプが押され，他国に到着すると今度は，「入国」のスタンプが押されます（現在ではICパスポートになり押されないこともあります）。

　中学校や高校の教科書には，「EU内は国境の通過が自由であり関税もない」や「EU加盟国の多くは国境管理の廃止によって移動の自由を実

図1　シェンゲン協定への加盟国

出典）外務省資料より作成

現したが……」といった内容が記載されています。ヨーロッパにおける国境管理は，EU
への加盟の有無ではなく，シェンゲン協定への調印，実施の有無によって決められてお
り，協定への調印により，はじめて域内でのヒトの自由な移動が可能となります。

　現在では，アイルランド，ルーマニア，ブルガリア，キプロス，クロアチアを除くEU
加盟国（図1では濃いグレーで示している）とアイスランド，ノルウェー，スイス（同，薄い
グレーで示している）が協定に調印しており，ヒトの自由な移動が実施されています。

## （3）EUの拡大を地図で追ってみよう

　EUは，1948年のベネルクス関税同盟，1952年のヨーロッパ石炭鉄鋼共同体（ECSC），
1967年のEC発足をへて，今日まで拡大発展を続けています。EC発足時の目標は経済
統合でしたが，EUへの発展の過程で政治統合を果たしています。加盟国は，EC発足時
から数えて現在まで6回にわたって拡大（表1，図2）をしており，その都度，拡大する
地域に特徴があります。

　たとえば1980年代は南欧諸国の加盟という特徴があり，ヨーロッパ南部の経済発展が
進んだことがわかります。1995年の第4次拡大では，東西冷戦の終結により，緩衝国で
あったオーストリア，フィンランド，スウェーデンが加盟しています。さらに21世紀に
入ってからの第5次拡大では旧東欧諸国が加盟しています。

　表1のように示すだけでなく，図2のように地図化することにより，その背景が見つけ
やすく，またわかりやすくなります。EUの場合は，北欧（第1次拡大）→南欧（第2・3
次拡大）→緩衝国（第4次拡大）→旧東欧諸国（第5・6次拡大）ということが，地図化に

表1　ECからEUへの拡大

| 1967年 | EC発足<br>原加盟国：イタリア，オランダ，西ドイツ，フランス，ベルギー，ルクセンブルク |
|---|---|
| 1973年 | 第1次拡大　デンマーク，アイルランド，イギリス加盟 |
| 1981年 | 第2次拡大　南欧への拡大／ギリシャ加盟 |
| 1986年 | 第3次拡大　南欧への拡大／ポルトガル，スペイン加盟 |
| 1990年 | 東西ドイツ統一 |
| 1995年 | 第4次拡大　冷戦時代の緩衝国の加盟／オーストリア，フィンランド，スウェーデン加盟 |
| 1999年 | 共通通貨EURO（ユーロ）導入 |
| 2002年 | 市場流通 |
| 2004年 | 第5次拡大　旧東欧諸国の加盟／キプロス，チェコ，エストニア，ハンガリー，ラトビア，リトアニア，マルタ，ポーランド，スロバキア，スロベニア加盟 |
| 2007年 | ブルガリア，ルーマニア加盟 |
| 2013年 | 第6次拡大　旧東欧諸国の追加加盟／クロアチア加盟 |
| 2020年 | イギリスのEU離脱 |

出典）外務省HP掲載資料をもとに作成

図2　EU の拡大の変遷

①EC 発足時（1967 年）

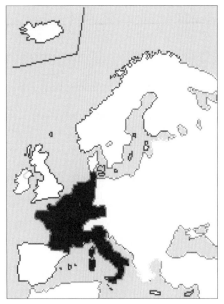

②第 3 次拡大（1986 年）

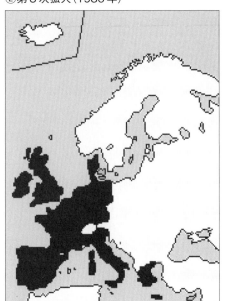

③第 4 次拡大（1995 年）

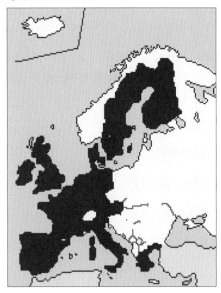

④現在（2021 年）

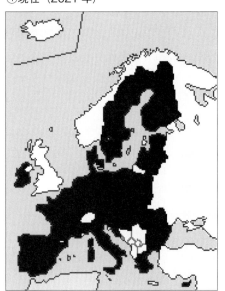

出典）外務省資料より作成

　よって，より鮮明に表されます。地図で変遷をたどることにより，地理的特徴があること
がわかりやすくなります。
　1993 年にコペンハーゲン基準が示され，現在では EU に加盟するために下記の 3 つの
条件を満たす必要があります。

- 民主主義，法の支配，人権，マイノリティの尊重と保護を確保する安定した体制を有していること
- 連合内における経済的な競争力と市場原理に耐えうる能力を有していることに加え，市場経済が機能していること
- 政治同盟，経済同盟，通貨同盟としての目的を遵守するなどの，加盟国としての義務を負うことができること

　EU の拡大＝上記の 3 条件を満たす国の拡大ということになり，経済発展だけでなく，民主主義や人権など EU が共通する価値観が保障される国が広がっている（増えている）ことを示しています。


## （４）ＥＵの「要」，シェンゲン協定

　「（2）テーマのための導入素材」のところで触れたシェンゲン協定に関して，ここでは少し深く見ていきたいと思います。「ヒトの自由移動」が掲げられている EU 内でもパスポートチェックがあったり，逆に EU 未加盟の国でもパスポートチェックが行なわれなかったりすることは，前述のとおりです。

　シェンゲン協定の歴史は，1985 年にベルギー，オランダ，ルクセンブルク，フランス，西ドイツの 5 か国の調印により始まりました。これ以外にも，リヒテンシュタイン・スイス間やバチカン・イタリア間，スカンジナビア諸国間（ノルディック・パスポート・ユニオン）など，ヒトの自由な移動に関する動きが見られ，ヨーロッパの国々は，国の規模が小さいこともあって，隣国と協力していたことがわかります。

　シェンゲン協定加盟の利点として，パスポートチェックにともなう時間や費用の大幅な

図3　鉄道車内でのパスポートチェック

出典）2006 年 7 月 20 日
　　　筆者撮影

削減があげられます。さらには，各国間の警察・検察当局の協力，民法・刑法分野での法律の共通化，統一した移民亡命政策があげられます。図3は2006年に，チューリッヒからウィーンへ向かう鉄道の車内で撮影したものです。陸続きであるヨーロッパでは，鉄道の車内でパスポートチェックが行なわれることもありました。また同じ年にバルト三国を夜行バスで移動した際には，真夜中に2度（エストニアからラトビアに入国するときとラトビアからリトアニアに入国するとき）起こされ，国境でパスポートチェックが行なわれました。現在ではシェンゲン協定への加盟国が増えたことにより，このようなケースは少なくなっています。

## （5）授業をさらに広げるには── 今日の難民問題

「（3）EUの拡大を地図で追ってみよう」ではEUの歴史を，地図をたどることで紹介しました。また「（4）EUの「要」，シェンゲン協定」ではヨーロッパの「ヒト」の自由な移動の拡大について紹介しました。ここではそれらをもとに今日のヨーロッパの課題になっている中東からの難民問題に関して触れていきます。

　経済発展が遅れ，政治が不安定なエリトリアやナイジェリアなどのアフリカ諸国や内戦が続いているシリアを中心とした中東諸国からヨーロッパへの難民・移民（以下，難民とする）が増加しており，2015年には前年の2倍に達し，100万人を超えています。難民は主に2つのルートでヨーロッパに渡ります。1つは図4に黒の矢印で示したルートで「バルカンルート」と呼ばれており，トルコからギリシャに渡り，バルカン半島を経由してドイツや北欧などをめざします。もう1つは灰色で示したルートで「地中海ルート」と呼ばれるものです。北アフリカのリビアやチュニジア周辺から地中海を渡り，イタリアにたどり着き，最終的にバルカンルートと同様にドイツや北欧をめざすことが多いです。いずれも多くの場合，業者に高額な料金を支払い，地中海を船（ボート）で渡ります。たとえば黒い矢印で示したバルカンルートの場合，トルコからギリシャのレスヴォス島へは，直線距離で約10kmしか離れていないため，比較的容易に渡ることができます。これらの位置関係を，地図を使い確認することで，「なぜギリシャに多くの難民が上陸するのか」ということが理解できます。

　多くの難民はイタリアやギリシャにとどまらず，社会保障制度が充実し，経済が発展しているドイツやスウェーデンに移動し，それらの国が結果的に多くの難民を受け入れています。これに対して，ドイツやスウェーデンでは国内で一部から反発が出ています。

　では，難民はどのようなルートでイタリアやギリシャからドイツやスウェーデンをめざすのでしょうか。それには図1で示したシェンゲン協定への加盟国の地図が重要になります。たとえばイタリアに到着した難民たちは，パスポートチェックを受けることなく移動して，ドイツやスウェーデンにたどり着くことができます。ヒトの自由な移動がEUの特徴や魅力である一方で，今日の課題となっています。これらは難民の流れとシェンゲン協定加盟国を並べてみるとよくわかります（図4）。

図4　難民のヨーロッパへのルート例

出典）駐日欧州連合代表部より作成

　現在では残念なことに，一部の国では国境管理を再開する動きもあります。また，2020年には新型コロナウイルス感染症の拡大によっても，国境警備が再開されている国もあります。

　本項では，現在の課題である難民問題とともに地図を使い考えることを紹介しました。国家間の結びつきや時代とともに変化する関係を，地図を使い確認することで，その地域の特徴を容易に理解することができます。

**参考資料** ----------------------------------------------------------------------------

　外務省　https://www.mofa.go.jp/mofaj/（最終閲覧 2021 年 2 月 20 日）
　駐日欧州連合代表部　https://eumag.jp/（最終閲覧 2021 年 2 月 20 日）

（飯塚和幸）

# 7 GISで世界はまわっている

キーワード　GIS　レイヤー　衛星画像

## （1）授業のねらい

地図（地形図）の電子化（デジタル化）は急速に進んでいます。国土地理院が発行している地形図も，現在ではインターネットを通して地理院地図として無料で閲覧できます。地理院地図には，さまざまな機能がそなえられており，地域の分析も可能です。

このように地域を分析できる道具がGIS（地理情報システム）です。かつてGISソフトはかなり高価でしたが，今ではフリーのものもたくさん発表されており，その機能も優れています。

ここでは，GISの簡単な仕組みや身近な活用法について見ていきたいと思います。

## （2）テーマのための導入素材

日本でもっとも早くGISを活用した会社は「東京ガス」であると言われています。1977年から技術開発が始まり，1982年に運用が開発されました。独自に開発されたシステムは「TUMSY（Total Utility Mapping System）」とよばれています。住宅地図や等高線に関する情報は，外部データが活用される一方で，ガス管網や各住宅の形などは東京ガス独自のデータが用いられており，それらが一目でわかるように表示されています。現在でも，日々，東京ガス管内の6万5000kmにおよぶガス管の情報が入力されており，大きな事故やトラブルを未然に防いでいます。

図1　東京ガスの「TUMSY」の仕組み

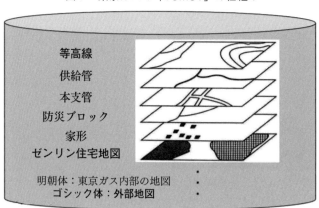

等高線
供給管
本支管
防災ブロック
家形
ゼンリン住宅地図

明朝体：東京ガス内部の地図
ゴシック体：外部地図

出典）東京ガスHPより作成

# （3）GISを使ってみよう

## ① GISの基本——レイヤーを理解する

　地理情報システム（GIS）では，基本となる地図に，必要な情報を組み合わせることで，情報管理や分析を行なうことができます。その際，情報を1つ1つ個別に分けることから始めます。この地図，データなどの1つ1つの情報のことをレイヤーと言います。図1の東京ガスの「TUMSY」を使って説明すると，以下の6つのレイヤーに分かれています。

　　①ゼンリン住宅地図
　　②家形
　　③防災ブロック
　　④本支管
　　⑤供給管
　　⑥等高線

　レイヤーに分けることで，特定のテーマに着目したり，複数のレイヤーを組み合わせたり，重ねたりして表示することができ，分析もしやすくなります。さらに地図を重ね合わせることにより，今まで気づかなかった新しい関係性が見つけられることもあります。

　　GISを活用する際の手順は以下になります。

　①データベースの構築（統計データや観測データを集める）

　②地図データの取得（地図データはラスターデータとベクターデータ*に分かれる）

　　• ラスターデータ：行と列の格子状（グリッド）に並んだセル（ピクセル）で構成されています。1ピクセルが小さいほど鮮明になりますが，データ量が重くなります。

　　• ベクターデータ：「ポイント（点）」・「ライン（線）」・「ポリゴン（面）」の3つの要素で表現されています。

　③地図の編集（①で集めたデータの図化：地図化する際にGISのソフトがあると非常に便利）

　④ ③をもとにしてデータの解析・分析

　⑤分析された情報の共有

　アナログ的にGISを理解したい場合は，次のことを試してみてください。用意するものは地図と透明なフィルム（なければクリアファイルを切ってください）です。

　①地図に透明なフィルムを乗せ，道路と鉄道，駅だけをなぞってください。

　②別のフィルムを地図の上に乗せ，コンビニエンスストアの位置だけをプロットしてください。

　③また別のフィルムに薬局とドラッグストアだけをプロットしてください。

　④また別のフィルムに病院とクリニックだけをプロットしてください。

　この場合，①〜④はそれぞれ1つずつのレイヤーとなります。①が基本の地図で②〜④は分析に用いる情報ということになります。②〜④の情報の関係性を見出すことは，場所によっては難しいかもしれませんが，さまざまな情報を組み合わせることを実感できると思います。

## ② GIS の活用例

　先ほど，GIS の活用事例で，「東京ガス」のシステムを紹介しました。GIS というと非常に難しいイメージをもつ人も多いかもしれませんが，カーナビゲーションシステムやスマートフォンの普及などで，私たちは知らないうちに GIS を利用しています。

　たとえば，カーナビゲーションシステムでは，地図の上にコンビニエンスストアや駐車場，ガソリンスタンドの位置など任意の情報を選択して示すことができます。この場合，コンビニエンスストア，駐車場，ガソリンスタンドなどが，それぞれ 1 つのレイヤーということになります。もし仮に，すべての情報を表示するように選択したらどうなるでしょう。おそらくカーナビゲーションシステムに表示される地図は非常に見にくいものになるはずです。見やすくするためにも選択をすることが必要になります。「情報の分析」とまではいかないですが，「情報が表示」され，有効に使われるのです。

　カーナビと同様にスマートフォンにも地図機能（アプリ）が入っています。こちらもカーナビゲーションシステムと同様に，必要な情報だけを選んで表示することが可能になっています。

　最近では，洪水の浸水地域や避難所をまとめたハザードマップや，出店時の商圏分析などで応用されています。たとえば図2は，川崎市の洪水を想定したハザードマップです。河川の流路を含む地形，標高という基本的な情報に加え，浸水時の予想浸水高，避難所が示されており，災害予測や避難をするうえで重要な情報が一目でわかるようになっています。この場合は，レイヤーは河川の流路を含む地形・標高（これが基本的な地図），予想浸水高の情報，避難所の 3 枚に分かれていることになります。最近では，地域によっては，垂直避難に利用できる建物や停電時にも使用できる自動販売機の位置などが示されているハザードマップも登場しています。

図2　川崎市のハザードマップ

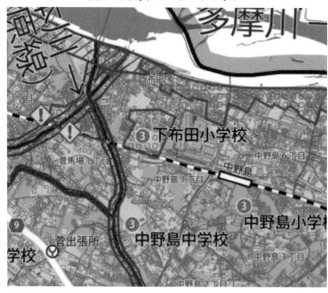

出典）川崎市 HP

近年，行政を中心にして「統合型GIS」というものを活用する事例も見られています。統合型GISでは都市開発などのまちづくり，道路や上下水道などの管理，防災，市民生活などを一括で管理し，表示・分析ができるものです。情報通信技術の急速な発達とともに，私たちは気づかないうちにGISを活用していることになります。

　なお少々蛇足となりますが，地図上に現在地を示す際の位置情報の収集に関しては，GNSS（全球測位衛星システム）が非常に重要です。日本は長い間，アメリカの衛星システムの情報を活用していましたが，2010年に日本が独自に準天頂衛星である「みちびき」を打ち上げました。この「みちびき」は4機打ち上げられており，位置情報の精度が大幅に向上しています。最新型のスマートフォンの多くは「みちびき」の情報も活用していることから，非常に精度が高くなっています。

### ③ GISのソフト

　ここでは入手と操作が容易な3種類のGISソフト（RESAS，地理院地図，MANDARA）について紹介します（表1）。

表1　比較的扱いが容易なGISソフト

| 名称 | 作成者 | 主な特徴 |
|---|---|---|
| RESAS（リーサス） | 経済産業省内閣官房 | ・地図とリンクされているデータを図化やグラフ化することもでき，手順も非常に容易。<br>・データがセットされているので，手間が少ない。<br>・マニュアルがついている。<br>・国内の第二次産業，第三次産業のデータが豊富。 |
| 地理院地図 | 国土地理院 | ・地形図や空中写真の表示が容易。<br>・断面図や距離・面積の計測などが容易。<br>・タブレットを使用して表示する場合，GPS機能が使える。<br>・主に国土地理院が発行している主題図がセットされているので，災害学習などにはすぐに用いることができる。 |
| MANDARA（マンダラ） | 谷謙二氏（埼玉大学） | ・非常に多くの機能を有しており，表示の仕方なども任意に設定することが可能。<br>・すでにセットされている地図やサンプルデータもあるので，すぐに使用することができる。<br>・任意のデータや地図も使用することが可能。<br>・データの編集作業がエクセルで行なえる。<br>・インターネットに接続されていない環境でも使用することが可能。 |

　まずGISの仕組み（レイヤー構造の理解をするなど）を容易に学ぶことができ，情報もセットされ簡単に扱えるのが地域経済分析システム（RESAS）です。扱い方は非常に簡単で，インターネットに接続してあるパソコンやタブレットで「RESAS」と検索し，サイトにアクセスします（図3）。特別なソフト等のインストールは一切不要です。画面左上のメニューをクリックすれば，表示したいデータが示されるので，選択するだけです。ま

図3　RESAS のトップ画面

図4　MANDARA の初期画面

た「授業モデル」も提案されているので非常に親切と言えます。簡単な反面，表示できるデータが限られているというマイナス点もあります。

　自然地理学，防災，地図学習などを扱う際には地理院地図が最適です。地理院地図に関しては，次項8で扱い方をやや詳しく説明していますので，ぜひそちらを見てください。

　そしてデータの収集から分析までを学習する際には MANDARA がおすすめです。農林水産省や経済産業省の HP からデータをもってくれば，誰でも図化することができます。データはエクセルで処理でき，基本的な地図は MANDARA をダウンロードした際にセットされています。RESAS や地理院地図に比べるとオリジナルな地図をきれいに作ることができ，分析できる半面，扱うためには少々時間が必要になります。ただ，扱いに慣れれば，GIS 学習だけでなくさまざまな場面で活用することができるため，習得をおすすめします。製作者の谷謙二さんの HP に簡単な使用方法の解説が掲載されています。また谷（2011）など何冊もの解説書も出版されていますので，詳しい説明はそちらを見てください。なお初期のダウンロード状態でもいくつかのサンプルデータが入っています。

### ④リモートセンシング技術

　GIS と同様に，近年，進歩が著しいのが衛星画像の利用，提供です。つい数年前までは，衛星画像の入手は困難で，また高価でした。数年前に1枚数万円した衛星画像が，現在では Google Earth を使えば，ほぼ世界中の地域について無料で閲覧することができるようになっています。衛星や航空機から得られた画像や情報をもとにして，モノにさわらず測定することをリモートセンシングと言います。通常は光学センサーやマイクロ波セン

図5　MANDARA を使い作成した市町村別人口増加率の図

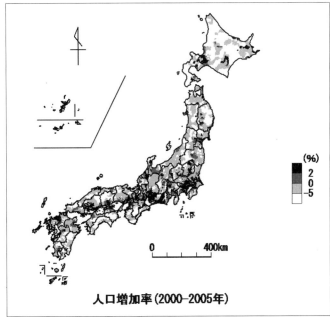

人口増加率(2000-2005年)

サーを用いることが多いです。もっとも身近なものが，天気予報で示される気象画像ではないでしょうか。

　リモートセンシング技術は，温暖化，海洋観測，オゾンホールの観測などの自然環境の把握に多く用いられています。それらが気象情報や災害の予測など人間の生活に役立てられています。なおリモートセンシングのセンサーにはそれぞれ特徴があります。以下，代表的なものを紹介します。

- 可視リモートセンシング：地表に反射した太陽光（赤外線）をとらえるが，夜間は使用できない（観測例：砂漠化の観測）。
- 熱赤外線リモートセンシング：地表の物質が放射する熱をとらえる（観測例：地表や海面の温度）。
- マイクロ波センサー：電波を発射し，その反射した電波をとらえる（観測例：地形観測）。

**参考文献・資料** ------------------------------------------------------------------------------
谷　謙二　2011.『MANDARA パーフェクトマスター』古今書院
川崎市洪水ハザードマップ　https://www.city.kawasaki.jp/530/page/0000018174.html（最終閲覧 2021 年 2 月 20 日）
東京ガスの GIS 活用 概要説明　https://www.kantei.go.jp/jp/singi/keizaisaisei/miraitoshikaigi/sankankyougikai/infrastructure/
　dai3/siryou2.pdf（最終閲覧 2021 年 2 月 20 日）

（飯塚和幸）

# 8 高校生にわかるGIS, 読図

キーワード　地形図　地理院地図　GIS

## （1）授業のねらい

　これまでの項目で，身近な地図や地図の歴史について学習してきました。また自然環境や国家間の結びつきを地図から読みとることをしてきました。

　地図にはさまざまな情報が盛り込まれており，読みとることができて，はじめて活用できます。地図は大きく分けて2種類あり，一般図と主題図に分けられます。一般図は，測量をもとに特定のテーマをもたず，地形や道路などが正確に表されており，地形図が該当します。主題図は特定の項目が詳しく記されており，地形図の上に表現される場合も多くあります。また，主題図を重ね合わせることにより，さまざまな分析が行なえます。

　まずは地形図の読図方法や加工方法を学習します。現在，日本では地形図のデジタル化が進んでいます。主題図の作成や重ね合わせも，地理情報システム（GIS）を用いて，簡単にできるようになりました。読図方法を学んだうえで，デジタル地形図である地理院地図と簡単にできる主題図作成に取り組みます。

## （2）テーマのための導入素材

　この地図は，旧環境庁（現在の環境省）が発行した現存植生図です。どの地域が，どの

図1　5万分の1「早池峰山」現存植生図

出典）昭和54年
環境庁発行

ような植生になっているかを調査（フィールドワークや空中写真判読など）して，作成したものです。同じ色，ハッチ（網目など線を入れて表した模様）の柄，そして番号で識別されており，それらが同様の場所には同じ植生が分布しています。さらに地形図と重ね合わせているために，地形，標高と植生の関係が一目でわかります。一般図である地形図に，植生を重ね合わせた主題図ということになります。植生図以外にも地質図や土壌図などもあり，それぞれ用途に合わせて活用されています。

## （3）地形図を読図して，加工してみよう

　筆者の経験では，地形図の学習をする際に，抵抗をもつ生徒はかなり存在します。「地理・地図＝暗記」という意識が強いためで，読図や作業をして，何かを導き出すという思考になかなかならないことが原因だと考えられます。「暗記の地理」が好き，あるいは得意な生徒ほど，地形図に対する抵抗感が強いかもしれません。

　その中で，本物の地形図に触れることで，読図能力が自然と身につくことが理想であると思われます。また自らの手を使い作業することで，地形図に対して親しみがわくのではと考え，地形図を用いた主題図の作成を授業で行なっていますので，その手順を紹介します。

### ①地形図の作業を行なう前に

　①本物の地図（地形図）を手にとらせる。
　②学校周辺の地形図を見せる（2万5千分の1と5万分の1の比較，土地利用など）。
　③いろいろな（植生図や海外の）地図を見せる（特にスイスやオーストリアの地形図は芸術作品レベルの美しさがある）。
　④地図の基本を学び，教科書等を用いて，簡単な作業をする。

### ②地形図から主題図の作成に向けた準備作業

　①内容：身近な地域の地形図から主題図を作成する。
　②作業：地形段彩図（色別標高図）もしくは土地利用図を作成する（両方の場合もあり）。
　　　　　計曲線，地図記号（土地利用）をもとに作業をする。

### ③作業の進め方

　①地形図選択候補地の調査（クラス内で同じ地形図を選ぶ者がいないようにする）。
　例）両親の出身地や親戚の居住地，印象に残る訪問地（家族旅行の旅先など），行きたい
　　　場所から選択する。
〈人気の候補地〉
沖縄，日光，八ヶ岳周辺，運動部の合宿先，北海道
　・生徒の「土地勘」がある場所が重要である。
　・図中の水面の面積が広いものは，除外する。

②地形図から２図幅を指定して，生徒自らが購入する。

③土地利用や等高線に従い，着色をさせていく。

　一般的な土地利用と実際の土地利用の違いをなるべく気づかせるように心がける。

　例）扇状地の扇央には果樹園が広がり，扇端には水田が多いという記載が見られる
　　　が，実際には扇頂から扇端まで果樹園ということがよくある。

〈実際の生徒の作業〉

図２　２万５千分の１地形図「妻籠」　地形段彩図（＋土地利用図）

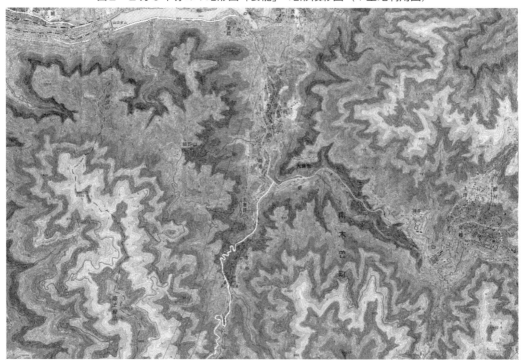

　この生徒の主題図は，地形段彩図と土地利用図が組み合わさっています。地図の中央部の集落がある地域は土地利用図を，周辺の起伏がある場所は地形段彩図になっています。このように着色することにより，読図力が身につくとともに，地域を知ることができ，新たな視点がもてます（カバー袖参照）。現在ではGISを用いて，このような作業は簡単にできるようになっていますが，自ら手作業を行なうことで気づくこともあるので，作業の価値は大きいと言えます。

## （４）地理院地図を使ってみよう

　近年，インターネットなどを通じて得られる地理的情報は格段に増加しています。Google Earthや各種研究機関のHPにアクセスすれば，世界中の任意地点の衛星画像を，容易に閲覧することができます。

　オンライン地図やGISも無料版が多く出回っています。なかでも国土地理院が提供している地理院地図は，データの編集などはできないものの，断面図の作成などは容易で，

防災学習，自然地理学分野の学習を行なう際には非常に有用です。地形図の閲覧にとどまらず，主題図を表示する機能やさまざまな計測を行なう機能，そして3Dで地形を再現できる機能などがついています。いくつか実例を示します。

### ①主題図の表示

　地理院地図のサイト内に「情報」という表示があり，その中に非常に多くの主題図が収められています。国土地理院では，災害時の情報公開に力を入れており，大規模な地震の発生直後から被害状況などの速報が提供されています。地理院地図には，それらの情報をさかのぼり地理院地図上に表示する機能がついています。災害学習などを行なう際に大いに役立てることができます。

### ②計測機能

　実際の地形図上で距離や面積を測る，断面図を書くといった作業は，地形図学習の理解を深めるうえで非常に重要な作業です。実際の地形図を用いて，作業をすることにより，テクニックが得られることは間違いありません。しかし，時間的な制約から，地形図上で複数地点の作業を行なうことは困難です。

　地理院地図には「機能」が複数あります。なかでも断面図の作成などは非常に簡単です。2万5千分の1地形図レベルでの作成であることから，微地形の再現は難しいですが，扇状地やV字谷を理解するためには十分な機能となっています。任意地点での作成が可能であることから，「駅から自宅までの道のり」や「登山ルートの勾配」なども断面図で作成することができます。

図3　山梨県笛吹市「京戸川」周辺を表示した地理院地図で計測機能を用いたウェブページ

### ③ 3D 表示機能

筆者が地理院地図の中で，もっとも魅力的だと思う機能として3D表示機能があります。地図中のカーソル中央を中心として，「機能」の中にある3Dをクリックするだけで，立体地図を一瞬で作成することができます。このように地理院地図で表示させる地形図，空中写真，断面図，3D表示された立体地図を見せることで，各地域の地形や変遷などをより深く理解することが可能になります。

図4　「京戸川」の断面図

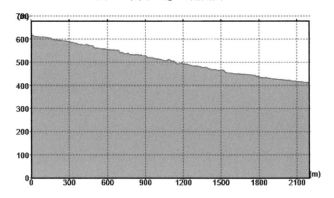

出典）地理院地図の断面図機能により作成

図5　「京戸川」周辺

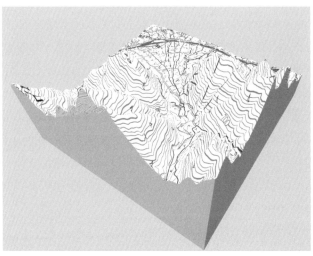

出典）地理院地図の3D表示機能により作成

### （5）この授業をさらに広げるには

（3）では，地形図の読図や作業に触れ，（4）では地理院地図に触れました。紙の地形図，デジタル地形図やGISのそれぞれによさがあります。たとえば紙の地形図のよさは，実際に手を使い作業をするので，その地域の理解が深まります。一方でデジタルの地形図のよさは，更新が早く，作業が容易（自動）である点です。GISの仕組み（特徴）としてあげられるのがレイヤー構造です。さまざまな情報や地図を重ね合わせることで，地域の分析ができる点です。もちろんこれらは紙の地形図上でも可能ですが，時間と手間が格段に違ってきます。

　また過去の地形図（旧版地形図）を用いることにより，土地利用の変遷を見ることができます。たとえば，図6〜9は，左上からそれぞれ1926（大正15）年，1951（昭和26）年，1982（昭和57）年，2005（平成17）年の熊本県水俣市周辺の5万分の1地形図です。地図記号による土地利用の比較や海岸部の地形改変に着目することで，地域の歴史を知ることができます。旧版地形図を手に入れるためには，地方測量部等に出向く必要がありますが，埼玉大学教育学部の谷謙二さんにより公開されている時系列地形図閲覧サイト「今昔マップ on the web」を用いることで，異なる時期の複数の地形図を並べて表示することも可能になっています。また前述の地理院地図にも，第二次世界大戦直後から数回にわ

図6　1926（大正15）年の水俣

図7　1951（昭和26）年の水俣

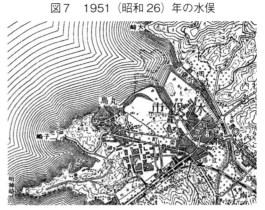

出典）地図はいずれも5万分の1地形図「水俣」

図8　1982（昭和57）年の水俣

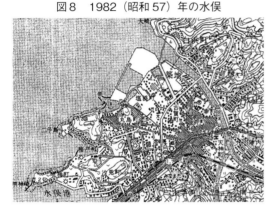

図9　2005（平成17）年の水俣

たり撮影されている空中写真を閲覧できる機能がそなえられており，地形図だけでなく空中写真を用いても地域の変遷を知ることができます。

　アナログとデジタルで，どちらがすぐれているかではなく，それぞれの利点や欠点を知ったうえで，使ったり，作業したりすることで，地図の理解につながり，さらに地図の中身を理解することで，それが地域の理解につながっていきます。

　なお本項でも紹介した地理院地図に関しては，効果的に使う授業実践として，田代（2020）で非常にわかりやすく扱われています。また高橋（2020）では，GISを用いた授業展開例が紹介されています。本項では触れられなかった細かな部分が紹介されています。

参考文献・資料 ------------------------------------------------------------------------

　五百沢智也　1989.『2万5千分の1図による最新地形図入門』山と溪谷社
　伊藤智章　2012.「GISと地理教育」E-journal GEO 7, pp.49-56.
　今昔マップ on the web　http://ktgis.net/kjmapw/（最終閲覧2021年2月20日）
　高橋　裕　2020.「GISの基本的技能と知識の習得をめざす授業展開例」地理教育49, pp.43-50
　田代　博　2020.「地理院地図を効果的に使うために」地理教育49, pp.30-36
　地理院地図　https://maps.gsi.go.jp/（最終閲覧2021年2月20日）

（飯塚和幸）

# 9 身近な環境を調べて地図に表してみよう

---

キーワード　地域調査　環境測定　身のまわりの環境地図

---

## （1）授業のねらい

　第2章ではこれまでの項目で，さまざまな地図のことを学習してきました。その集大成として，この項では地図づくりに挑戦する授業を紹介します。日本では地図学習と言えば地図の判読（読図）が中心ですが，実際に地図を作ってみることで，地図づくりのノウハウを知り，地図の有用性や可能性をより深く学ぶことができるのです。

　地図づくりでは，その地図で何を示したいのかテーマを決めることが重要です。地図中には，自分が実際に観察したり測定したことを表すので，その観察の仕方や測定の方法を調べ，データを収集する作業に取り組みます。

　この一連の活動はまさしくアクティブ・ラーニングと言えます。以下では，環境地図を描くとすれば，どのような流れで取り組むかを具体的に見ていきましょう。

## （2）テーマのための導入素材

　この地図は，高校生が作った環境地図です。「災害時お役立ちMAP」というテーマで，自分の生活する地域が災害にあった場合，役立つ情報を地図上にまとめたものです。ハザードマップや避難所マップなど行政が作る地図はありますが，この中には地震のときに利用できる公衆電話の分布を写真入りで示しています。車いすで利用できるところも示しています。また災害時の帰宅支援ステーションも記入されています。

図1　高校生が作った環境地図

出典）環境地図教育研究会HP

# （３）環境地図を作ってみよう

## ①環境地図とは

　今回紹介する環境地図とは，「身のまわりの環境地図」とよばれているもので，2020年で第30回を迎えた地図コンクールをきっかけとして全国の学校で取り組まれてきたものです。北海道旭川市で毎年10月に開催されていて，例年1000点以上の作品が全国から寄せられています。地図作品は，最大で模造紙の大きさに身のまわりの環境を表したもので，コンクールの主催者が設定する指定テーマと自由テーマがあります。自由テーマは文字通り作成者が自由に考えたテーマを地図に表すものです。一方，指定テーマは，身のまわりの「色」や「音」，「光」，「におい」，「歴史」など毎年さまざまに設定されています。地図は平面が基本で，紙を重ね合わせたり貼り付けることはできますが，立体的な地図にすることはできません。

　小・中・高の生徒ならば誰でも応募できます。海外から出品されることもあります。環境地図コンクールに全国から応募された地図は厳正な審査をへて，表彰されます。筆者はこの地図コンクールに応募することを動機づけとして，長年地図づくりに取り組ませてきました。今回はこの実践をもとにして，高校生の地図づくりを紹介してみます。

## ②地図作成の流れ

　環境地図作成の流れをおおまかに見ていきましょう。

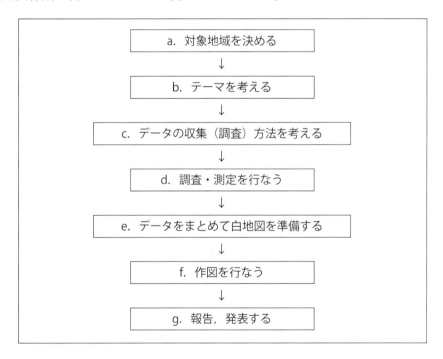

a）対象地域を決める

　まず，作成する地図の範囲を決めます。身のまわりといっても，実際に観察や測定を行なうので，データが収集できる範囲を決めなければなりません。bのテーマとも関連しま

すが，観察範囲に対象物がまったくなければ地図にはなりません。したがって，一応範囲を決めておいても，データの収集後に範囲を変更する場合があります。

b）テーマを考える

テーマ設定は，環境地図作成の中でもっとも重要な部分です。身のまわりの環境を図化すると考えると，テーマは無限にあるように思いますが，何をどのように選ぶかは，意外に難しいものです。まずは，身近にある特定のものの分布に注目してみましょう。たとえば，近所のコンビニエンスストアや自動販売機，放置自転車などです。これらは，小・中学生の地図作成テーマとしてよく見られます。さらに，なぜコンビニや自動販売機が集中しているのか，また放置自転車の台数が時間帯で違うのはなぜかなど，分布の要因を調べて表すことで，地図の深みが増していきます。

高校生になると，社会的に意味のあるテーマを設定するようになります。図1は，「災害時お役立ちマップ」として，最寄り駅周辺で災害時に役立つ施設や公衆電話などの分布を示したものです。ハザードマップとは少し視点が異なる地図と言えます。ほかにも，環境測定などを行なって自然現象を表すこともできます。

まず，自分たちが生活する地域（自宅周辺，通学路，学校周辺）の中でテーマとなるものを考えましょう。グループでテーマの候補を出し合うこともよいかもしれません。テーマは1つにしぼらずに，複数用意しておくことも重要です。実際に調べてみると，思いのほかデータが少なくてテーマを変更することもあるからです。

c）データの収集（調査）方法を考える

次に具体的な調査方法を考えます。実際に現地に行って，分布の状況を調べることは調査の第一歩です。そうした観察で地図ができる場合もありますが，テーマによっては，定点での測定によるデータ収集が必要な場合もあります。たとえば土壌の酸性度，局地風の状況，大気汚染の濃度などの数値が必要な場合，科学的な方法で有効性のあるデータ収集が求められます。地点の選定，測定日時，天候，測定時間など重要なことを考えていかなくてはなりません。さらに測定用具の準備も必要です。

また，自治体や商店街などで聞き取りをする必要のあるテーマもあります。地域の歴史をたどったり，防災への対応など，直接聞き取りをすることで地図に書き込む情報を増やすことができます。いずれにしても，調査計画を綿密に立てて，必要に応じて予備調査を行なったり，聞き取りをする場合にはアポイントメントをとることも重要です。このような調査活動の計画を立てることが重要な学習経験となります。

d）調査・測定を行なう

日程を考えて，調査表の準備ができたら，地図をもって現地調査を行ないます。まずは予備調査を行なって，サンプルデータを収集してみるとよいでしょう。たとえば，放置自転車の台数を記録する場合，表形式で記録するか，地図に記入して記録するかなども，実際にいくつか試してやってみると効率のよい収集方法がわかります。

そしてこの点が重要なのですが，予備調査を行なうと，対象地域の広さが決まります。時間は限られているので，対象地域の範囲を決めないといけません。さらに，テーマの修

正，あるいは変更の必要が生じる場合もありますが，それに柔軟に対応するためにも予備調査は不可欠です。

e）データをまとめて白地図を準備する

　ある程度データが収集できたら，それらのデータをまとめて地図に記入できるように加工します。たとえば交通量を表すときに，どのくらいの時間帯で通行する車を区切るかや，何台ごとに区分けして表現するときの段階を設定するのかなど，テーマと自分が主張したい内容を考えてデータをまとめる必要があります。次に，白地図を準備します。対象地域の白地図の作り方は，2500分の1や5000分の1の都市計画図等が手に入ればそれを利用しますが，一番おすすめなのは，国土地理院の地理院地図の白地図作成機能（地理院地図Vector）を使う方法です。対象地域の地図を印刷した後に，拡大コピーをして記入する白地図を作ります。

　昔は住宅地図を拡大してトレースしたりしましたが，今はデジタルの地図がありますからそれを利用するとよいでしょう。場合によっては，地理院地図を使って，そのまま張り込む方法もあります。地図を引用した場合には，出典を書きましょう。

f）作図を行なう

　最後の段階が作図です。せっかく苦労して集めたデータもうまく表現しないと映えません。地図の表現方法はさまざまなものがあります。円の大きさで量を表したり，矢印で流れや量を表す方法もあります。またたとえば，いくつかの段階で区切って，階級に区分して分布を表す方法もあります。このとき重要なのは，配色です。自分が強調したいものを強い色（目立つ色）で表すと見る人に地図をアピールすることができます。記号のシールを使ったり，模造紙の色を変えたり工夫してみましょう。たとえば，夜の街路灯の明るさを表現する地図で，黒い模造紙に黄色で表現したものがありました。白い模造紙だとわかりにくい黄色も地の色を黒にすると大変目立つようになります。

　地図の周辺には，説明を入れます。テーマや調査方法，考察，感想などを加えるとよいでしょう。最後に，凡例や縮尺，方位を入れて完成です。

g）報告，発表する

　完成した地図はクラスで発表したり，展示をして評価を得る機会を作りましょう。筆者は，毎年クラスで発表会を開いて，各自が作った地図を報告させていました。また，すぐれた作品は校内だけでなく，地域で発表する機会を設けると，住民の方々にアピールすることができます。

## （４）環 境 地 図 を 地 理 教 育 に 生 か す

　環境地図教育に取り組んで25年近くが経過し，この間多くの作品に触れることができました。かつて中高一貫の学校に勤務した経験からふりかえると，何度も環境地図にチャレンジした生徒もいました。最後に，環境地図教育の意義についてまとめてみましょう。

## ①環境地図はアクティブ・ラーニングである

　自分でテーマを設定し，データを収集し，それを地図に表現する。その一連の活動はまさしくアクティブ・ラーニングと言えます。生徒たちの取り組みの様子を見ると，このような活動が苦手な生徒と得意な生徒に分かれます。与えられた問題を難なくこなして，正解に素早くたどりつける生徒でも，環境地図のように白紙を与えられて何でも表現してよいといった活動がとても苦手な生徒もいます。前例を探し，そのコピーを作ることは得意でも，自分自身の興味・関心にもとづいて行なう探究型の学習形態として環境地図は最適だと言えます。まさしく環境地図作成のプロセスそのものがアクティブ・ラーニングなのです。

## ②新たな能力を伸ばす

　環境地図作成にはまった生徒は，その後も環境地図に取り組みつづけます。5年間や6年間といった長い期間，環境地図を作りつづけた生徒もいます。旭川の入賞が新たなモチベーションとなり，作成しつづける生徒もいました。それらの生徒が必ずしも地理に関心をもっているとは限りませんが，新たな能力の開発に役立っていることも事実です。筆者が好んで引用しているある生徒の手記があります。これは地図展で最高の賞である国土地理院長賞を受賞した生徒が，環境地図への取り組みをふりかえって記したものです（一部略しています）。

　　「暑さ寒さも環境地図」——私は「地理」という科目が嫌いです。
　　私の学校では，中1，中2，高1の夏休みに，環境地図づくりが地理の課題となっています。絵を描くこと，イメージを膨らませること，角度を変えてものを見ることが好きでしたので環境地図づくりはおもしろい作業になるかと思いました。中1の時（第13回）は，自宅周辺の公衆トイレについて調査・作成をしました。この時は，公園のトイレを独自にランク付けして地図にしました。結果，思わず努力賞を頂き，友人と旭川へ旅行させていただきました。
　　中2の時（第14回）の指定テーマは「土」でしたので，まず正攻法で，各所の土のpHを測定し，土壌汚染との関連で車の交通量を調査しました。これだけではつまらないので，自宅周辺が古くからの住宅街なので，樹齢の高い樹木が個人宅，道路沿い，学校，寺社等に多く，よく「樹齢○○年」という表現を耳にするが，それは太さにするとどれくらいになるのか？という疑問が浮かび，木と土は切っても切れない関係ゆえ，あわせて調査することに決めました。これにより，土という地味なテーマに彩りを添えることができ視覚的にもきれいな地図に仕上がったと思います。炎天下のもと自転車で走り回りメジャーで木の幹を測り，道行く人々の不審なまなざしを受けつつも調査をし終えたかいあってか『国土交通省国土地理院長賞』を頂く結果となりました。最初は課題と思ってやっていましたが，進めていくうちにどんどん楽しくなって作り上げた地図でしたので，大きな賞を頂き本人が一番驚いてしまいました。

1年空けて高1の時（第16回）の年の指定テーマは「あたたかさ」でした。このテーマを見た時，「やられた！」と思いました。「暑さ」ではなく漢字の「暖かさ」でもなかったからです。斜めから見てしまった私は「人情」もありだと考え，いろいろな方向から「人情MAP」が視覚的に表現できないかを考えぬきました。例えば拾得物から広げていく方法や，困っている人を演じてみる方法などを考えましたが，どうしても客観的な地図には行き着けませんでした。（かなり悔しいです。）心残りはありましたが，あたたかさ＝気温→温暖化現象に決め，それだけではつまらないと思ったので，ビル・マンションなどの多い箇所ではクーラーの室外機から出る大量の熱風により，本来の風の流れと異なる気流が生じてしまうという事を聞いたことがあったので，それを実際に検証し，視覚的な地図にしてみようと思いました。例年通り炎天下のもと自転車をこぎ，この時はさらに，自作の簡易百葉箱をかごに入れての調査となりました。昼の一番暑い時間帯に気温を測るために長時間同じ地点にいなくてはならなかったので，さらに道行く人たちのまなざしには困りました。自分の中では指定テーマを完全にクリアしたわけではなかったので，また「国土交通省国土地理院長賞」をいただけたのはとても意外でしたが，大きな喜びとなりました。

　3回の環境地図づくりのなかで私がこだわったことは，「身のまわりの」ということで，徹底して自宅周辺＝自転車でまわれる範囲をいろんな角度から調べつくすことでした。また，そこから私が得たものは，自分の「身のまわり」の環境を知っているようで案外知らなかったという事です。地図づくりをした後，自転車で走る町並みに，以前は名も無き小さな公園だった空き地が「○○公園だ」と認識できるようになり，なんでもなかった木々にも愛着がわき，自分を取り巻く環境についてごく自然に考えることができるようになった気がします。

　この生徒は，地理という科目は苦手だったようですが，環境地図にははまったようです。環境地図作成に3回取り組んだ生徒の成長と思考の過程がよくわかる文章だと思います。

　生徒のいろいろな可能性を開くことができる環境地図づくりに，多くの学校が取り組まれることを期待しています。

**参考文献・資料** --------------------------------------------------------------------------------

大野　新　2005.「地図を学ぶ・地図を描く――身のまわりの環境地図作成にとりくむ」歴史地理教育 689
大野　新　2006.「身のまわりの環境地図作成から学ぶ」地理教育 35
大野　新　2012.「環境地図づくりに取り組む中学生」地理 57-7, pp.35-41
環境地図教育研究会　http://www.environmentalmap.org/（最終閲覧 2021年2月20日）
地理院地図　https://www.gsi.go.jp/（最終閲覧 2021年2月20日）
「特集　環境地図展の25年」 2015.　月刊地図中心 517

（大野　新）

# 国際理解と国際協力

第3章では，国際理解と国際協力の授業づくりについて検討
します。自然的・文化的背景の異なる世界の国や地域の学習
は，地理学習の醍醐味の1つです。一方，現代世界は，地球
温暖化や民族対立，食料問題など多くの課題を抱えています。
「地理総合」では，地球的課題の問題構造の理解を中心に据え
ながら，問題解決のあり方を追究することになります。問題
解決に向けた学習過程では，多様な意見の対立があることを
ふまえ，問題の多面的・多角的な考察と対話を心がけること
が不可欠です。

# 生活文化の多様性と国際理解

# 1 民族とは何か，民族が生む対立と共存

---

キーワード　民族　国民　漢族　自治区　ウイグル族　チベット族

---

## （1）授業のねらい

　民族を一言で定義するのは困難です。日本では「民族」という言葉がありますが，英語では「People」ですので，単なる人間の集合体ということになります。そういう意味では，民族の境界線は非常に曖昧なものと言えるでしょう。人間の集団はさまざまな要素で分類されるからです。授業では「民族」の言葉の定義を考えるのではなく，民族紛争，民族意識などという言葉を手がかりに，何らかの要因で結びついている人間集団という視点でとらえるくらいがちょうどいいのではないでしょうか。

　ただその集団が長い時間をかけて形成した世界観は，独自の意識や価値観を生み出します。そこから生まれた強い連帯意識は，人々を結びつけるものであるとともに分けるものでもあります。民族は統合の象徴である一方で分断の象徴にもなるという点も授業で取り上げたい視点です。世界のいろいろな地域で民族の授業は展開できますが，今回は，多民族国家の1つである中国を例にして民族の授業を考えたいと思います。

## （2）テーマのための導入素材

　中国では，漢族を含めると56の民族が公認されています。図1のような民族の分布図を使って，漢族以外の少数民族と言われる人たちがどのあたりに分布しているのかを読みとってください。そこから中国における漢族と少数民族の位置づけが見えてきます。なお「〜族」という呼称は，中国政府によるものであるため，本書でもそれにならいます。

## （3）授業展開案

　では，中国を例に民族を考える授業を作っていきましょう。その前にまず「民族とは何か」ということを考えてみましょう。我々が通常民族という言葉を使うときに，何らかの基準があるはずです。そして民族と国家との関係についてあらかじめ考えておきます。ただし，授業のねらいでも指摘したとおり定義を考えることが授業の目的ではありません。

　次に具体的な中国の民族について考えていきましょう。まず，中国全体の民族構成を俯瞰したのちに，多数派である漢族の生活を見，少数民族の生活する地域や特徴を考えていきます。そして，人々を結びつけるものと分かつものについてとらえるために，民族のア

図1　中国民族分布地図

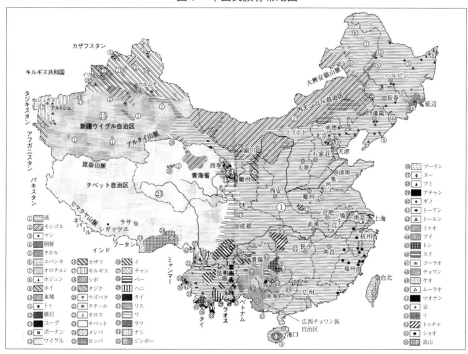

出典）王柯　2005より作成

イデンティティや少数民族をめぐる問題を考えていきます。


## （4）中国はどのような民族構成になっているのだろう

　表1は，図1で示した民族を人口別に見たものです。中国で最大の民族は漢族で，全体の約91.6％を占めています。それ以外の民族は少数民族ということになり約8.4％です。人口が14億人を超える中国では1億人以上を占めることになるので，少数民族と表現するにはふさわしくないかもしれません。中国政府が認めている少数民族は55です。漢族

表1　人口が多い民族（左側）と少ない民族（右側）の人口と主な居住地（2010年）

| チョワン族 | 1,692万人 | 広西チョワン・雲南・広東 | タタール族 | 3,556人 | 新疆ウイグル |
|---|---|---|---|---|---|
| ホイ族 | 1,058万人 | 寧夏ホイをはじめほぼ中国全土 | ロッパ族 | 3,682人 | チベット |
| マン族 | 1,038万人 | 遼寧・黒竜江・吉林・河北・北京・内モンゴル | ホジェン族 | 5,354人 | 黒竜江 |
| ウイグル族 | 1,006万人 | 新疆ウイグル | トールン族 | 6,930人 | 雲南 |
| ミャオ族 | 942万人 | 貴州・雲南・湖南・広西チョワン・四川 | オロチョン族 | 8,659人 | 内モンゴル・黒竜江 |
| イ族 | 871万人 | 四川・雲南・貴州 | メンパ族 | 10,561人 | チベット |
| トゥチャ族 | 835万人 | 貴州・湖南・湖北・四川 | ウズベク族 | 10,569人 | 新疆ウイグル |
| チベット族 | 628万人 | チベット・青海・四川・雲南・甘粛 | ユーグ族 | 14,378人 | 甘粛 |
| モンゴル族 | 598万人 | 内モンゴル・新疆ウイグル・遼寧・吉林 | オロス族 | 15,393人 | 新疆ウイグル・黒竜江 |
| トン族 | 288万人 | 貴州・湖南・広西チョワン | ポーナン族 | 20,074人 | 甘粛 |

出典）中国駐大阪観光代表処ＨＰなどより作成

を加えると，中国には 56 の民族が生活しているということです。民族の認定は中国政府によるものなので，その基準は世界共通のものではありません。

　55 の少数民族ですが人口の面では最大のチョワン族（1692 万人）と，最小のタタール族（3556 人）では大きな差があります。住んでいる場所も民族によって異なります。漢族と同化が進んでいる民族もあれば，独自の文化を保っている民族もいます。


## （5）少数民族とはどのような人たちなのだろう

　少数民族の居住地域は，西部や南東部の高原や乾燥地域が中心です。土地の生産性は低く産業の近代化も進んでいません。平野が広がり生産性が高い地域はほぼ漢族で占められていて，少数民族の地域は近年の中国の経済成長の恩恵をあまり受けていないと言えます。

　ここでは「少数民族の天地」とも称され，ユンナン（雲南）省からコイチョウ（貴州）省にかけて広がるユンコイ（雲貴）高原とその周辺の少数民族の例を見てみましょう。ユンコイ高原の周辺には，いくつもの谷が刻まれ高峻な山が連なります。このような地形なので，ひと山越えれば別の民族の生活圏になります。厳しい環境が特定民族による統治を困難にして，地域で独自の文化が維持されて今日に至っています。

ａ）言語

　漢語を日常的に使用する民族（マン族やホイ族など）もいますが，この地域では多くは独自の民族語をもっています。しかし国家統合の手段として，中国政府が漢語を教育などで優先した結果，民族語は漢語に置き換えられようとしています。日常会話の中に生きていた民族語ですが，漢語の普及によって消え去る寸前のものもあるというのが現実です。

ｂ）宗教

　宗教や信仰の面では，漢族は儒教や道教が中心です。それに対して，少数民族の宗教世界は多様です。この地域に共通するのはアニミズムやシャーマニズムなどです。同じ民族でも地域や生業によって異なる場合があり，非常に豊かな内容をもっています。それらを基盤文化として大切にしながら，仏教（上座部仏教やチベット仏教）やキリスト教の影響が見られたりします。宗教の伝来という点から，国境を越えて東南アジアの民族ともつながりをもってきたことがわかります。かつては漢族よりも東南アジアの民族との交流のほうが大きかったということです。

ｃ）衣装

　衣装も民族ごとに多彩です。同じ民族でも住む地域によって異なる場合もあります。ミャオ族の衣装は 173 もの様式に分類されるとも言われます。女性の民族衣装は色鮮やかで華やかなものが多く目を奪われます。精緻な刺繍の衣装を銀細工の装飾品で飾り立てたりします。少数民族の間では銀は動産として重視されていて，財産を装飾品として肌身離さずもってきたとも言えます。ただ，現在では日常的に民族衣装を着用している民族はまれで，冠婚葬祭などの大きな催しや，観光地で見かけるくらいになっています。

ｄ）住居

住居は南方だけあって，高床式住居が広く見られます。観光地では文化資源として保護されていますが，そうでない地域では平屋建築への建てかえの動きがあります。高床式は修理に手間がかかり，家畜との同居は不衛生であるというのが主な理由だとされています。

e）その他

　父系社会の漢族に対して，この地域の少数民族の多くは母系社会を保っているとも言われています。また，市場や祭りなど人が集まる場所で，男女のグループ同士が歌で掛け合う「歌垣」の文化が残っています。

# （6）なぜ5つの民族に自治区が認められているのだろう

　55の少数民族の中で特別扱いをされている民族が5つあります。モンゴル族，ホイ族，ウイグル族，チベット族，チョワン族で，彼らが集中して居住する地域には自治区が認められているのです。なぜ5つの民族に自治区という特権が与えられているのでしょうか。これらの民族は人口が多いのですが，それだけが理由ではありません。人口だけならマン族やミャオ族はモンゴル族やチベット族よりも多いのです。5つの民族は特定地域に集中し，ホイ族以外は国の縁辺部に居住しています。これらの民族に自治区を設置して独自の文化の継承を認めることで，独立への意欲を抑え込もうとする意図があると言われます。

　次に，少数民族をめぐってどのような問題が起きているのかを見ていきましょう。

# （7）新疆ウイグル自治区やチベット自治区で何が 起こっているのだろう

　新疆ウイグル自治区（以下ウイグル自治区）やチベット自治区では，これまで何度か独立や高度な自治権獲得をめざす運動が起こっており，国家の分裂をくいとめようとする中国政府との間で大きな対立関係が生まれました。なぜそのようなことが起こり，中国政府はどのような対応をしているのでしょうか。

　2010年時点での少数民族自治区の民族構成を見てみましょう。ウイグル自治区とチベット自治区以外は，漢族が半分以上を占めています。成立当初はそれぞれの民族が多数を占めていたはずですが，どうして漢族が増加したのでしょう。それは政府が漢族の移住を進めたからです。移住を進めて漢族の割合を高めることで，特定の民族色を薄めて独立をめざす民族運動を抑えるのが目的と言われます。特にペキン（北京）が至近で資源も豊富だった内モンゴル自治区では，成立直後から漢族が移住してきました。その結果，自治区内におけるモンゴル族の割合は現在では2割を切ってしまいました。そんな状況でありながら，ウイグル自治

表2　少数民族自治区での民族構成（2010年）

| 内モンゴル自治区 | 漢族 79.5% | モンゴル族 17.1% |
|---|---|---|
| 広西チョワン族自治区 | 漢族 62.8% | チョワン族 31.4% |
| チベット自治区 | チベット族 90.5% | 漢族 8.2% |
| 寧夏ホイ族自治区 | 漢族 64.8% | ホイ族 34.5% |
| 新疆ウイグル自治区 | ウイグル族 45.8% | 漢族 40.5% |

出典）二宮書店編集部編　2021 ほかより作成

区とチベット自治区は，まだそれぞれの民族が漢族の割合を上回っています。次に2つの自治区について見ていきましょう。

## ①なぜウイグル自治区では独立運動が起こっているのだろう

　ウイグル自治区の西端にあるカシ（カシュガル）を訪れると，ベールを被った女性が町を行き交い，ヒツジ肉の串焼きを焼くにおいが漂ってきます。そして，民族の十字路ともよばれたシルクロードのオアシス都市だけあって，ヨーロッパ系の顔立ちの人も見かけます。

　この地域では，1930年代に「東トルキスタン独立運動」が発生します。トルキスタンとは「テュルク人の土地」という意味で，それらの民族が居住する地域を指します。トルキスタンの中でウズベキスタンやカザフスタンなど旧ソ連の中央アジア地域を西トルキスタン，中国国内に位置するウイグル自治区を東トルキスタンと呼びます。1990年代以降は独立運動がイスラーム過激派と結びつき，強硬な手段も辞さない運動が増加します。中国政府はそれを抑えるため，力による統治を進めています。

　ではなぜ独立をめざすのでしょうか。ウイグル族にはイスラームなどを通じてトルキスタンの一員という意識が強いことと，中国政府によるイスラーム政策への不信感が理由と言われます。中華人民共和国建国当初はイスラームは厳しく規制されましたが，1980年代以降は宗教政策が緩和されます。その時期に世界的に広がりつつあったイスラーム復興運動や，ソ連解体にともなう西トルキスタン諸国の独立も独立運動の動きを後押しします。

　政府は漢族の移民を送り込み，2010年の統計ではウイグル族の割合は50％を割っています。その割合は年々低下しているはずです。近年は中国政府によるウイグル族への弾圧という報道を耳にする機会が増えています。特に，「再教育センター」などと称される「強制収容所」が問題になっています。その施設は自治区内に200か所近くあり，そこに100万人以上のウイグル族が収監されているという報告もあります。ウイグル族の再教育を行なうことで，帰属意識を薄めて中国への同化を進めるための施設だとされます。

## ②なぜチベット自治区では高度な自治権を要求しているのだろう

　チベット自治区のラサの中心にあるジョカン寺はチベット仏教の聖地とされています。民族衣装を着た高齢者がマニ車をまわしながら歩き，あずき色の僧衣をまとった修行僧たちの祈りの声が響きます。郊外に行くと五体投地という全身を投げ出す独特の礼拝方法をしながら，巡礼をする僧侶に出会うこともあります。

　チベット自治区は1950年に中華人民共和国によって併合されました。それまで独立国であったとするチベット側の主張と，中国の一部でありつづけたとする中国側の主張が対立したままの力による併合でした。チベット族はチベット仏教と呼ばれる大乗仏教に由来する宗教を信仰しています。そこで尊敬を集める高僧（活仏）をラマと呼びますが，その最高位にあるのがダライラマです。1959年には中国の人民解放軍によってラサが包囲された際に，ダライラマ14世は雪のヒマラヤ山脈を越えてインドに亡命せざるをえなくなりました。現在はインド北部のダラムサラにチベット亡命政府を樹立しています。チベット亡命政府はチ

ベットの高度な自治権を訴えていますが，中国政府は「中国を分裂させようとしている」として非難をしています。チベットでは写真を掲げるなど，ダライラマに対する信仰や敬愛の念を示すことを禁止されています。

ウイグル自治区の運動がトルキスタンという外側の世界と結びついたものであるのに対して，チベット自治区の運動は外とのつながりが多くはありません。それはイスラームと

図2　五体投地で巡礼を行う僧侶

出典）筆者撮影

チベット仏教との違いによるものと言ってよいでしょう。ですから，独立というよりも高度な自治権を求めているわけです。チベットの民族運動では，チベット族は「Free Tibet（チベットに自由を）」と声をあげます。中国政府はそのような運動を容認すると，それが他の自治区に広がるかもしれないと危惧し，反政府的な運動に神経質になっています。

2006年に青海省シーニン（西寧）からチベット自治区のラサを結ぶ鉄路が開通しました。青藏鉄道と呼ばれるこの鉄路は，西部大開発の主要プロジェクトの一環です。これによってチベット自治区の経済成長が進み，多くの観光客がやってくることが期待されています。それと同時に漢族の移住も拡大すると思われましたが，政府の思惑どおりにはいっていないようです。低地の民族である漢族にとって，平均標高が3000mを超えるチベット高原に移住することは，たやすいことではないということでしょう。

## （8）世界の民族を扱う際に

世界のどこにも純粋な「単一民族国家」などは存在しないという事実は，確認したいことです。そして，民族＝国民ではないことに注意しましょう。少数派であっても，それぞれの地域で重要な役割を果たしている事実を受けとめ，すべての民族を平等に扱うことを心にとめておいてください。各地で迫害され抑圧され，厳しい立場にいる人々に対するまなざしは，生徒をヘイトスピーチに抗する意識に導くことになるはずです。また途上国の人間集団に対して「部族（tribe）」などという言葉が使われることがありますが，差別的なニュアンスが含まれている場合があるので，授業で用いる際には注意が必要です。

**参考文献** --------------------------------------------------------------------------------

市川捷護・市橋雄二　1998.『中国55の少数民族を訪ねて』白水社

王　柯　2005.『多民族国家 中国』岩波新書

「月刊みんぱく」編集部編　1996.『100問100答 世界の民族』河出書房新社

国立民族学博物館編　2008.『深奥的中国——少数民族の暮らしと工芸』東方出版

二宮書店編集部編　2021.『データブック・オブ・ザ・ワールド2021——世界各国要覧と最新統計』二宮書店

（吉村憲二）

# 2 世界の宗教にはどのような特色が あるのか──イスラームを例として

3Ⓐ-2

---

キーワード　世界宗教　ヒンドゥー教　イスラーム　原理主義　西アジア　インド

---

## （1）授業のねらい

　世界にはさまざまな信仰の形があります。三大宗教と言われる，キリスト教，イスラーム，仏教以外にもヒンドゥー教，ユダヤ教，ゾロアスター教，シク教，道教，ブードゥー教などがあります。

　宗教はその教義によって人々を結びつけます。しかしその教義が他者から見ると許容できない場合もあり，対立することもあります。それでも世界各地でさまざまな宗教が共存しているのも事実です。宗教をテーマとした授業は，世界各地で展開できますが，ここでは西アジアと南アジアを取り上げて，宗教の共存や生活について見ていきましょう。

## （2）テーマのための導入素材

　図1は，世界の主要な宗教の分布状況と伝播の道のりを示しています。大陸は違えども同じ宗教が信仰されている例も見られます。言葉は違っても，宗教という価値観を共有していると言えます。

## （3）授業展開案

　宗教をテーマとしたこの項で扱う地域は西アジアと南アジアです。まず，世界にはどのような宗教があるのか，図1の世界の宗教の分布と伝播の地図から考えます。

　次に，今回の2つの地域で広く見られるイスラームにしぼっていきます。イスラームがどのような宗教なのか理解するために，イスラームについて，いくつかの視点から見ていきます。さらに，国名に「イスラーム」がつくのはどんな国かという点からその理由を考えます。

　西アジアにはイスラーム以外の宗教はあるのかについて考えた後に，ヒンドゥー教の国として知られているインドにおけるイスラームとの共存について見ていきます。

## （4）イスラームとはどんな宗教なのだろうか

　イスラームを信仰する人口は増えつづけており将来的には世界の3人に1人はムスリムになると言われています。我々が生活する社会でもこれから増えていくことは間違いあり

図1　世界の主要な宗教の分布状況と伝播の道のり

凡例：
- キリスト教
- 仏教
- イスラーム
- ヒンドゥー教
- その他

宗教の伝播
- キリスト教
- 仏教
- イスラーム

出典）『新詳地理B』帝国書院，2016年，p.210を一部改変して引用

ません。しかし，非イスラーム圏では，どのような宗教かはあまり知られていないだけでなく，誤解されている場合も少なくありません。

a）イスラームってどんな意味なの？

　イスラームとはアッラー（神）に絶対的に帰依するという意味で，ムスリムとは帰依する者という意味です。ムスリムは日々アッラーの教えを実践しており，それがイスラームをするということです。

b）イスラームって砂漠地帯の宗教なの？

　砂漠が多いアラビア半島で誕生しましたが，熱帯のインドネシアでも2億人を超える信者がいることからもわかるように，普遍的な価値をもち，世界に広がっている宗教です。

c）コーラン（クルアーン）には何が書いてあるの？

　コーランには2つの特質があります。1つは預言者ムハンマドの言葉を記録した「信仰の書」ということです。ムハンマドはアラビア語でアッラーの言葉を示したので，コーランはアラビア語で書かれており，アラビア語で書かれたものだけがコーランです。もう1つは人々の生活のあり方を決める「生活のルール集」ということです。たとえば豚肉の忌避や，商売で利息を取ってはいけないなどのルールがコーランに記されています。

d）ムスリムが守らなければならない決まり（戒律）はあるの？

　さまざまな決まりがありますが，主なものが「イスラームの五柱」とよばれるものです。信仰告白（シャハーダ），礼拝（サラート），喜捨（ザカート），断食（サウム），巡礼（ハッジ）の5つです。信仰告白は「ラー イッラーハ イッラッラー（アッラーのほかに神はなし）」「ムハンマド ラスールッラー（ムハンマドは神の使徒なり）」を心から唱えることであり，最低でもこれさえできればムスリムであるとされます。礼拝は，1日5回メッカに向けて行ないます。喜捨は持たざる者に対して施しをするということです。断食は，イスラーム暦9月（ラマダーン）に日の出から日没までの間は何も口にしません。巡礼は，可能であれ

ば一度はメッカに巡礼をするべきとされています。そのほかにもコーランにはさまざまな決まりが記されており，多くのムスリムが決まりを守りながらの生活を心がけています。ただ，それを守りきれないムスリムがたくさんいることも事実です。アッラーは戒律を守ることを求めると同時に，人間の弱さも認めています。守れなかったら，後日に行なったり，ほかの行為で補うなども可能とされています。

e）イスラームは女性の自由を認めていないの？

ヨーロッパではムスリムの女性がまとうスカーフが，女性の自由を奪い抑圧する象徴のようにとらえられがちです。これは美しい部分は家族以外には見せないとするコーランの一節を実践する行為です。女性を大切にするゆえの決まりと言えます。だからこそ，強要されるものではなく，自分の意思でスカーフを被っている女性が多数を占めます。スカーフを被らないと下着を着ていないのと同様と感じる女性も多くいます。

f）イスラームは好戦的な宗教なの？

和辻哲郎は「風土」の3類型の中で，砂漠型を戦闘的と定義しました。その影響もあり，イスラームは好戦的な宗教と考えられがちです。ジハードを「聖戦」と訳すことで，常に異教徒に闘いを挑んでいるような誤解が生まれましたが，ジハードとは本来はイスラームと共同体を守りその教えを広げる行為です。砂漠という厳しい環境だから一杯の水を奪い合うのではなく，分け合う——多くのムスリムが実践しようと心がけているのが，分け合うという行為です。

g）イスラーム原理主義は危険な思想なのでは？

欧米などでは過激で暴力的な考えを「イスラーム原理主義」と称することがあります。ムスリムの世界では，20世紀の後半から，自分たちの生活を見直してコーランの教義に従おうとする復興運動が各地で見られるようになります。復興運動とは，喜捨などにより各地にモスクやコーラン学校を建設したり，礼拝参加を呼びかけたりといった，イスラームの考えにもとづいた穏健で互助的な社会運動のことです。このようにアッラーの教えに従うことを「原理主義」とよびます。テロリズムにかかわるのは過激で暴力的なイスラーム過激派とも呼ばれる組織です。本来の原理主義運動は穏健な互助活動であり，テロリズムを意味するものではありません。

h）国名に「イスラーム共和国」がつくのはどんな国？

西アジアの国の中で，イラン，アフガニスタン，パキスタンは国名に「イスラーム」が入ります。宗教名が国名に入っているめずらしい国です。なぜなのでしょうか。

これらの国に共通するのは何でしょう。3か国とも主要民族がアラブ人ではなく，アラビア語以外の言葉で日常生活を過ごしています。前述したとおりコーランはアラビア語で書かれています。それゆえ，アラビア語を公用語とする国はイスラームの本流であり，それ以外のイスラームの国は傍流という見方が生まれます。3か国からすればその位置づけは不当なもので，自分たちの信仰の篤さはアラビア語の国に劣ることはないと思っています。そこでイスラームを強調した国名にしていると言われます。またこれらの国で，イスラームの教義に沿った生活の実践をめざす，いわゆる復興運動が活発なのも同じ理由です。それ

が極まると，イスラームの教義を狭く解釈して，民衆の（特に女性の）権利を抑圧するような考えが拡大したりします。その代表が，アフガニスタンのタリバーンで，極端な思想は世界中から非難を浴び，アフガニスタン紛争では米国の攻撃対象となりました。しかし，現在でも一定の影響力を保持しているとも言われています。

イランでは大統領制のもと西欧的な民主国家の建設を進めました。一方でイスラーム復興運動も台頭し，社会の西欧化に危機感をもつ勢力が当時の大統領を追放してイスラーム聖職者を最高位とする国家体制を打ち立てました。それが1979年のイラン革命です。

## （５）西アジアにはイスラーム以外の宗教はあるの？

西アジアではアラビア語を母語とするアラブ人が多数を占めます。アラブ人の大多数はムスリムですが，各地でキリスト教徒も見られます。それ以外の民族（トルコ系やイラン系など）もムスリムが多数を占めます。

例外はイスラエルのユダヤ人です，ユダヤ人はユダヤ教を信仰しています。イスラエルの首都のエルサレムはユダヤ教の聖地ですが，ユダヤ教だけでなくキリスト教やイスラームの聖地でもあります。３つの宗教の聖地というめずらしい場所だと言えるでしょう。アラブ人はパレスチナの地に国家の建国をめざしています。首都はイスラームの聖地でもあるエルサレムを想定していますが，それにイスラエルが反発して新国家建国はめどがたっていません。市域を二分して共存を図れないかという声もありますが，町を分割することは想像できないことだと言います。

レバノンは８割以上がアラブ人ですが，人口の約４割がキリスト教徒です。アラビア語を喋ればアラブ人ですから，宗教は関係ありません。アラブの国でイスラームとキリスト教徒が暮らしているわけです。そのためレバノンでは，少数派のキリスト教徒から大統領を，多数派のイスラームから首相を選出することで共存を図ってきました。しかし近年はシリア難民の流入により，その割合は変化しています。

## （６）インドはヒンドゥー教の国なのだろうか

南アジアの国々の宗教は多様です（図２）。インドとネパールはヒンドゥー教が，パキスタンとバングラデシュとモルディブはイスラームが，スリランカは上座部仏教が，ブータンはチベット仏教が多数を占めます。

インドはヒンドゥー教の国と言われます。14億人近い人口があり，そのうちの約８割はヒンドゥー教徒ですから約11億人ということになります。しかしそれ以外の約３億人はヒンドゥー教ではない宗教を信仰していることになります。それはイスラーム，キリスト教，シク教，ジャイナ教，ゾロアスター教などです。ただ，インドで生まれた仏教の信者は大変少ないのが現状です。

ヒンドゥー教の教義は宗教という枠にとどまりません。生活の中の儀礼や慣習などにも

深くかかわっています。人を生まれながらの階層（ヴァルナ）に位置づけるカースト制度ともつながっています。特定の開祖をもたず、魂は不滅であり、来世によりよく生まれるためには現世で善行を積むべきだと考えられています。

　ヒンドゥー教の次に多いのがイスラームです。インドの人口の約15%ですので2億人ほどになり、世界ではインドネシア、パキスタンに次いでムスリムが多い国です。16〜19世紀にインドで栄えたムガル朝はイスラームの王朝で、この時期に建てられたタージマハル廟は、インド＝イスラーム建築の傑作とも言われます。かつて同じイギリス領インドだったパキスタンとバングラデシュとは宗教で分離独立をしたとされますが、なお混在しています（図2）。

　キリスト教はポルトガルによってカトリックが伝えられた後、イギリス東インド会社の設立によりプロテスタントも広まりました。南部の海岸を中心にして各地に教会が見られます。

　シク教はヒンドゥー教改革運動から生まれたとされています。北西部のパンジャーブ州に約8割が住んでいます。平等主義の宗教で、名前の最後に男性はシン（獅子）、女性はコール（姫）をつけます。カースト制度は職業に対する差別だと言われます。名前を同じにするのは、名前は職業と結びついているからです。インド人の男性の服装としてターバンを思い浮かべる人も多いでしょう。ターバンは髪を切ったりヒゲを剃らないシク教徒の男性が身につけるものです。

　ジャイナ教は古代宗教のバラモン教に対する批判から生まれました。徹底した平等主義のもとで不所有と不殺生を説きます。修行僧は僧院において全裸で生活をして、信者によっては体毛も剃ってしまう者もいると言われます。それほどまでに不所有を実践するのは、みんなが持たない者になることで平等を実践することができるためです。外出時には口に虫が入らないようにマスクをつけ、虫を踏まないように地面をホウキで払いながら歩きます。土の中の虫を殺してしまうため農業は行いません。そのため、ジャイナ教の信者の多くは都市部で金融業や小売業に従事しています。

　仏教はバラモン中心の階級社会に異議を唱えてインドで誕生しますが、現在のインドでの仏教徒は大変少ないです。なぜなのでしょうか。第一に、仏教では出家が重視され在家信者は不利であったことがあげられま

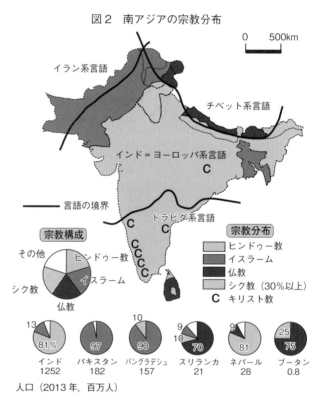

図2　南アジアの宗教分布

0　　　500km

イラン系言語

チベット系言語

インド＝ヨーロッパ系言語

C

―― 言語の境界

ドラビダ系言語
C
C
CCCC
C

宗教構成
その他
シク教
ヒンドゥー教
イスラーム
仏教

宗教分布
　ヒンドゥー教
　イスラーム
　仏教
　シク教（30%以上）
C　キリスト教

13
81%
インド
1252

10
97
パキスタン
182

10
90
バングラデシュ
157

9
10
70
スリランカ
21

9
81
ネパール
28

25
75
ブータン
0.8

人口（2013年，百万人）

出典）『高等学校現代地理A 新訂版』清水書院，2018年，p.42

す。ヒンドゥー教が在家信者に根を張っていたのとは対照的です。第二に仏教は都市型宗教であった点です。都市の強力な支援者を得て発展した仏教でしたが，ヒンドゥー教の大衆化により支援者を失います。そして7世紀後半以降は仏教徒は減少の一途をたどることになったとされています。

## （7）インドでヒンドゥー教とイスラームは共存できているのだろうか

インドではバラモン教からヒンドゥー教につながる大きな流れの中で社会が形成されてきました。10世紀以降になると，そこにイスラームが流入してきます。ヒンドゥー教が多神教で，カースト（ヴァルナ）という階層を背景にもつのに対して，イスラームは一神教で，神（アッラー）の前では平等とされるなど，両者の教義には違いがいくつもあります。そのような異なった文化が，インドでは何世紀にもわたって共存してきました。実際に両者の垣根は低かったと言われます。

インドは1947年にイスラームのパキスタンと分離独立をすることになります。その際にカシミール地方の領有をめぐる対立が起き，今日まで続いています。1998年には相次いで核保有宣言をするほどです。近年はヒンドゥー原理主義が台頭して他宗教への圧力を高めています。モスクが襲撃されて両者の緊張感が高まるという事件も起こっています。インドは多様性の国とも言われます。それを保つためには，長年にわたって共存してきた叡智に立ち返ることが必要でしょう。

## （8）世界の宗教を扱う際に

宗教の教義は地理の授業で詳細に扱う必要はないでしょう。その役割を担うのは倫理です。では，地理で宗教を学ぶ意味は何なのでしょうか。宗教は，世界各地のさまざまな文化の基盤となっています。また，宗教をめぐって深刻な対立をしている地域もあります。どこでどのような宗教が信仰されているかを知れば，世界の現在の姿も見えてきます。教義を学ぶ必要はないと述べましたが，そうでないこともあります。たとえばその宗教が，多くの人に誤って理解されている場合です。現在ヨーロッパではムスリム系の移民が増加していますが，それに対する嫌悪感が広がり社会の分断が進んでいると言われます。だからこそ，イスラームとはどのような宗教なのかを知らなければなりません。それが分断する社会をつくらない（修復する）役割を果たすことになります。

参考文献 --------------------------------------------------------------------------------

片倉もとこ　1991.『イスラームの日常生活』岩波新書
内藤正典　2016.『となりのイスラム——世界の3人に1人がイスラム教徒になる時代』ミシマ社

（吉村憲二）

# 3 グローバル化によって 言語は1つになっていくのか

3Ⓐ-3

キーワード　世界の言語　言語と文化　少数民族と少数言語　英語帝国主義

## （1）授業のねらい

　世界の言語の多様性と言語の地理的，社会的な特質を理解し，今後，世界の言語状況がどのように変わっていくのかを推察します。グローバル化の進む現代世界において，話者の少ない少数言語は急速に消滅しています。一方で「有力」な特定の言語への集約が進んでいます。特に英語の覇権は，グローバル化や情報化の中でますます勢いを増しているようです。このまま英語だけが世界の共通語になっていくのでしょうか。その意味や問題点について，さまざまな角度から考察し，意見を出し合う授業を考えていきます。

## （2）テーマのための導入素材

　世界中には多くの言語があります。しかし世界人口の9割以上は話者数の多い20の言語のうちのどれか1つを話していると言われています（図1左）。中国やインドのように，人口大国では，母語人口が多くなっています。

　さらにインターネットの普及が言語の環境に大きな影響を与えています。Webの情報は英語をはじめとする大言語がほとんどを占めます（図1右）。またパソコンで入力する

図1　世界の言語人口（左）とインターネット上での使用言語の割合（右）

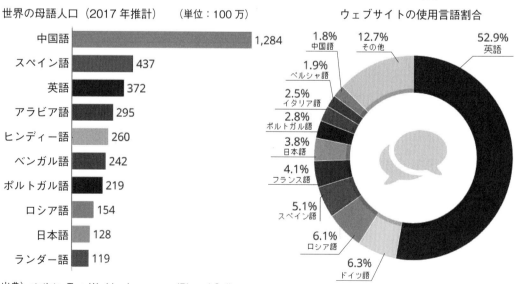

世界の母語人口（2017年推計）　（単位：100万）

|  |  |
|---|---|
| 中国語 | 1,284 |
| スペイン語 | 437 |
| 英語 | 372 |
| アラビア語 | 295 |
| ヒンディー語 | 260 |
| ベンガル語 | 242 |
| ポルトガル語 | 219 |
| ロシア語 | 154 |
| 日本語 | 128 |
| ランダー語 | 119 |

ウェブサイトの使用言語割合

- 52.9% 英語
- 12.7% その他
- 1.8% 中国語
- 1.9% ペルシャ語
- 2.5% イタリア語
- 2.8% ポルトガル語
- 3.8% 日本語
- 4.1% フランス語
- 5.1% スペイン語
- 6.1% ロシア語
- 6.3% ドイツ語

出典）statista, Two Worlds : Languages IRL and Online

際，アルファベットを使用する言語は簡単に文字を入力できますが，少数言語でアルファベット以外の文字を使う言語では，そもそもフォントがなかったり，入手が難しいので，ネットで情報を発信することもままなりません。


## （３）言葉の数

　古代ギリシャ人はギリシャ語を話さない周辺民族をさげすんで，「意味のわからない言葉を話す人＝バルバロイ」と呼んでいたそうです。すでに古代には場所によって言葉に違いがあることが認識されていました。場所によって言葉が違うのであれば，それは地理学の研究の対象です。

　しかし言語の地理は，少なくとも日本の初等・中等教育では，あまり扱われてきませんでした。その理由の１つは「言葉は不可視」であるからです。目に見えないものは数値化して統計にしたり，地図化することが難しいのです。実際，世界の言語に関する統計を見ると順位や数値には，かなりのばらつきがあります。

　ただ「文化」を対象とした地理の中で，言語は地図化されている数少ない分野でもあります。世界の言語分布を概観する方法として，現行の教科書や地図帳には語族の分布図が掲載されています。そこでは世界の言語は８つの語族に分類されています（さらにその下位概念として語派があります）。しかし日本語のように系統が不明な言語も少なくありません。また，ここで言う「語族」という概念には留意が必要です。語族の「族」という字は「民族」のように一見，特定の人間集団を連想させますが，「語族（language family）」は純粋に言語学上の用語で，歴史的に同一の起源（親）の言語から分かれてきたと考えうる同系統の言語（子）を示した言語学上の仮定にすぎません。文法や語彙の類似性からインド＝ヨーロッパ語族という言語系統が想定されてはいますが，インド＝ヨーロッパ語族に分類された人々の間で必ずしも言葉が通じるわけでなく，インド＝ヨーロッパ語族という人間集団は存在しません。

　現在，世界には197の国があります。それでは世界の言語はいくつあるのでしょう？

　世界には3000～8000もの言語があると言われています。いくつかの国にまたがって使用されている言語がある一方で，１つの国の中でも多くの言葉が使われている国（多言語国家）もありますから，言語の数は独立国の数よりずっと多いのです。それにしても，ずいぶん大雑把で，数字には幅があります。これはなぜなのでしょう？

　実は言語の数はリンゴの数を数えるように簡単ではありません。言語の数を数えることには，いろいろな問題があります。たとえば日本国内で話されている言語は，現在いくつあるのでしょう？　日本は日本語のみという発想は短絡すぎます。国内の言語だけを見ても，「日本語」のほかに「アイヌ語」や沖縄（琉球）の言語があります。さらに琉球の諸言語は「奄美語」「国頭語」「沖縄語」「宮古語」「八重山語」「与那国語」といった言葉にこまかく分けられるという考え方もあるのです。

　それらは言語ではなく方言なのではないかと思われるかもしれません。しかしある言語

が1つの「言語」か「方言」かの区分は国家による規定であり，その言語の中に，それが「方言」か「言語」かの区分が内在するわけではないのです。言語と方言の区別は歴史的な背景や政治状況にもとづいた恣意的なものでしかありません。


## （4）少数言語の消滅と大言語の台頭

　一方で話者人口の少ない言語の多くが消滅の危機に陥っており，その数は2500にもおよぶと考えられています。そして，話者数の少ない言語の多くは，もともとの話者が少ないというだけでなく，親から子へと次の世代に受け継がれず，話者の減少が止まらない状況にあるのです。

　発展途上国には，かつて植民地であったところが多くあります。そこでは自分たちの言語を禁止され，宗主国の言語が強制されてきた歴史があります。また独立後も旧宗主国の言語がその国の公用語となり，少数言語では進学や就職に不利になったり，裁判を受けられなかったりして，経済的な利益を得られる機会が少なくなるのです。こうした状況は少数言語が受け継がれず，言語が消滅する方向に拍車をかけています。

　言語の役割は単なるコミュニケーションの道具にとどまるものではありません。「サピア＝ウォーフの仮説」という考え方があります。各々の言語は世界観を反映しているという考え方で，各言語の相対性を重視しています。それぞれの言語はそれを話す人々の思考や感情の基盤を形成しています。つまり，ある言語が消滅するということは，ある価値観が失われることであり，異なる価値観の出会いや衝突がなくなっていけば，世界の文化的多様性は失われていくことになります。


## （5）英語の覇権

　ある国や地域において特定の外国語が，その政治・経済・文化・軍事力により圧倒的な影響力をもつ状況を「言語帝国主義」と言います。植民地が多かった時代には，地元の言語は軽視され，宗主国（征服者）の言語が植民地に強制されていました。

　イギリスの一言語にすぎなかった英語が世界で広く使われるようになったのは，近代以降のイギリスの世界進出と植民地の拡大によるものです。植民地の独立後も英語を公用語とし，学校教育や行政で使う言語を英語に限定している国は少なくありません（図2）。さらに第二次世界大戦後にはアメリカ合衆国が世界経済に強い影響力をもつようになったことで，その価値観や生活様式とともに，英語の使用が世界的に拡大していきました（図3）。こうして英語は国際共通語としての地位を高めてきたのです。さらにコンピュータの世界は英語の地位を確実なものにしています。インターネットやマルチメディアによる情報網では英語の使用が支配的になってきています。

　日本でもこれまで何度も英語の公用語化がとりざたされてきました。古くは明治初期の森有礼の「日本語廃止・英語採用」論に始まり，第二次世界大戦後にも英語の公用語化が

図2　英語を公用語・日常語としている国

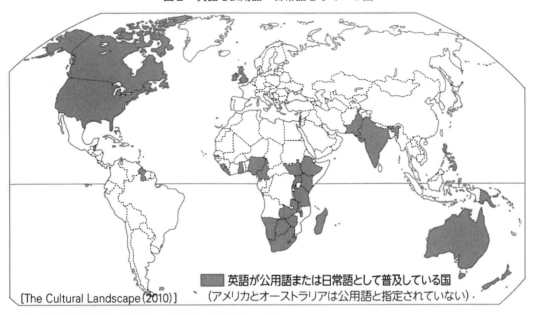

英語が公用語または日常語として普及している国
（アメリカとオーストラリアは公用語と指定されていない）

[The Cultural Landscape (2010)]

出典）『新編詳解地理B　改訂版』二宮書店，2019年，p.171

図3　英語表記が目立つアジアの街角（バリ島・インドネシア）

出典）竹内裕一撮影

議論されました。2000年代のはじめにはグローバル化の流れとともに英語公用語化が論争となりました。これは現在の公立小学校における英語教育の義務化や日本企業の社内英語公用語化の動きにつながっています。

　日本以外の非英語圏でも英語の学習は盛んです。国家をあげて進めている国も少なくありません。英語を学ぶことが社会的・経済的優位性につながると考え，世界で活躍する人材を育成するために英語教育はますます盛んになっています。

　しかしながら，これでは英語ネイティブの人々優位性は明らかです。英語を母語とする人々と，それ以外の国や地域の人々では英語を学習する負担が大きく異なります。非英語

圏の人々は，英語を第二言語として学ばなければならないので，そのためのコストが大きくなります。

　このような不平等な言語状況に対してこれまでにもさまざまな方策が考えられ試みられてきました。19世紀に，ザメンホフの考案した言語エスペラントはその1つです。母語の異なる人々の間での意思伝達を目的とした国際語としては，もっとも世界的に認知され普及した言語となっています。しかし理想主義運動の域を脱せず，実用的なレベルで普及しているとは言い難い状況です。

　最近では機械翻訳の可能性があげられます。翻訳機械の技術の進歩により，英語一極の状況を終わらせられるのではないか，との期待が寄せられています。ただし，機械で文章が翻訳される際に，仲介言語となる言語の視点が大きな影響力をもってしまうのではないか，という指摘もあります。


## （6）言語は1つになっていくのか？

　与えられた命題「言語は1つになっていくのか」について，結論から言えば世界の言語が完全に1つになっていくとは考えにくいでしょう。言語というのはたえず変化し固定的なものではないからです。そして話者人口が1億人を超える有力言語の日本語も消滅することはないでしょう。しかし，グローバル化の進む中で世界の言語は英語を筆頭とする一部の「有力言語」に収束する方向に向かっているのは間違いありません。

　言葉の役割を，伝達の手段としてのみ考えるのであれは，みんなが同じ1つの言葉を共有するほうが効率的かもしれません。特定の言語を共通語にしてしまうほうが，国際的な経済活動での実務的なやりとりにおいては便利に違いありません。したがって今後も効率的なコミュニケーションの道具として英語が国際共通語の地位を維持し，さらにその地位はますます堅固なものとなっていくことでしょう。その現実は無視できないものです。

　地理の授業では，この問題についてディスカッションやディベートのような形で議論を試み，生徒の考えを出し合うのも1つの方法です。

　ただし，もし「言語が1つになったほうがよい」「公用語を英語にすべき」といった「結論」が優勢になった場合には，そこから言語の多様性が失われることの意味を学ぶ契機とするとよいでしょう。繰り返しますが，言葉は単にコミュニケーションの道具というだけではありません。それは世界認識の方法であり，アイデンティティのよりどころでもあります。言語の多様性は守られるべきだし，特定の言語，特に英語の特権性には多くの問題点があります。

　一方で，どの言語を学び，どの言葉を使うかという選択は，最終的には個々人にゆだねられています。ですから特定言語を強制することはナンセンスですし，特定言語を「学ぶな」「使うな」と言うのも適切ではありません。どの言語を身につけ，どの言語を優先するのか，その選択権をもつのは話し手の一人ひとりなのです。

　消失した言語はもとには戻りません。失われつつある言語を再興するためには大変な労

力がかかります。言語について考えることでグローバリゼーションにひそむ問題に真剣に向き合う契機としたいものです。

**参考文献・資料** --------------------------------------------------------------------------------

木村護郎クリストフ　2016.『節英のすすめ——脱英語依存こそ国際化・グローバル化対応のカギ』萬書房
嶋田珠巳ほか編　2019.『言語接触——英語化する日本語から考える「言語とはなにか」』東京大学出版会
ロラン・ブルトン　1988.『言語の地理学』（田辺悟・中俣均訳）白水社文庫クセジュ
三浦信孝・糟谷啓介編　2000.『言語帝国主義とは何か』藤原書店
Two Worlds:Languages IRL and Online　https://www.statista.com/chart/14900/two-worlds_-languages-irl-and-online/（最
　　終閲覧日 2020 年 12 月 5 日）

（近藤正治）

# 4 衣・住の多様性はどこからきているのか

----

キーワード　自然環境と衣・住　社会環境と衣・住　グローバル化　創られた伝統

----

## （1）授業のねらい

　この項では衣服や住居といった物質文化をきっかけとして，世界各地の自然環境の多様性や社会・経済・文化の多様性を理解します。衣服や住居は生徒にとってイメージしやすい分野です。世界の衣服や住居の写真（画像）から自然環境や社会環境の多様性を考察していきます。ただし平板な解釈にならないよう留意が必要です。伝統的な民族衣服や歴史的な古民家が現代において，どのような意味合いをもつのかについても考えてみます。グローバル化の時代において物質文化の画一化が進む中で，また異文化との接触・交流が盛んになる中で，今後，私たちの衣・住がどのように変容していくのかについても推測してみます。

## （2）テーマのための導入素材

　まず，世界の人々がどのような衣服を着ているかを見てみましょう。たとえば熱帯の山岳地帯では腰布などのわずかな着衣で生活する人々がいます（図1）。一方で寒帯に居住するイヌイットの伝統的な衣服は，身近にいる獣の毛皮を素材として利用し，気温の低い

図1　ルソン島北部の山岳民族
　　　（フィリピン）

出典）筆者撮影

図2　アオザイ姿の若い女性（ベトナム）

出典）吉村憲二撮影

環境に適したものになっています。南アジアの国インドの女性服サリーは高温多湿な気候に合わせ，放熱性や吸湿性を重視して麻や綿を素材とするゆったりした衣服です。ベトナムの女性服アオザイも同様の機能をもつと言えます（図2）。一方で乾燥帯の遊牧民は，直射日光と砂漠の砂から身を守るため，そして夜の冷え込みに対応するため，全身を布で覆って重ね着をしています（図3）。

図3　サハラ砂漠の遊牧民（モロッコ）

出典）筆者撮影

　このようにたとえば自然環境との関係から，衣装はその地域の生活にそくしたものであることを考察し，その土地の地域性を考えていきます。

## （3）自然環境や社会環境を反映した世界の衣服の多様性

　衣服は生活文化の大切な要素の1つです。しかし地理（学）において体系的な研究や教育がなされてきた分野とは言えません。地図化も難しく，たいていの場合，現行の高等学校の教科書や資料集にはカラー写真で世界の民族衣装の代表例のいくつかが紹介されているくらいです。

　授業では，このような世界各地の服装の写真からその国や地域の特色を読み解いていきます。書籍やインターネットを利用すれば，さらに多くの画像が準備できます。もし教員が訪問したことのある国や地域の民族衣装を身にまとって授業に登場すれば，注目を集めること間違いありません。そして写真から読みとれること，気がついたことを生徒に考えさせます。グループで相談して発表してみてもよいでしょう。

　衣服の役割の第一は暑さや寒さから身を守ることであり，その土地の自然環境の影響，特に気候の影響を強く受けます。そのため素材や形など，国や地域によって，さまざまな工夫がなされています。そこで前述のように資料や画像を使い，衣服がそれぞれの地域の自然環境に適応したものであることを考察していきます。

　一方，衣服には経済活動や伝統的文化的な慣習，さらには社会的な階層の違いなども反映されます。たとえばサウジアラビアでは，女性たちは頭にスカーフを巻き，体を隠すような形のゆったりとした衣服（アバヤ）を着ています。このような服装は乾燥帯の強い日差しに対応しているだけではありません。イスラームでは，女性は家族以外の男性に肌を見せてはいけないとされているためです。特にイスラームのルールが厳格なサウジアラビアでは，その服装の規定も厳しいものになっています。伝統的な衣装には年代や性別，さ

らには社会階層による差異も表れるのです。

## （4）衣服の変化と画一化

　私たちは普段の生活で和服を身につけることはほとんどありません。衣服は世界的に画一化・標準化が進んでいます。日常生活の中で民族衣装を身につけている人々はどのくらいいるのでしょうか？

　前述のようにイスラームのしきたりが厳格な国や地域では，服装も規定されていることが多いようです。またインドのサリーは今日でも日常生活で使用されています。しかし都市部の若い人々にはTシャツ・ジーンズの着用が一般的になりつつあります。イヌイットの服装も生活が欧米化するようになるにつれ既製品の着用が増えています。冬の猟に出かけるとき伝統的な毛皮服を着る人もいるようですが，日常的には多くの人が市販の羽毛パーカーとオーバーズボンを使っています。

　世界的に見ても衣服の画一化は急速に進んでいます。素朴なイメージの強いパプアニューギニアの高地の村では，今でも現金収入がなく，タロイモの簡単な農耕と弓矢を使っての狩猟という自給自足の暮らしをしています。けれども人々の服装を見ると男はペニスケース，女は腰みのという伝統的な衣装は姿を消し，Tシャツやズボンを着ているのです。

　国や地域により差異があるとはいえ，「民族衣装」を日常生活で着用する例は，次第に少なくなってきていると言えるでしょう。特に国別で見れば発展途上国よりも先進国，地域別に見れば農村部よりも都市部において，その傾向は顕著です。

　現代の都市化，グローバル化による文化変容は，洋装の波及，文化の均質化を世界各地にもたらしています。先進国では欧米や日本のファストファッションの企業がグローバルに展開しています。衣服の分野は，流行をいち早く取り入れ，人々の志向性がいち早く反映される傾向にあります。

## （5）住まいの多様性と現代的な変化

　住居は，暑さや寒さ・日射・雨風などから身を守り，家族生活を営む大切な場です。したがって，ところ変わればその形や機能に違いが生じます。世界各地の自然条件，社会条件は住居の違いに大きな影響をおよぼしています。そのため住居は古くから地理（学）のテーマでした。都市における住まいのあり方は，都市の地域構造や人口動態についての研究が中心ですが，民家は生活・文化の要素として研究されてきました。

　ここでは伝統的な住まい，一般庶民の住居である民家の地理的な見方を取り上げます。民家の地理学的研究は外部形態や景観が中心です。民家の見方のポイントは，①屋根の形，②床の造り，③部屋の平面の配置などが重視されてきました。さらに外観だけでなく機能的な面にも着目されるようになりました。地域による違いは，自然環境との関係，生

図4　竹富島の集落と現地の案内板

# 竹富島の民家

**民家立面図**

竹富島の集落は、赤がわらの屋根　魔よけ
のシーサー　石灰岩の石垣　ひんぷん　福木
の並木　サンゴ砂の道　草花の植込みなどで
構成されています。　この付近は、竹富島の
伝統的なたたずまいを、今も色濃くのこして
いる地域の一つです。

**民家平面図**

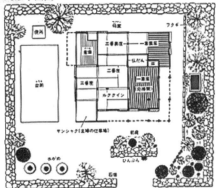

活様式とのかかわり，歴史的な変
遷，分布域の把握と地域区分による
他地域との比較研究があげられま
す。

　このような視点から世界の住居を
比較検討していくことで，各地の地
域性を考察することがこの分野の主
題になります。授業では衣服と同様
に世界の住宅を掲載した書籍を用い
たり，教科書・資料集から各地の伝
統的，特徴的な家屋の写真・画像を
提示し，自然環境や社会環境を読み
解いていきます。

　たとえば沖縄県の民家について見
てみましょう（図4）。沖縄は年間
を通して気温・湿度が高く，特に夏
の高い気温と驟雨，それに台風が特
徴です。そのため昔ながらの民家は
多くが石灰岩の石垣に囲われ寄棟平

出典）筆者撮影

図5　タイ北部の民家

出典）筆者撮影

屋です。赤瓦の屋根は軒が長くなっており，涼しく過ごせる工夫と強風にも耐えうる工夫
がほどこされています。集落の空間構成には中国由来の風水思想の影響が見られます。八
重山諸島の竹富島では，沖縄の島々の中でも今では少なくなった伝統的な集落が保存され
ています。これは，島をあげて古材の再利用を進め，伝統的な民家や防風林を保存してき
た成果で，1987年に「重要伝統的建造物群保存地区」に選定されました。

熱帯である東南アジアの伝統的
な民家には高床式のものが見られ
ます（図5）。これは湿気を防い
だり，雨季の洪水に対処したりす
るためです。実は日本の戸建ての
家屋も，欧米に比べ床が一段高く
なっており，靴を脱いで出入りす
ることから，高床式の一種である
と考えられます。また乾燥帯に見
られる民家は，日干しレンガで造
られ，屋根は平らで，窓は小さめ
です（図6）。日干しレンガは砂

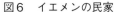

図6　イエメンの民家

出典）吉村憲二撮影

や粘土と稲わらを型に入れて日に干したものです。熱を吸収してからゆっくりと放出する
性質のため，建物の内部は涼しいままに保たれ，暑くて乾いた気候に適しています。

　このように民家の建材や伝統的な建物の機能には，自然環境の地域性が強く反映されて
いますが，現代ではそれも大きく変化してきています。たとえば，モンゴルの遊牧には移
動に便利な組立式の住居ゲル（パオ）が使われてきました。しかしモンゴル政府の定住化
政策のもと，移動が制限されるようになると，首都ウランバートル周辺では定住した敷地
の中に小屋や組立式のテントであるゲルを建てて生活する光景が見られます。また，現地
の植物素材を生かして作られていたマレーシアのロングハウスには，コンクリート製のも
のが登場しています。伝統的な住居にもまた，現代的な改変が見られるのです。


# （6）グローバリゼーションと衣・住の変容

　「衣・住の多様化はどこからきているのか」という問いの答えは，これまで見てきたよ
うに各地の自然環境や社会環境の多様性に由来していることがわかります。しかし20世
紀後半以降，都市化・近代化・グローバル化の急激な進展により，衣・住をとりまく時代
状況は大きく変化しつづけています。交通の発達は国境を越えることを容易にし，通信技
術の発達は経済活動を一層グローバルなものにしていきました。そのような状況の中で
「文化」は大きく変容しています。

　ところで，私たちが「伝統文化」だと考えているものは本当に伝統的なのでしょうか？
たとえば，ある地理の教科書にはイギリス北部のスコットランドの男性の衣装について
「キルトとよばれるスコットランドのスカートのような形状の伝統衣装で，タータンチェッ
クの柄のものが多い」と写真とともに紹介されています。

　しかし歴史学者のホブズボウムの編著書によると，スコットランドの伝統文化の象徴と
なっているタータンチェックのキルトやバグパイプは，近代になってからイングランドと
の伝統の違いを強調する「スコットランドナショナリズム」によって作り出され，強調さ

れるようになった「伝統」であることが指摘されています。つまりそれらは古い時代から脈々と継承されてきた民族文化などではなく，近代になってから「創られた伝統 (invention of tradition)」というわけなのです。古来からの地域の伝統や民族の風習として説明されているものの中に，そのようなものは少なくありません。前述のインドの女性衣装サリーも19世紀後半以降，インドのナショナリズム運動の中で標準化され，国民的衣装としての地位を確立していったものと言われています。

　だからと言って，その伝統はウソだとか，その文化はインチキだと短絡的に考えるべきではありません。衣服について言うならば世界的に現代的な洋装が普及する中で，なぜそのような「伝統的な衣装」「民族的な服装」が作り出されてきたのか，どのようなとき，どの場所で「民族」の衣装が用いられているのか，ということにこそ着目すべきです。

　たとえば「民族衣装」を意識づけ，継承し，再構築させる場面の一例として，観光があげられます。日本の旅館・文化センター・レストランといった観光施設のスタッフが制服として和服を着用していることを見聞したことがある人は少なくないでしょう。民族衣装が観光資源化されている一例です。

　住居の学習についても留意が必要です。なくなりつつある伝統的な民家にスポットをあてて学習したり文化財として保存されている農村の旧家を考察の対象とすることは，それはそれで意味のあることでしょう。ただ現在，78億人にのぼる世界人口のうち都市人口が大半を占めます。マンションなど近代的な集合住宅の増加は世界的な流れと言えるでしょう。

　地理で衣服や住まいの多様性について学習する際，各地の自然環境の影響や伝統文化の継承といった観点は重要です。しかし，それだけでは平板な生活文化や地域性の理解に陥る可能性があります。行き過ぎた本質主義的解釈は，現代社会の現実を見誤ることにもなりかねません。グローバル化の中で，異文化との接触・交流はますます盛んになってきています。現代の生活文化は日々変容し，標準化・画一化の流れの一方で，あらたに多様性が生み出されている状況もふまえておく必要があります。

参考文献 ------------------------------------------------------------------------------------

　杉本尚次　1969.『日本民家の研究──その地理学的考察』ミネルヴァ書房
　文化学園服飾博物館編著　2019.『世界の民族衣装図鑑』ラトルズ
　エリック・ホブズボウム，テレンス・レンジャー編　1992.『創られた伝統』（前川啓治・梶原景昭ほか訳）紀伊國屋書店
　ロバート・ロス　2016.『洋服を着る近代──帝国の思惑と民族の選択』（平田雅博訳）法政大学出版局

（近藤正治）

# 5 食文化と環境の結びつき

3Ⓐ-5

---

キーワード　タンパク源　魚食文化　ウナギ　環境問題　国際協調

---

## （1）授業のねらい

　「地理総合」を受講する高校生は 15 歳から 18 歳という食べ盛りの年代にあたり，実際に「食」への関心を高くもっています。特に運動部の生徒などは家からもってきたお弁当に加え，さらに学食を利用したり，コンビニエンスストアやファストフード店を利用したりすることも多いでしょう。筆者の勤務校においても，学校行事の準備の合間や，部活動の終了後にコンビニ等に立ち寄ることを楽しみにしている生徒が多くいます。ここでは，人間の三大欲求の 1 つである「食」にスポットをあてて，自然や社会環境と食文化の関係，食のグローバル化とそれにともなう問題について，学んでいきたいと思います。

　人間が生存するのに特に必要な栄養素には，糖質・タンパク質・脂質があります。脂質の一部は人体内で合成することができますが，糖質と，タンパク質を構成するいくつかのアミノ酸は体内で作ることができず，食事によって取り込むしかありません。糖質については，より安定したデンプンの形で長く貯蔵できる穀類の生産拡大で，安定的に手に入れることができるようになりました。糖質より保存が難しかったのが，体を作るためにとても重要なタンパク質です。タンパク源としての食材は，微生物の作用によって腐りやすいものが多く，先人たちは苦労を重ねてきました。その保存のための知恵と工夫が食文化の形で残り，各地に伝わっていると言えるでしょう。

　ここでは，私たちの身近に残る魚食文化を扱ってみようと思います。四方を海に囲まれた島国の日本では，タンパク質を海や川に求めることが多く，現在でも各地にさまざまな魚食文化が残っています。身近な地域の魚食文化を調べることで，身体維持に欠かすことができないタンパク質の確保をめざした先人たちの知恵に触れるとともに，漁業や流通業・環境問題や食のグローバル化など，学びの対象は現代的な問題にまで広がっていくことになるでしょう。

## （2）テーマのための導入素材

　日本人は「魚食の民」というイメージをもたれていますが，実は江戸時代になるまでは，思うように魚を食べることができませんでした。漁獲の技術が未発達であったことに加え，獲ったものを適切に保存し，輸送することが難しかったからです。魚は，ハレの日の特別なご馳走でした。めったに食べられないからこそ何とかして食べたい，その執念から知恵を絞り，工夫を重ねて，江戸前魚食文化が結実したのです。

図1　江戸前の範囲

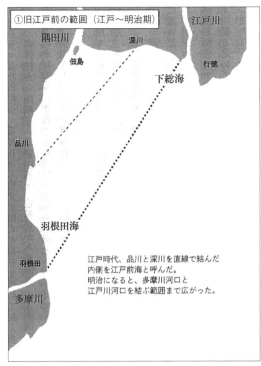

出典）冨岡　2016, pp.20, 21 より

　江戸前が示す範囲は，時代とともに広がってきました。江戸時代は，深川と品川を結んだ線の内側にすぎず，明治時代でも，多摩川と江戸川の河口を結んだ線の内側でした。2005年に水産庁は，東京湾全体を江戸前の範囲としました。その理由を考えてみましょう。

# （3）ウ ナ ギ か ら 世 界 を 考 え る

## ①ウナギは江戸前に入るのか？

　筆者は東京都に居住しているので，ここではかつて「江戸前」の代名詞であったウナギについて調べてみようと思いました。まずは，江戸前寿司のネタとしては邪道（？）に位置づけられるウナギが，かつては江戸前の代表とされていた歴史，特に，現在では漁獲されていない理由について考えます。

　現在，土用丑の日に食する習慣があることで，多くの人が年に1回は口にするウナギですが，近年は価格の高騰が著しくなっていて，筆者にとっては簡単には手が伸びない食材になってしまいました。そんなウナギをいつから私たちは積極的に食べるようになったのか，東京における歴史をたどることから始めましょう。

　『江戸前魚食大全』によると，江戸時代に「江戸前」と言うと，ウナギのことを指すのが一般的であったようです。1753年に平賀源内の『風流志道軒伝』という談義本の中で，「江戸前大蒲焼」と出てくるのが最初であり，その後天明年間（1781～89年）で鰻屋の数が急増し，1852年になると「江戸前大蒲焼番附」で名だたる鰻屋が紹介されるようにな

りました。平賀源内は，土用丑の日に「う」のつく食べ物を食べる風習があったことに目をつけ，好物であったウナギの利用を発案しました。それに鰻屋が乗っかってアピールを始めた，という説が有力です。現在にまで残る土用丑の日の習慣は，江戸時代の広報戦略によってもたらされたものなのです。

　江戸前ウナギのうちでも評判が高かったのは深川ウナギで，特に小名木川の産がよいとされていました。このウナギは小ぶりのものが多かったようですが，東西5kmで，一直線の運河になった現在の小名木川を知る生徒からすると，驚くべき事実ではないでしょうか。隅田川の大型のウナギとしては，千住や尾久のものがありましたが，味では小名木川産にかなわなかったとのことです。

　明治期における江戸前ウナギの評価は，産卵のために海へくだるものは利根川産が，川へ向かうのぼりものは羽田沖から佃あたりでとれるものが高かったようです。「最上もの」は三河産のアナシャコをエサに釣り上げたもので，「トビアオ」とか「沖上がり」と呼ばれて珍重されました。この頃までが江戸前ウナギ文化の最盛期だったと言えるでしょう。

　一方で江戸時代の末期から，東京周辺の天然ウナギは獲れる量が減りはじめました。1853年の黒船来航によって海防論が高まり，台場の建設が始まったからです。もっとも影響を受けたのは品川周辺で，ほとんどの漁が不可能になり，壊滅的な打撃を受けました。東京湾内の沿岸各浦も少なからず影響を受けました。台場の建設に加え，明治中頃より始まった京浜地帯の都市化，工業化により江戸前のウナギは壊滅的なダメージを受けることになります。埋め立てによる自然海岸の激減や干潟・藻場の喪失，河川の改修や水門・堰の設置，水の汚染などの環境の悪化は，江戸前からウナギの姿を消すという結果をもたらしたのです。

### ②東京湾で減ったウナギをどうしたか

　2時間目は，東京湾で天然物が激減した理由と養殖産地が増えてきた実態，輸入ウナギの増加，獲りすぎによる資源の危機について扱います。

　台場の建設に始まる東京湾岸の都市化・工業化による生育環境の悪化により，天然物の漁獲が激減しました。その結果，国内のほかの産地における養殖が盛んになり，東京周辺のウナギの需要を補うようになりました。現在，ウナギの漁獲全体に占める天然物の割合は1％以下で，99％以上が養殖物になっています（2016年）。国内の主要な養殖産地は鹿児島県や愛知県で，浜名湖のイメージが強い静岡県は，宮崎県に次ぎ国内4位の産地にとどまっています。また，国内産よりも外国産のウナギのほうが多く，64％にのぼっています。そのうち約67％が中国産で，33％が台湾になっています。このように見ると，江戸前のウナギ文化は壊滅してしまったと言わざるをえません。現在でも土用丑の日に精をつけるために食べるウナギの食文化は，国内の他産地の養殖もの，あるいは輸入品なしでは保てない現状にあるのです。

　より深刻なのは，日本に生息するニホンウナギが絶滅危惧種に指定されていることです。国際資源保護連合（IUCN）のレッドリスト（生物種ごとの絶滅危険度の評価）では二番目に危険度が高い「危機」にランクづけされており，シロナガスクジラやトキと同じ扱い

になっています。また，日本が多く輸入しているヨーロッパウナギはもっとも危険度が高い「深刻な危機」，アメリカウナギはニホンウナギと同じ「危機」に位置づけられていて，いずれも生物種としての存続という点において，危機的な状況に変わりはありません。

### ③ウナギから環境問題を考えよう

先ほど，日本で消費されているウナギは，養殖されたものが99%だと書きました。しかし養殖と言っても，ウナギのライフサイクルすべてを管理下においているのではなく，海洋で産み出された卵から孵化したシラスウナギを沿岸で漁獲し，養殖場で育てて大きくし，出荷しているのです。3時間目は「ウナギと環境問題」で，ウナギはなぜ環境変化に弱いのか，を考えます。マグロなどと比べて資源の減少が著しい理由を，ウナギのライフサイクルや環境問題，経済的視点から考えます。

ウナギのような生物資源の減少の要因は，大きく分けて「獲りすぎ」「生育環境の劣化」「海洋環境の変化」という3つに分けることができます。「獲りすぎ」は，野生の状態で生まれて増える速度を超えて漁獲することで起こります。ウナギに限らず，漁業の近代化はさまざまな漁業種類において「獲りすぎ」をもたらしてきました。

「生育環境の劣化」は，上述した江戸から明治における東京湾沿岸や東京湾に注ぎ込む河川で見られたように，埋め立てや河川水・海水の汚染，河川の改修工事によって起こります。ウナギの場合は，産卵時に海洋へ出ていくことを除き，一生のほとんどを河川や湖沼で過ごすため，環境が悪化しやすい河川や湖沼の影響を直に受けます。台湾と香港の研究チームが衛星写真をもとに行なった調査によると，1970年から2010年にかけて，日本・中国・韓国・台湾の調査対象となった16河川において，77%の有効な生育場が失われており，天然ウナギが大きく減った理由を裏づけるものになっています。

図2のようにニホンウナギの産卵場はマリアナ諸島の西方の外洋に存在し，孵化した幼

図2　ニホンウナギの産卵と回遊

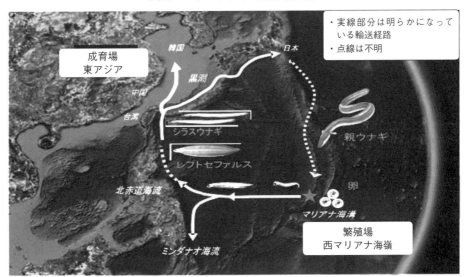

出典）農林水産技術会事務局

生は海流に乗って東アジアまで移動するため，海水温の上昇や海洋の酸性化といった「海洋環境の変化」も，生き残りに大きな影響を与えると考えられています。

### ④ウナギと法律をめぐる問題

　4時間目は，「ウナギと国際協調」です。ウナギ資源の獲りすぎや生育環境の改善を図るためにはどうしたらよいか，を考えます。

　実は，日本の養殖場に入るニホンウナギのシラスウナギのうち，半分かそれ以上が違法行為によって獲られたものとされています。資源の保護のためにウナギの漁獲を管理している都府県（北海道にはほとんど生息していない）の規則では，およそ20cm以下のウナギの漁獲が禁じられています。そのため，シラスウナギの漁獲は都府県から特別採捕許可を得て行われることになります。

　国内の養殖場に導入されるシラスウナギは，国内で採捕されたものと輸入されたものに分けることができます。輸入した分は，財務省の貿易統計で調べることが可能です。2015年を見ると，国内の養殖場に入ったシラスウナギは18.3 t，輸入は3.0 tなので，国内漁獲量は15.3 tになるはずです。ところが，2015年の特別採捕許可にもとづくシラスウナギの漁獲量は，全国総計で5.7 tにすぎませんでした。これは，15.3 tのわずか37％にすぎないため，残りの63％は密漁や過少報告などの違法行為による採捕と考えられるのです。一方，輸入されたものについても違法性が疑われます。財務省の貿易統計によると，シラスウナギは香港から輸入されていることがわかります。しかし香港ではシラスウナギ漁は行なわれていないため，台湾や中国本土から密輸されたものであると疑われます。

　問題は，なぜ違法行為が行なわれるのかです。許可を得ずにシラスウナギを捕る「密漁」が横行するのは，シラスウナギの価格が高いことによります。2018年の取引価格は，1 kgあたり300万円で，1匹を0.2 gとすると約600円になります。何らかの理由で特別採捕の許可を得られなかった人が，密漁を行なうことが考えられます。また，許可を得ているものの，一部のシラスウナギの漁獲について報告しない「無報告漁獲」は，都道府県ごとの販売価格の差によって起こります。ウナギの養殖が盛んな静岡や高知，宮崎，鹿児島などでは，捕獲されたシラスウナギの県外への販売が制限されているのですが，これらの県において，県内のシラスウナギの流通価格は全国の市場価格よりも低く設定されるため，採捕業者にとっては他県へ売ったほうが得になる場合が多いのです。たとえば，2018年における静岡県の取引価格は70万〜130万円であり，上で述べた300万円とは大きな開きがあります。業者としてより大きな利益を得るために，他県で売る道を探ると推測されます。

　違法行為によって採捕されるシラスウナギが多いと，正確な漁獲の実態がつかめなくなり，資源の増減が把握できなくなります。ウナギ資源を保護し，適切な量に限って利用しつづけるためには，正確なデータの把握が欠かせません。違法行為をできるだけ減らすことは，ウナギの食文化を守ることに直接つながるのです。

# （4）この授業をさらに広げるには

　日本国内の各地域においては，その多様な自然環境・社会環境の中で，さまざまな魚食文化が育まれてきました。

　この項では，まず「江戸前」だったウナギを取り上げましたが，日本の各地域においてもそれぞれ多様な魚食文化があるはずです。身近な魚食文化を調べることから始めてみてください。

　魚食文化をたどっていくと，地域の漁業が抱えるさまざまな問題に触れることになるでしょう。温暖化にともなう海水温の上昇や汚染の拡大などの海洋環境の悪化にともなう漁業資源の減少，漁業者の高齢化や後継者不足と外国人労働者の待遇，魚食文化の衰退にともなう需要の減少などです。これらの問題に触れ，解決の方法を探ることが重要と考えます。

　また本項では，ウナギを通じて食文化や環境問題，国際協調について考えてみましたが，同じようにみなさんの身近にある地域的な食文化を調べることで，地域から世界へつながるような事例があるかもしれません。マグロは遠洋漁業全盛の時代が終わり，世界中からの輸入の増加や資源の減少，養殖マグロの開発などがかかわります。クジラ類は，伝統的捕鯨から商業利用の歴史，国際捕鯨委員会（IWC）と日本のかかわりや日本政府の立場などを学ぶことができます。ほかに，サケやイカ，エビなども，世界とのかかわりが深い食材と言えるでしょう。

　変わったところでは，昆虫食もよいかもしれません。特に内陸部の地域では，魚介類の運搬・保存技術が未発達であったため，タンパク源としての食材確保に工夫が必要でした。身近な食材として，昆虫はとても貴重な存在であったようです。世界とつながるのはなかなか難しいかもしれませんが，世界の昆虫食との比較はできそうですし，食料不足を補う切り札とも考えられているようです。生徒にとっては，とてもインパクトのある学習になることは間違いないでしょう。

**参考文献・資料** ------------------------------------------------------------

内山昭一　2019.『昆虫は美味い！』新潮社新書
海部健三　2019.『結局，ウナギは食べていいのか問題』岩波科学ライブラリー
佐藤洋一郎　2016.『食の人類史——ユーラシアの狩猟・採集，農耕，遊牧』中公新書
島　泰三　2020.『魚食の人類史——出アフリカから日本列島へ』NHKBOOKS
東京税関　ウナギの輸入　https://www.customs.go.jp/tokyo/content/toku2905.pdf（最終閲覧 2021 年 2 月 20 日）
冨岡一成　2016.『江戸前魚食大全——日本人がとてつもなくうまい魚料理にたどりつくまで』草思社
村井吉敬　2007.『エビと日本人Ⅱ——暮らしのなかのグローバル化』岩波新書

（宮﨑大輔）

# 多様な民族が共存する世界の実現

キーワード　川崎市桜本地区　共生　人権尊重のまちづくり条例　エスニックタウン

## （1）授業のねらい

　日本は「単一民族からなる国家」であると発言する人がいます。深刻なのは政治家など，社会に大きな影響を与える人が口にすることです。これは明らかな事実の誤認であり，少数者への無理解や差別にもつながるため，社会的な立場にある人からこのような発言が出てくる現状は，とても深刻な状況であると考えます。

　一般的に「民族問題」と言えば外国での出来事ととらえがちで，身近にある問題とは思われていないのが実際ではないでしょうか。地理教育においても，民族問題について学ぶ場として扱われてきたのは，カナダやオーストラリア，アメリカ合衆国，ドイツなどのヨーロッパ諸国など，海外の事例が多いように思われます。

　アメリカのトランプ政権における移民の排除，黒人に対する暴力とその反対運動，カナダやオーストラリア，EU諸国の民族融和へ向けた取り組みと，近年の移民排斥の動きを知り，考えることはとても重要でしょう。しかし日本国内でも民族問題は存在し，虐げられた人々が，これまで大変な困難を抱えてきたことを忘れてはいけません。そしてこの国内における問題は近年さらに深刻さを増し，集団で少数者に対し，人間の尊厳を否定するような言説を投げつける事案も多く発生しており，大きな社会問題となっています。

　まず，日本は決して単一民族から成り立っているのではなく，中国や朝鮮，アイヌ，沖縄，その他さまざまな民族から成り立っている事実を押さえたいと思います。そして，その少数者が日本の中でどのような立場に立たされてきたか，また現在どのような苦労を背負わされているのか，について理解しましょう。そしてこの問題を解決の方向へ導いた事例に触れ，民族と国家の関係を自分事としてとらえ，考える姿勢を養いたいと思います。

## （2）テーマのための導入素材

　川崎市の桜本地区は，JR川崎駅から南東方向の臨海部へ向かって車で10分ほどの距離にある在日コリアンが集住する地区です。ぜんそくなどの原因となった大気汚染を生み出してきた工場群に隣接しており，コリアンたちは低賃金で厳しい労働に従事されられてきました。高度経済成長からも，戦後の日本社会が獲得したさまざまな権利からも取り残されてきました。

　日本に移住をしてきた第一世代の子，日本で生まれ育った第二世代の権利意識や人権意

識が運動に発展し，日本社会の共感をよびながら徐々に制度的な差別が解消されていきました。1988年には在日コリアンと日本人が交流する場として「川崎市ふれあい館」が作られ，社会教育施設や児童館の機能を担いながら差別のない地域づくりに貢献しています（図1）。

図1　川崎市ふれあい館

出典）川崎市HPより

## （3）日本の民族問題

　現在，日本にはどのような民族の人々が暮らしているのか，調べることから始めましょう。2008年10月，国連の自由権規約委員会は「アイヌの人々および琉球・沖縄の人々を先住民族として明確に認め，彼らの文化遺産および伝統的生活様式を保護し保存し促進し，彼らの土地の権利を認めるべきだ」と勧告しています。日本政府は「『先住民族』として認識している人々はアイヌの人々以外には存在しない」とする一方，沖縄に住む人々が特色豊かな文化，伝統をもつことは認めています。アイヌや沖縄の伝統文化や人々の暮らし，ヤマトに組み込まれる過程，現在抱えている問題を知り，考えることがとても大切です。

　日本の近代化以降は，他国にルーツをもつ人々が，数多く日本で暮らすようになりました。戦前の帝国主義のもと，朝鮮半島，満州へと領土を拡張する過程において，多くの朝鮮人，中国人が日本に移り住むようになりました。

　戦後，日本が経済大国化する中で，仕事を得るためにさらに多様な人々が日本にやってきました。1990年の「出入国管理及び難民認定法」の改正により，日本での就労資格を得た日系のブラジル人やペルー人等は，バブル経済期の労働力不足のもとで多数来日し，国内で生活を始めました。バブルの崩壊や2008年のリーマンショックなどで「派遣切り」に遭い，生活に困窮している人が多くなっています。

　現在では，「技能実習生」として中国やベトナム，インドネシアなどからきた人々も多く日本で暮らしています。研修と技術移転という名目から，賃金は非常に低く抑えられており，過酷な労働条件やパワーハラスメントなどで困難な状況におかれているという報道もあります。東京や周辺地域では，民族や出身国別に集住する町が見られるようになりました。

　このように，日本には多様な文化をもつ人々が住んでおり，多文化共生を学ぶためには，まずその実態を知ることが必要です。身近な地域に見られる異なる文化などを選んで調べることで，理解が深まることでしょう。

　ここでは，近年に起こった深刻なヘイトスピーチの実態と，これを克服した街の取り組みを扱います。朝鮮人たちが集住する川崎市桜本地区のヘイトスピーチとの闘いです。なぜ他民族を攻撃する言説が巻き起こるのか，それを克服するには何が必要なのか，考える

ことができるよい事例だと思います。

## （4）川崎市桜本の事例

### ①コリアタウンができた背景

　まずは，コリアタウンがこの地に誕生した要因について考えてみたいと思います。1910年に日本が韓国を併合して以来，多くの朝鮮人が日本にやってきました。川崎の臨海地域では，1913年に日本鋼管が，1917年には浅野セメントが工場を建設したことなどから，多くの労働力を求めるようになり，朝鮮人も働き口を求めてこの地域にやってきたのです。

　1923年の関東大震災ののち，川崎は工業都市への道を歩みはじめ，多くの人やモノが集まるようになりました。朝鮮からやってくる人が増え，日本国内の他地域に暮らしてきた朝鮮人の中でも，川崎に移り住むようになりました。

　太平洋戦争時は軍需工場と化した工業地域は，空襲の標的になりました。1945年4月の川崎大空襲では，川崎市によると15万人以上の罹災者，700人以上の死者など，多くの犠牲者を出しました。戦後の高度経済成長期に入ると，日本経済をけん引した京浜工業地帯の労働力として，朝鮮人たちは貢献しました。一方，1982年に裁判が起こされた大気汚染による公害で知られているように，この地域の労働・生活環境は悪く，朝鮮人たちも生活や健康上の深刻な被害を受けてきたのです。

　経済的困窮や差別，環境の悪さなどの厳しい生活の中で，朝鮮人たちは集まって，助け合って暮らすようになりました。現在の桜本地区にあるコリアタウンは，このようにして

図2　『コリアタウン川崎』（2010年頃）

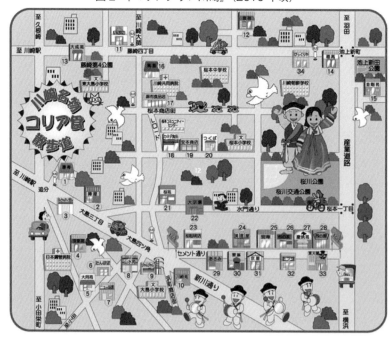

出典）東天閣HP

作られてきたのです。

## ②ヘイトスピーチの実態

　川崎市内で最初にヘイトスピーチをともなうデモが行なわれたのは，2013年5月12日でした。この日から10回目までは，朝鮮人が多く住む桜本からは多少離れたJR川崎駅周辺の繁華街や市役所周辺などで行なわれてきました。川崎市内で11回目にあたる2015年11月8日のヘイトデモは，それまでのルートとは異なり，桜本商店街の目の前を通ることが計画されていました。全国の人種差別団体を束ねる「行動する保守運動」のサイトにあるデモの告知文は，次のように表現されていました。

　　〈川崎発！日本浄化デモ【反日を許すな】〉〈反日汚鮮のひどい川崎発の【日本浄化デモ】を行います〉

　桜本に住む人々に対して強い悪意をもつデモ隊が，日常に入り込んでくる危険が迫っていました。桜本で民族差別のないまちづくりに取り組んできた人たちは，この情報を得て，ヘイトデモに対抗する方法を探るようになりました。

　まずは，桜本の近くにこさせないことが大切でした。桜本には民族名で通うことができる保育園や，孤立しがちな子どもの居場所となる川崎市ふれあい館などが建設され，また多くの苦難を体験した在日一世の高齢者が多く住んでいます。「共生」を長年にわたって築きあげてきた地域で，悪意あふれるデモをやらせるわけにはいかなかったのです。

　2015年11月8日当日，集合場所の公園には14名のヘイトデモ参加者が集まる一方，抗議側は300人ほどが集まり，「ヘイトスピーチをやめろ」と書かれたプラカードをかざしたり，「差別をやめろ」「レイシストは帰れ」「日本の恥」などと怒声を浴びせて対抗したりしました。想定されたデモコース途中の交差点や桜本商店街の入り口などでも人が待機し，桜本地区に入れないために団結して闘いました。結局，この日は途中でルートを変えさせることができ，最悪の事態は避けられたことになります。

　しかし，安心したのも束の間，わずか3週間後に新たなヘイトデモの告知がなされました。次は2016年1月31日。対抗する人々は，今回も事前にいくつかの対策を講じました。1月18日，「ヘイトスピーチを許さない　川崎市民ネットワーク」を結成し，反対運動と行政への働きかけを本格化させました。1月27日，川崎市民ネットワークのメンバーはヘイトデモの対策を講じることを求めるため川崎市役所を訪れましたが，「規制する法律がなく，何がヘイトスピーチなのか判断が難しい」との見解でした。

　1月31日14時。デモの参加者60人が集会を始めました。対抗する人々は1000人規模にふくれあがり，まわりから「差別やめろ」「レイシストは帰れ」という声を出しました。そのような中で，ヘイトデモの主宰者の男性は，次のような言葉を発しました。

　　桜本を通すなだって？　何回も言ってやるが，桜本は日本なんだ。日本人がデモをやっても問題ねえんだ。それを言った時点でお前たちは終わったんだ。絶対に許さねえから。これから発狂するまで焦ればいいんだよ。じわじわ真綿で首を絞めてやるからよ。一人残らず日本から出て行くまでな。分かったか。

このような言動がとがめられることなく，警察がガードを固める中でデモが始まりました。ルートの情報がない中で，ヘイトデモは予想外に桜本地区へ向かって行きました。対抗する人々は侵入を絶対に許さないという強い意思を示しながら，体を張ってデモの行方を阻止しました。警察は道路交通法違反を理由に警告を繰り返し，何人かの排除を試みましたが失敗し，それ以上の実力行使は行ないませんでした。

　ギリギリのところで桜本へのデモは避けられました。主催者側はまた実施する旨の発言をしていたため，これで終わりではありません。やはり，法的な規制をめざすことが重要であることは明らかでした。

### ③ヘイトスピーチをなくす取り組み

　2016年3月，ヘイトスピーチをめぐる法制化の議論が国会で始まりました。川崎市に助けを求めた際，「根拠法がないため，できない」と言われ，対抗者が体を張って止めるしかなかったヘイトスピーチが，法によって規制される可能性が出てきました。議論の中心になったのは，憲法にも保障される「表現の自由」との兼ね合いです。

　国連人種差別委員会は，表現の自由について，次のような解釈指針を出しています。「無制限な権利ではなく，特別な義務と責任をともなう。つまり従うべき制限がある。他者の権利と自由の破壊を意図するものであってはならず，他者の権利には平等及び差別を受けない権利が含まれる」。現に差別や他者の権利の破壊が起きているのであり，表現の自由を規制すべき段階であることは自明であると思われました。

　5月24日，ついにヘイトスピーチ解消法が衆議院で成立しました。ただ，ヘイトスピーチから守られる対象が「本邦の域外にある国または地域の出身者であるもの又は子孫であって適法に居住するもの」に限られており，アイヌ民族や非正規滞在者，難民申請者が含まれていない，という問題点がありました。この部分で不十分な法律であるという評価もありますが，状況の改善に向けた大きな一歩になったことは間違いありません。

　付帯決議には，ヘイトスピーチの被害が深刻な自治体は「国と同様に，その解消に向けた取り組みに関する施策を着実に実施すること」が書かれていました。川崎市は，6月3日に計画されていた3回目のヘイトデモに対し，公園の使用を認めないこととしました。ヘイトデモをめぐる公園利用の不許可判断は全国ではじめてのことです。ヘイトデモは桜本がある川崎区ではなく，隣の中原区に場所を移しましたが，反対の意思を示す多くの市民によって，中止に追い込まれました。2013年頃から全国各地で頻発するようになったヘイトデモが，反対する市民によって中止に追い込まれた初のケースとなりました。

　2020年7月1日，川崎市において人権尊重のまちづくり条例（差別禁止条例）が全面施行されました。これは表現の自由に配慮しながら，対象となる行為を厳格に絞り込む中で，ヘイトデモに対して新たに罰則を設けた画期的なものです。同様の条例づくりに取り組む全国の自治体のモデルケースになっています。ただ，差別を含んだインターネット上の書き込みや動画などは対象外となっており，今後の課題として残っています。

　「共生」の街，桜本から始まったヘイトデモへ対抗する動きは，法律や条令の制定という

大きな成果をもたらしました。ひどい言葉をぶつけられて自らが傷ついても決してあきらめず，地域に生きる子どもたちを念頭において，戦いつづけた結果です。人々の粘り強い取り組みが実際に社会を変えたという，とてもよい事例ではないかと思います。

## （5）日本のエスニックタウン

　ここでは川崎市桜本地区のコリアタウンを取り上げ，ヘイトスピーチに対する対抗とまちづくりの取り組みを紹介しました。人権を侵害する深刻な問題であると感じているため，やや詳しく紹介しました。共に生きる社会の実現に向けて学ぶべき要素が多いと考えています。

　日本国内には，数多くのエスニックタウンが見られるようになりました。コリアタウンであれば東京都新宿区新大久保周辺や大阪市生野区鶴橋周辺がよく知られています。残念なことですが，新大久保や鶴橋周辺でも，ヘイトスピーチは数多く行なわれてきました。

　チャイナタウンも日本各地に見られます。日本三大中華街とよばれる横浜市中区の横浜中華街，神戸市南京町，長崎市の新地中華街です。東京では近年，豊島区池袋駅周辺にも見られるようになりました。東京周辺では，特に多くのエスニックタウンを見ることができます。墨田区錦糸町のタイ人，新宿区高田馬場のミャンマー人，江戸川区西葛西のインド人街などがあります。埼玉県蕨市や川口市のクルド人，群馬県大泉町のブラジル人なども知られるようになりました。

　また，沖縄出身の人々が集まる沖縄タウンも各地にあり，川崎に近い横浜市鶴見区にも見ることができます。身近な地域のエスニックタウンを訪ね，その成り立ちを調べ，人々の話を聞くことで，社会の抱えている課題を考えることは，とてもよい学習活動になると思います。

　川崎市桜本地区の事例において，ヘイトデモの主宰者に対し，桜本の代表的な人物は共に生きることを訴えます。語りかけたり，手紙を渡したりしましたが，思いはなかなか届きませんでした。桜本の若者が，ヘイトデモの参加者を見て口にした一言が，とても印象的です。

　「あの人たち，きっと幸せじゃないんだろうな」

　現在求められていることは，すべての人が幸せに生きることができる社会の実現なのかもしれません。

**参考文献・資料** ------------------------------------------------------------------------------

大谷恭子　2014.『共生社会へのリーガルベース──差別とたたかう現場から』現代書館
神奈川新聞「時代の正体」取材班　2016.『ヘイトデモをとめた街──川崎・桜本の人びと』現代思潮新社
東天閣　totenkaku.co.jp
安田浩一　2015.『ネットと愛国──在特会の「闇」を追いかけて』講談社

（宮﨑大輔）

第 **3** 章

Ⓑ

地球的課題と国際協力

# 1 人口問題を世界と地域から考える

3Ⓑ-1

---

キーワード　先進国の少子化　外国人労働者　途上国の人口増加　人口抑制　産児制限

---

## （1）授業のねらい

　世界の人口は増えつづけ，地球資源の限界を危惧する声が強くなっています。ただし，人口の増加は地域や国による地域差が大きく，社会増減と自然増減の両方の観点から，その背景を考えることが重要です。そして，人口増減の実態を把握するためには，総人口，人口増加率，14〜49歳までの女性の年齢別出生率を合計した合計特殊出生率などの指標を理解することも欠かせません。

　ここでは，以上のような人口推移のとらえ方をふまえたうえで，国家による人口問題への関与について，とりわけ中華人民共和国でとられた一人っ子政策による社会的影響や，アラブ首長国連邦の事例から社会増減を生み出す背景を見ていきます。最後に，少子高齢化の進展による労働力不足のために，外国人労働者の受け入れが進む，日本を含む先進国の問題も考えます。

　人口問題は国家や地域の社会状況に多大な影響を与えます。その問題の大きさを考える際には，さまざまな指標から具体的に各地の実態をとらえることと，地球規模で俯瞰的に見ることの両方が大切なことを学んでいきます。

## （2）テーマのための導入素材

　世界の人口は産業革命以降，増えつづけています（図1）。2020年現在，約78億人（「世

図1　世界人口とその対前年増加率

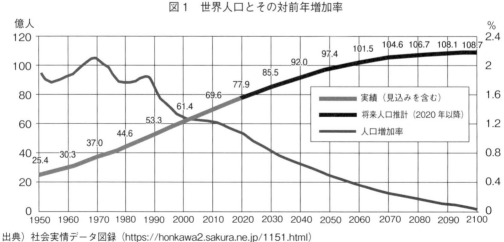

出典）社会実情データ図録（https://honkawa2.sakura.ne.jp/1151.html）

界人口白書」による）で，今世紀中には 100 億人にも到達すると予測されており，このような現状は「人口爆発」とよばれています。しかし他方で，1990 年代以降，人口増加率は急激に下がっています。

## （3）人口について考えよう

### ①世界の人口はなぜ増えているのか

　人口が増えることは，産業の発展などを考慮した場合には重要です。しかし，同時に食糧や資源確保の問題などが発生し，そのほかにも住居の不足や環境の悪化など，さまざまな問題を引き起こします。

　他方，人口増加などにより経済が発展するほど，子どもを育てる経済的負担が大きくなることから，合計特殊出生率が低くなる傾向があります。人口を維持するのに必要な合計特殊出生率は人口置換水準とよばれ 2.07 です。この数値より値が大きい状態が続けば人口増が見られ，逆にこの値より小さい状態が続けば人口が減っていくことになります。日本の合計特殊出生率は低く，近年は約 1.4 台の数値で推移しています。1949 年には 4.32 であったことを考えると，非常に速いスピードで少子化が進んでいることがわかります。他の多くの先進国でも同様に人口減少が問題視されているのです。

　人類は，多産多死→多産少死→少産少死へと進む人口転換を遂げてきました。これを人口ピラミッドで図示すると，富士山型→釣鐘型→つぼ型へと変化していきます。たとえば，中国は釣鐘型からつぼ型に移行しつつあります（図2）。

　死亡率が高ければ多産であっても人口が急増することはありません。医療の発達などから，死亡率が低下したことは人口が増える大きな理由の 1 つと言えます。つまり，人口増加は，多産少死の段階にあるのだと考えられます。各国の人口ピラミッドを比較しながら人口変化を予測したり，今後も同じペースで世界の人口が増えるわけではないことを確認しておくことも大切です。

　人口増加について地域別に見ると，発展途上国，特にアフリカが顕著です。発展途上国の人口増加率だけで見れば低下傾向にはありますが，先進国と比べると依然として高い数字を記録

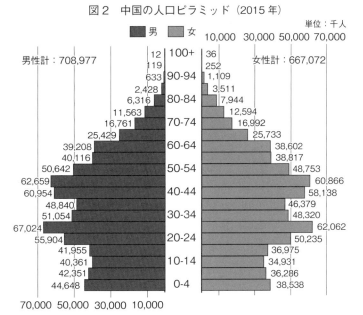

図2　中国の人口ピラミッド（2015 年）

出典）社会実情データ図録（https://honkawa2.sakura.ne.jp/1151.html）

しています。なぜ，人口増加が止まらないのでしょうか。主たる原因としては，貧困の解消のために労働力を確保したいと考え，そのために子どもを産むことがあげられます。また，家族計画の普及が遅れていること，避妊に関する知識が広まっていないこと，宗教上の理由なども関係しています。

　しかし，発展途上国の貧困は，植民地支配の負の遺産を引きずっていたり，貿易自由化による影響など，先進国の側がその原因を作り出した部分もあります。我々は発展途上国の人口増加と無関係ではいられないのです。では，発展途上国の人口増加とどのようにかかわればいいのでしょうか。乳幼児死亡率低下のための医療体制の充実や教育による家族計画の普及は当然ですが，人口増加を前提とした食糧増産のための開発なども必要です。ここで重要なポイントは，人口が減る先進国と増える発展途上国と単純に二分するのではなく，それぞれの国や地域の状況を押さえたうえで人口推移を考えることです。

### ②人口問題への対処──中華人民共和国の産児制限の廃止の背景と問題から考えよう

　次に，人口問題に対して国家がどのように関与してきたのか考えてみることにしましょう。少子化が進む先進国では，子どもが多く生まれるように乳幼児の医療費負担や子育て支援策がとられています。フランスでは合計特殊出生率は一度低くなりましたが，現在は1.9ほどにまで回復しました。

　他方，出生数を減らす取り組みもあります。中華人民共和国での一人っ子政策（現在は廃止されています）は，産児制限の代表的な例だと言えます。総人口の減少を目的として1979年から行なわれたこの政策は，1組の夫婦から生まれる子どもの数は1人が望ましいとされ，2人以上産んだ場合には多額の税金を払うことや各種手当の廃止などが行なわれました。人口の9割以上を占める漢民族に適用され，出生数の減少をもたらしました。この政策は，さまざまな制約を段階的に撤廃し，2016年には完全に廃止されましたが，総人口は，2020年現在，まだ減少に転じていません。今後人口は減っていくと予想されていますが，総人口が多いので14億人を下回るのはまだ先の話です。

　それなのに，なぜ廃止されたのでしょうか。この政策の効果が見られなかったのが理由ではありません。一人っ子政策がさまざまな問題を生み出したからです。

　1つは急速な少子高齢化です。現在，1人の子どもが2人の両親，4人の祖父母の世話をすることが一般的となりました。兄弟がいれば，介護なども分担してできますが，1人だと全員分の介護を行なう必要があります。産児制限は，そのような背景などから撤廃されたのです。ただし，核家族化が進展し，共働き家庭は2人以上子どもをもつことに制限がかからなくても，社会保障の仕組みも不十分なため，子どもが成長して収入を得るまでにかかる経済的負担はとても大きく，都市部を中心として，1人しか子どもをもたないケースが多くなっています。このように経済発展を遂げた中国の都市部の人口問題は，先進国の跡をなぞるように進展していると言えます。子どもが増えない理由は社会的な要因が複雑にからみ合っています。先進国の場合を含め，ジグソー法（2回のグループ活動を行ない，「学習」と「紹介」をすることで全体像をつかむ学習方法）などで学び合ってほしいとこ

ろです。

　また一人っ子政策の影響としては，祖父母・両親に甘やかされて育ち，「小皇帝」と言われる子どもが増加したことや，不均衡な男女比などの問題も指摘されています。男女は通常であればほぼ同じ数となりますが（おおむね男女比105：100），中華人民共和国の近年の男女比を見ると，男性の数が女性の数に比べてかなり多いことがわかります（同男女比116：100，図2）。

　この理由は何でしょうか。中国では，「跡継ぎ」となる男児を希望する傾向が強く，女性は戸籍に入れられない，いわゆる無戸籍児となるか，女児と判明した段階で堕胎されることがその理由として考えられます。現在は男女数のバランスから結婚できない男性が多いと言われています。無戸籍となった子どもは「黒孩子」などとよばれ，教育，医療などの公的なサービスが受けられません。なお，正確な数はわかりませんが，戸籍をもたない人口は総人口の1%はいるとされています。そして，見過ごされがちなのは，1人の人間として，子どもを産むことは個人の権利だということです。人口を増やさないことと，個人の権利を国家が奪うことの関係をどのように考えるべきなのか，クラスで話し合ってみるとよいかもしれません。なお，この問題を扱う際には，中国につながりのある生徒（親が中国人など）がいる場合もあり，クラスの状況に配慮が必要です。

### ③アラブ首長国連邦ではなぜ若年層の男性の人口だけが突出して多いのか

　自然増減以外にも社会増減は人口構成に影響を与えます。現在の日本は，年少人口が少なく，65歳以上の老齢年齢人口が多いため，つぼ型となっています。教科書に掲載されている人口ピラミッドを確認しながら基本的な人口ピラミッドの見方を押さえておくことが大切です。日本でも，過疎化が進む地方では高齢者が特に多くなる一方，大規模なマンションの建設が進んでいる都市では若年層の流入があります。さまざまな人口ピラミッドからその理由を推測していくと国や地域の人口の様子が把握できます。

　図3で示したのは，アラ

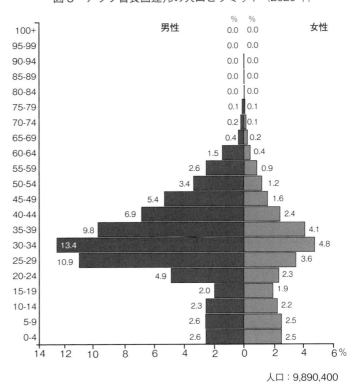

図3　アラブ首長国連邦の人口ピラミッド（2020年）

人口：9,890,400

出典）Population Pyramid.net より作成

ブ首長国連邦の人口ピラミッド（2020年）です。20歳以上では男性の数が圧倒的に多いことがわかります。特に社会増減がなければこのような人口ピラミッドになるのは考えにくいことです。男女の数がこれほどまで異なるのは，なぜでしょうか。

　産油国であるアラブ首長国連邦は，首長国によって差はありますが，周辺の西アジア，南アジア諸国と比べて経済的に豊かです。そのため，原油関連の企業がインドなどの周辺諸国から労働者を迎え入れていて，20代から30代の男性の人口が突出して多いのです（女性の2.5〜3倍）。男性だけが多いのは，家族を帯同していないためであると考えられます。実際にアラブ首長国連邦では，労働者の9割ほどが外国人です。安価な労働力が流入する国では，外国人労働者の国籍取得は難しく，単身で働いていた労働者が定住することはほとんどありません。図3のような人口ピラミッドになっているのはそのためです。

　外国人を低賃金で単純労働をさせることが問題視されている現状をふまえて，人口構成から労働者の人権問題を考える学習へと発展させてほしいところです。

### ④外国人労働者の抱える問題とは──すべての人が暮らしやすい社会にするために

　人口減少で悩む先進国では外国人労働者の受け入れが進んでいます。発展途上国では人口増加が起きているため，両者のニーズが合致した結果だと言えるかもしれません。

　近年日本では，コンビニやスーパーなどで働く外国人を見かけることもめずらしくなってきました。実際に，日本の外国人人口は増加の一途をたどっています。人件費が安く抑えられ単純労働や重労働も厭わないことから，さまざまな分野で外国人労働者を雇用するケースが多くなりました。発展途上国から見れば，先進国では低い賃金水準であったとしても，自国に比べれば非常に高水準なため，出稼ぎで働く人が多いのです。そのため，特に単純労働や低賃金労働など労働者を集めにくい分野では，外国人労働者の割合が増えています。

　出稼ぎをする目的が高収入を得ることだとしても，雇用する側は，賃金だけを払えばよいというわけではありません。外国人労働者の人権が保障されていない実態がしばしばあります。たとえば，日本人であれば当然もっている権利が与えられないことや，賃金や労働時間などでの不当な待遇の差の問題が報道されています。介護などの分野では，技能実習生制度を導入し，海外から積極的に人材を受け入れる仕組みを取り入れましたが，日本語の修得すらできず日本で一定期間就労し，帰国せざるをえない人もいます。また，来日前に借金などをして渡航費を捻出しているケースもあります。ビザの更新が毎年のように必要だったり，家族以外のコミュニティがないなど，多くの外国人労働者は常に不安を抱えながら仕事をしているのが現状です。

　そのため，どうすれば外国人労働者の抱える問題を解決できるのか，日本ではどのように外国人と向き合っていくのかを考えることが喫緊の課題になっています。今後は，技能実習生制度の拡充が予想されるなど，国境を越える人の移動はますます活発になっていくでしょう。その際，高い賃金で雇われる高度な技術をもった外国人もいるでしょうが，多くの外国人労働者は，現在すでに見られるように，安価な賃金で単純労働を強いられるこ

とになるでしょう。

　外国人労働者は特定の地域に集中して住むこともめずらしくありません。たとえば群馬県太田市にブラジル人が集中しているのはその一例と言えます。外国人集住地域などの外国人労働者に対する取り組みを調べ，多文化共生について議論する学習活動は，今後の地域社会のあり方を考える手立てになるでしょう。さらに，学校のある自治体で外国人が就業している分野を調べて，地域における外国人労働者の生活実態を知ることも，この問題について当事者意識をもって考えていくうえで重要でしょう。

　日本の状況とは異なりますが，外国人労働者を受け入れてきたことによってどのような問題が見られるのか考える際に，ドイツの事例は参考にできるかもしれません。日本よりも早く，ドイツでは長期間にわたって多くのトルコ人を，ガストアルバイターとよばれる外国人労働者（「ガスト」はゲスト，「アルバイター」は労働者）として受け入れてきました。ドイツでは彼ら・彼女らを一時的な労働力不足を補う労働者としてとらえ，ドイツ社会での定住を前提にしていませんでした。しかし，ガストアルバイターの子孫はドイツ生まれ，ドイツ育ちであるため，子どもたちはトルコ語が十分に話せず，親と意思疎通がとれないなどの問題が見られます。また，彼ら・彼女らはトルコに戻ってもコミュニティがあるわけではないため，ドイツに暮らすことを望んでいます。そのため，ドイツ国内では国籍を付与する条件を含め，さまざまな議論がなされています。当然ながら，トルコ以外からも多くの労働者を迎え入れてきたため，外国人労働者問題はトルコ人に限った話ではありません。日本はドイツほど外国人労働者が多いわけではありませんが，参考にできる点が多くあるでしょう。

# （4）人口問題の授業づくりの視点

　日本全体では人口減少が続いていますが，自治体別に見ると人口が急増している地域もあります。都心にあり若年層の流入が続く東京都中央区や，外国人が多数流入するリゾート地の北海道占冠村のような事例などがあります。これらの地域では小中学校の飽和などの問題が起きています。人口問題は，全国一律で同様の変化が起きているわけではないので，学校がある自治体はじめ地域ごとの実態をふまえたうえで授業を構想したいものです。

**参考文献・資料** --------------------------------------------------------------------------------

　厚生労働省　2020.「外国人雇用状況」の届出状況まとめ

　近藤大介　2018.『未来の中国年表──超高齢大国でこれから起こること』講談社現代新書

　総務省統計局　人口・世帯　https://www.stat.go.jp/data/nihon/02.html（最終閲覧 2021 年 2 月 20 日）

　友寄英隆　2017.『「人口減少社会」とは何か──人口問題を考える 12 章』学習の友社

　内藤正典　2019.『外国人労働者・移民・難民ってだれのこと？』集英社

　Population.Pyramid（世界の人口ピラミッド）：各国の人口ピラミッドが作成できるページ　https://www.populationpyramid.
　　net/ja/%E6%97%A5%E6%9C%AC/2020/（最終閲覧 2021 年 2 月 20 日）

（井上明日香）

# 2 人類の生存に必要な 水をめぐる問題とは何か

3 B-2

---

キーワード　不均衡な水資源　先進国の水供給　ダム　水道事業　途上国の飲料水確保

---

## （1）授業のねらい

　水は生活に欠かせないものです。地球は海洋部分が7割を占めていて，水が十分にあるように思えますが，実は地球上にある水の0.01％程度しか人類は利用できていません。この項では，人類の生存に必要な水をめぐる，さまざまな問題を考えていきます。

　気候や地形などによって，水の利用に制約がある地域があります。たとえば，乾燥地域では灌漑を行なってきましたが，それがどのような影響をもたらすのか見ていきます。

　また，安定的に水を得るための水利事業は，大幅な環境改変をもたらすことがあります。ダム開発を例にとり，それが地域にどのような影響をもたらすのかを考えてみます。

　さらに，水が豊富に利用できてミネラルウォーターを輸出している国もあるように，水は経済活動にも深くかかわっており，水が得られる場所を指向して工場が立地する場合もあります。国によって，水の得やすさや産業活動に違いがありますので，水の使われ方にも違いがあることをとらえます。

　最後に，世界各国で衛生的な水の確保のために何が必要かについて検討します。国連で採択されたSDGs（持続可能な開発目標）の6番目の目標は水アクセスに関連するものです。これをふまえたうえで，安全な水の確保に困難を抱えているバングラデシュを事例として，支援のあり方について考えます。

## （2）テーマのための導入素材

　図1は，国別に見た1人あたりの利用できる水の量について示したものです。この図を見ると，アジア・アフリカの国々などで水不足が心配されることがわかります。乾燥地域にある国々は慢性的な水不足です。しかし，それ以外の国，たとえばヨーロッパなどでも「水ストレス」にさらされていて水不足になる可能性があることが読みとれます。そのような地域では，水をどのように確保しているのか，水が得られないとどのような問題が起こるのか，考えていきましょう。

図1 1人あたりの利用可能水資源量 (2013年)

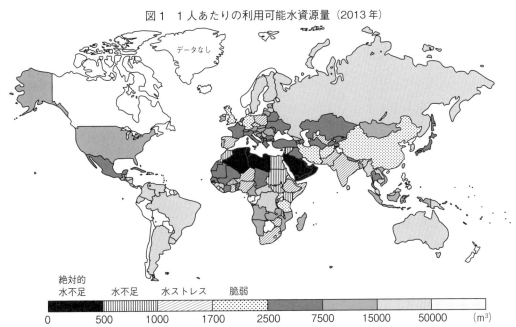

絶対的
水不足　　水不足　　水ストレス　　脆弱

| 0 | 500 | 1000 | 1700 | 2500 | 7500 | 15000 | 50000 | (m³) |

出典) The United Nations World Water Development report 2015.WWDR 2015 をもとに作成

# （3）水の確保について考えよう

## ①乾燥地域ではどのような工夫をして水を得ているのか

　乾燥地帯は，降水量以上に蒸発量が多い地域で，ケッペンの気候区分（本書4Ⓐ-2参照）では世界の4割を占めるほど広い範囲に見られます。もちろん，乾燥帯の中でも1年中雨に恵まれない地域ばかりではなく，降水が特定の時期に集中してその他の時期は乾燥するため，年間の降水が少ない地域も多くあります。一般に水が得られない地域は人類の居住に適さない場所であり，人口が少なくなる傾向にあります。こういった場所では地下水路が作られているという事例が教科書などに紹介されますが，地下水路が乾燥地帯すべてで見られるわけではありません。

　図2はリビアの砂漠のある地域の衛星写真で，砂漠の中に美しい幾何学模様が描かれています。なぜこのような美しい模様を描いているのでしょうか？　自然発生的に幾何学模様が描かれることはありえません。つまり，人工的に何かを行なっていると考えるのが妥当です。図2の色が濃い部分には灌漑設備が整備されており，地下からくみ上げた水を直線状の水路に流しています。そのため植物の栽培が可能な場所となっています。まわりの場所は水が得られない地域ですから，幾何学模様を描くこととなるのです。

　水が十分に得られるか否かは，人の

図2　砂漠の中の幾何学模様

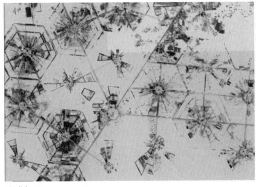

出典) Google Earth

居住に影響を与えます。リビアと隣国エジプトの人口を比較してみると，エジプトのほうがはるかに多くの人が暮らしています。その理由について考えてみましょう。衛星写真を見ると，水が得られるのはナイル川河口の三角州の部分だけであることがわかります。Google Earth などを活用して周辺地域と比較しながら見ると効果的です。また，川の周辺以外でも地下水をくみ上げて，灌漑を行なっているところがあります。このように水の利用が可能な地域では，人々の暮らしが営まれ，人口の増加につながっているのです。

　他方で，人々が水を利用することで，自然に多大な影響を与えることもあります。灌漑を行なうことは乾燥地での農耕を可能にしますが，大規模な環境改変は時として人類にとってよくない結果をもたらすことがあります。

　その例として，カザフスタンとウズベキスタンにまたがるアラル海を見てみましょう。かつてアラル海は世界第4位の広さをもっていましたが，1960年代以降，綿花栽培のために，アラル海に流入するアムダリア川，シルダリア川の2本の河川から水を得る灌漑を行ない，流入する水の量が激減したのです。その結果，湖が縮小し現在では大小2つの湖に分かれてしまい，漁業などもできなくなりました。さらに，湖の面積が減っただけではなく，塩害も見られるようになりました。Google Earth などを使って資料をカラーで見られる場合は，塩害が起きている地域では土地が白くなっていることを確認できます。現在，国際的な支援を受けてアラル海で漁業の再興もめざされていますが，過去のようにはいきません。

　また，地下水の利用がさまざまな問題を引き起こすこともあります。たとえば，サウジアラビアでは，地下水を利用した小麦の生産を試みた時代もありましたが，地盤沈下の問題や地下水の枯渇の恐れが浮上したため，現在は小麦の国内生産をあきらめ，輸入をしています。この国では海水を淡水化する技術ももっていますが，コストがかさむこともあり，実用に適しているとは言えません。

　水が得られない中で農耕を可能にする研究をしている国もあります。イスラエルでは最先端技術を駆使した乾燥地農法の研究が進められています。このような農業技術の改良が，これまでの農業のデメリットを克服し，乾燥下にある場所でも少量の水だけで食糧生産が可能になるかもしれません。乾燥地では乾燥に強い作物しか育てられないというこれまでの常識が変わる可能性があります。しかし，これらの事例はごく少数で，多くは限られた降水に依存せざるをえない状況であることも確認しておきましょう。

　飲み水を購入することで水を得ることもめずらしくなくなりました。しかし，世界に目を向けると乾燥地に住むすべての人が水を市場で買える経済状況ではありません。そのため誰もがわずかな費用負担で水を得て，使える環境を整えることが必要になります。地図帳を活用すると，国土が乾燥下にあり天水に頼って農業を行なう地域はアジアや北アフリカに多いことが確認できます。大量の水を輸送することは難しいので，基本的には飲み水以外は川や地下水などから得ています。これらの地域で生活する人のすべてが水を飲めるようにするために購入に頼るのは限界があります。さらに，水の確保に困る人がいる一方で，水を得て多額のお金を得る企業や資本家がいる不均衡も生じています。

## ②水は何に使われているのでしょうか

それぞれの国によって水を何に使っているのかは違いがあります。生活・農業・工業用水など，それぞれの国の事情が反映されます。国によって異なる目的で水を使っていることが**表1**からわかります。これらの違いがなぜ生じるのか，考察することで，それぞれの地域の特徴

表1　総使用量に占める各分野の水使用量の割合
（2000〜2005年，単位％）

|  | 生活用水 | 農業用水 | 工業用水 |
|---|---|---|---|
| カナダ | 20 | 12 | 69 |
| 中央アフリカ | 80 | 4 | 16 |
| バングラデシュ | 3 | 96 | 1 |
| 日本 | 20 | 62 | 18 |

出典）Black and King 2010

を見ることができます。国際河川など隣国と共通して水を使うことがある点に留意しつつ，水という観点からそれぞれの国の地形や産業などを調べ，考察します。

たとえば，カナダでは工業用水の割合が高くなっています。カナダで盛んなパルプ産業は，その過程で多くの水を使い，全産業の2割の水を使うとも言われるほどです。その他の工業でも水を使う一方，寒冷地ゆえに行なえる農業が限定されることや，人口密度が低く，生活用水の量も多く必要としないことなどから，工業用水の割合が増えます。また，先進国全般に言えますが，節水技術の導入が進み生活用水の需要が少なくなってきています。

一方，中央アフリカは生活用水がその多くを占めます。サバナ気候下にある場所で，農業が盛んと言えるほどでもなく，またこれといった工業が発達しているわけでもないため，必然的に生活用水が多くなります。以上のように水の使用用途別割合が異なる背景には気候，地形，人口，産業などさまざまな要素が関連します。いくつかの国を丁寧に見ていくことで，その国の抱える水に関連した問題をとらえられます。たとえば，中央アフリカについては，今後人口が増加した際には水の枯渇が大きな問題となるでしょう。バングラデシュについては農業用水が圧倒的になっています（同国については後で詳しく検討します）。

ここでは，国ごとの違いを見ましたが，同じ国の中でも地域によって違いが生じることも多いです。より丁寧に見ていく場合には，もっと詳しいデータが必要になります。ここでは，3か国を事例として取り上げましたが，それぞれの使用用途別にその割合が多い国を調べてグルーピングしてもよいでしょう。ちなみに世界的には農業用水の割合が高い国が多くなっています。日本も農業用水の割合が大きいですが，それは水稲耕作に大量の水を必要とするためです。

## ③安定的な水資源の確保のためのダム建設の功罪

日本を例に身近なレベルで考えてみましょう。我々は河川などから水を引いて生活しています。そのため河川の上流部には安定的な水の確保，災害の防止，発電などを目的としてダムが作られていることも多く見られます。ダムが作られたことで確かに水を常に一定量確保する困難から解放された地域や，下流域での水害の減少などがもたらされた地域もあるでしょう。しかし他方で，居住地を移転させられた人もいますし，景観が損なわれた事例もあります。そのような事例は先進国でも発展途上国でも起きています。

近年，日本では台風が大型化したことなどによって予想を超える雨量を記録することが増えています。ダムの貯水量を超えたため水を放出した結果，下流域で洪水の被害が起こることもあります。2015年に常総市で起きた河川氾濫などは，上流のダムに頼りきったことがその原因の1つともされています。学校の近くにダムがある地域では，同じような事例が見つかるか調べてみてください。

　なお，近年の水害については，天然のダムの役割を果たしていた森林が林業の衰退で，その機能が弱くなっていることも指摘されています。また，コンクリート道路やマンションが建設されている都市部では土地の吸水力が低下し，すぐに河川に雨水が流入することになり，洪水などの被害が大きくなりがちです。

　以上のように，ダムが地域に与える影響については，自然的な面や社会的な面など多面的にとらえる必要があります。ダムで治水・水利のすべてを管理できるわけではありませんから，ダムの建設を進めることは本当によいのか，今一度考えてみる必要がありそうです。

## ④バングラデシュから考える「安全な水とトイレを世界中に」広める方法

　発展途上国においては水を確保することが非常に困難な場合が多く見受けられます。繰り返しになりますが，人間の生活には水が必要です。発展途上国では往復で何時間もかけて川や井戸に水をくみに行くこともめずらしくありません。そのような環境下で水をくむのは女性や子どもの仕事とされることが多いのが現状です。それは女性の就労機会を奪い，子どもの就学機会を奪うことにもつながります。また，衛生状態が悪く汚染された水をそのまま飲まざるをえないこともあるでしょう。上下水道というインフラ整備の状況は国によって大きく異なっています。水の確保は生活のさまざまな問題を引き起こしているのです。国連によるSDGsの目標6「安全な水とトイレを世界中に」の観点のみならず，水をめぐる問題は，感染症などの拡大をもたらす公衆衛生的な観点や教育の機会喪失などにもつながることをとらえましょう。それは，基本的な人権が保障されなくなることにつながります。発展途上国の生活のさまざまな問題は水に起因するものも多いのです。

a）バングラデシュの水利用について考える

　具体的に，バングラデシュを事例に考えていきたいと思います。バングラデシュにおける水利用の問題は降水量が少ないというよりも，うまく利用できないことがその特徴です。しかも，汚染された水を使い，安全な水の確保が困難な人々が多数います。なぜこのような状況になっているのでしょうか。その理由はさまざまですが，降水量の季節変動が激しく，雨季に集中した降水がある一方で乾季には雨が降らないこと，農村部などでは地下水がヒ素によって汚染されていること，そして貧困層が多いことから安全な水を得るのに金銭的な負担が大きいことなどがあげられます。こうした困難な状況の中で，国民の約半数を占める農業従事者が水を多く必要とする米やジュートを栽培するため，農業用水の割合が高くなっています。

b）水環境改善のために国際援助としてできることを考える

　バングラデシュでの不十分な水環境とそれがもたらす影響について考えたうえで，この

状況を変え，安定的に水を得られるようにするために，日本に何ができるかということを考えてみましょう。自分が実際に行動するのは難しくても考えることは大切です。ここでは，ダイヤモンドランキングの手法を使い，バングラデシュの安定した水供給のために何を重視するべきなのか，国際援助としてできることは何かを考えましょう。この手法はいくつかの選択肢の中から大事だと思うものの順に優先順位をつけていき，なぜそれが重要なのかを考えていくものです。個人もしくはグループで何ができるのか優先順位を決めたのちに，それを発表し合うことで深い考察につなげていきます。ダイヤモンドランキングでは順位づけそのものよりも，なぜその優先順位にしたかという理由についてじっくりと考察することが重要になります。理由を考えるためにはバングラデシュのさまざまな状況を判断して何が問題なのかとらえること，実現可能なことは何か考えることが必要となり，まさに SDGs の視点が求められます。

　以下の図3はダイヤモンドランキングの一例ですが，これはできるのではないか，と思うことは積極的に追加していくとよいでしょう。何がバングラデシュにとって重要かは，ほかの人やグループで意見が異なることがあるでしょうから，何を重視するべきか意見交換を行なう中でより望ましい支援について考えることができます。そのような学習活動を通じて，バングラデシュに暮らす人々の現状を知り，支援のあり方が1つに限定されるものではないことに気づくことができます。日本に住む我々ができることを考えることは，これからの国際社会でますます重要になってくると言えるでしょう。

図3　ダイヤモンドランキングの一例

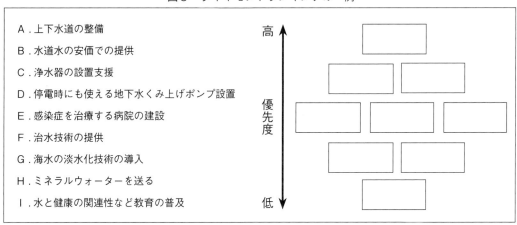

A．上下水道の整備
B．水道水の安価での提供
C．浄水器の設置支援
D．停電時にも使える地下水くみ上げポンプ設置
E．感染症を治療する病院の建設
F．治水技術の提供
G．海水の淡水化技術の導入
H．ミネラルウォーターを送る
I．水と健康の関連性など教育の普及

**参考文献・資料** --------------------------------------------------------------------------------

　木谷　忍　2006.「世界の水資源の現状とその利用：農業生産と地域の水管理を考える」農業経済研究報告 pp.27-40
　国土交通省　「令和元年度版　日本の水資源の現況」　https://www.mlit.go.jp/mizukokudo/mizsei/mizukokudo_mizsei_tk2_000027.html
　「地球異変　アラル海——20世紀最大の環境破壊」朝日新聞デジタル　https://www.asahi.com/eco/chikyuihen/aralsea/（最終閲覧 2021 年 2 月 20 日）
　Maggi Black and Jannet king　2010『水の世界地図——刻々と変化する水と世界の問題 第2版』（沖大幹監訳）丸善出版

（井上明日香）

# 3 世界の食料は どこで生産されているのか

3Ⓑ-3

---

キーワード　世界の食文化　世界の農業生産　アグリビジネス　遺伝子組み換え食品

---

## （1）授業のねらい

　私たち人間は，先進国であろうが，発展途上国であろうが，また熱帯地域であろうが，極地方であろうが，どこであれ暮らしを営むためには，その規模が異なるとはいえ，いずれも消費活動をすることで生活を維持しています。「衣服」「食料」「水」「エネルギー資源」のような目に見えるものだけでなく，「交通」「情報」も「消費」の対象です。

　本項では生徒（大人も）の身近な消費の対象である食料について考えていきましょう。食料が「どこで作られるか」を考える前に，世界の人々は「何を食べているのか」を探ってみましょう。まず米・パン・麺類など「主食」を主軸において，魚・肉・大豆製品・卵など主に良質なタンパク質や脂質の供給源の中心となる「主菜」，それらを補う「副菜」がどこで生産されているか学びの場を展開させていきます。さらに農業，食料にかかわる包括的な産業のシステムとアグリビジネスに触れていきましょう。身近な食生活から世界の食糧生産状況や仕組みへ広げていくように展開することで，生徒の視野を広げていきます。また食べ物の分類は家庭科との関連づけも大切です。

## （2）テーマのための導入素材

　身近な食品会社のHPには，食に関する導入としてわかりやすいものがあります。いささか平易すぎる内容ととらえず，導入であるからには"敷居を低くして"いきたいところです。ここでは株式会社 明治のサイト（図1）を導入として紹介します。

　同HPでは食に関して，「世界の食文化・食のあれこれ」「家庭料理」「主食」の3項目について掲載しています。食文化はその地域の農林水産業の表れの1つです。一方で大都市には世界の料理を提供する飲食店も少なくありません。

　世界各地の料理について上記のHPに限らずインターネットや本で調べたり，また外国料理店を訪ねた際には，その食材は何か，「主食」「主菜」「副菜」を分類して書き出してみましょう。そうすることで，何をどんなふうに調理し

図1　比べてみよう世界の食と文化

出典）株式会社 明治 HP

て食べているのか発見や意識づけにつながります。あわせて私たちの1週間の食事を振り返り，主食が米なのか，パンなどの小麦なのか，確認してみます。和食文化と実際の家庭料理が異なるように，「食文化」と「食習慣」が異なることにも気がつくはずです。


# （3）主食はどこで生産されるの？　消費されるの？

## ①穀物とは何か調べる

　「主食」「主菜」「副菜」を分類したうえで，主食の生産国と消費国を調べていきましょう。ここでは「主食」となる穀物を確認します。高校生は穀物とは何か，漠然としたイメージはあるものの，曖昧なことが少なくありません。

　調べ方は国語辞典や電子辞書，身近なネット上で検索してもかまいません。大事なことは生徒がまずアクションを起こすことです。「穀物とは何か」，自分と友だちの調べたことがツールによって異なることに気づかせるのも大切です。『広辞苑』には穀物とは「種子を食用とする作物で，多くは人類の主食となるもの。すなわち，米・大麦・小麦・燕麦・稗・黍・玉蜀黍・豆など」と書かれています。一般的な意味を理解したうえで，地理歴史科の地理としての調べをもう一段階深めていくことにします。ただし，生徒の調べたことが理科の「生物」による定義であってもかまいませんが，授業者としてまとめる際は植物学の分類に至らないことも心得ておきたいところです。

　次に教科書に出てくる「穀物」をあげてみます。索引で調べると「穀物メジャー」が出てくるかもしれません。穀物メジャーは後述の「アグリビジネス」と関連づけることにして，地理で扱う穀物とは何かあげてみます。その中で，「三大穀物」は何かを示すことが肝要です。

　また自然環境決定論にならないようにしながら，栽培の容易さと保存性の高さから穀物が広く主食となっていることも気づかせたいところです。導入で調べた世界の食文化・食習慣から三大穀物は，どのように調理されているか振り返ることで，生徒への学習意欲を持続させていくことにつながります。

　「三大穀物」とは，米，小麦，トウモロコシです。以下に「三大穀物」の生産と消費の特色をまとめました。

a）米

　米はアジアの主食であり，とりわけ日本や中国では炊いて食しています。「炊く」という調理法は欧米圏ではありません。英語で「炊く」に相当する言葉はないのです。似たような調理法として，蒸す，煮るは英語では「steam」になります。茹でるは「boil」です。いずれも「炊く」とは異なり，言い換えれば「炊く」という調理法はアジア独特のものなのです。また中国などでは粥にして食することもあります。一方でベトナムなどでは米粉にして，平麺のフォーやライスペーパーにして食べることがあります。

　米はジャポニカ種とインディカ種に大別されます。前者は短粒米で粘り気の強い種です。読んで字のごとく日本で一般的に食べられています。後者は長粒米で粘り気は弱く粒

同士がくっつきにくいものです。料理を食する際の食器や食べ方の違いを調べることで，2種の米の違いを気づかせることができます。特にインディカ米を食べる南アジアでは手を使うことが少なくありません。宗教的な意味合いもありますが，箸でインディカ種を食べるのは困難なのです。ところで日本に暮らす私たちが手を使ってインディカ種のご飯を食べるとどうなるでしょうか。筆者もバングラデシュを2回ほど訪ね，見よう見まねでカレーにまぶして手で食べることを試みました。しかし熱くて食べにくいのです。このような体験は授業で語っても伝わりにくいものです。生徒に「食卓にカレーがあがったら，保護者に説明したうえで，手で食べることを試してみたら」と投げかけるのも，異文化を知るきっかけ作りになります。筆者も生徒へ発したところ，30余名中2名が実践し，感想を述べていました。いずれも「確かに熱くて簡単に手で食べられない」「カレーで手がべとべとになる」と言っていました。遊び半分ではなく，遊び心をもって「地理総合」を扱うことで少しでも興味をひかせたいところです。

b）小麦

　米と異なり麦を粒のまま調理することは多くありません。小麦の実の構造と性質は，製粉したうえで粉食に向いていたと言われています。米はモミ（外皮），糠（内皮）とも剥離しやすく，胚乳部は硬い粒です。籾殻（もみがら）を取り除き，表面の糠を削り取るだけで食用とすることができます。米はわざわざ粉にする必要がないのです。一方，小麦は，外皮は厚く強靱で，胚乳部は柔らかです。また胚乳部は外皮と密着しているため，容易に分離できません。小麦の場合は粒のまま砕いて粉にして，その後，皮を分離するほうが，胚乳部の利用方法として合理的であり，小麦粉として利用できます。そしてパン，パスタ，ナン，マントウ（中国の蒸しパン），麺など多彩な形で食されます。小麦粉はその用途が多岐にわたり，主食でなくともケーキ，クッキーなどにもなります。多彩な加工調理，多岐にわたる用途は，コメに比べて小麦を消費する人々が広域になることも気づかせたいところです。

C）トウモロコシ

　中央アメリカが原産とされ，用途に合わせたさまざまな栽培品種が開発されています。1920年頃からアメリカ合衆国で異なる品種同士を交配すると，その子ども（一代雑種）の生育が盛んとなる雑種強勢を利用したハイブリッド品種が開発されました。それ以降，食用や飼料用の作物として広く栽培され，収穫量が飛躍的に増加しました。近年では遺伝子が組み換えられた栽培品種も開発されましたが，後述する食の安全性に対する懸念が払しょくされないことから，飼料用やバイオエタノールなどの加工に利用されることが少なくありません。食用に関しては原産地のメキシコなどでは主食として，乾燥したトウモロコシをアルカリ性の石灰水で茹でてすりつぶした粉から作る薄いパンであるトルティーヤが食べられています。日本ではスイートコーン（甘味種）を茹でる，焼く，蒸すなどして食することも少なくありません。また加工用の材料でもあることから，広く世界で利用されます。たとえばコーンフレークやコーンミールなどの材料になります。しかし種子に含まれる糖分が多いため強い甘味を感じる一方で，収穫後の変質が生じやすく，夏季の室温に放置すると数時間で食味が落ちることも少なくありません。

## ②三大穀物はどこで生産されるか

　前述の三大穀物の生産と用途の特色を整理すると，米は自給的農業の性格が強く生産国で消費されることが多い作物です。小麦は国際的に取引がなされ，需要と供給，価格の変動は世界の食糧事情を左右します。トウモロコシは米や小麦と比べ，飼料やバイオエタノールなど食用以外の用途になることが多い作物です。

　これらの穀物の世界的な規模での生産量や生産国を調べます。前述のように米はアジアを中心に生産される穀物です。一方で小麦とトウモロコシは生産上位国を見るだけでも，前者は1位中国，2位インド，3位ロシア，4位アメリカ合衆国，後者は1位アメリカ合衆国，2位中国，3位ブラジルと大陸を越えて，広い地域で生産されています（図2）。

　デジタル化が進む教育現場ですが，その環境は1人1台の端末（以下，個別端末）を持ち合わせる学校とそれが実現できていない学校との差が生じます。個別端末が用意されていない場合は，検索作業を教員が行ないます。その場合は，何を検索用語にするか発問することで，一緒に調べていく姿勢が出てきます。

　三大穀物の生産量，生産国は本書の発行後はその数値が変化するため，以下の資料またはサイトから調べてください。

- 矢野恒太記念会編『世界国勢図会』

　経済・社会の主要分野から豊富な項目を取り上げて，各国の最新のデータを収録したデータブック。毎年9月に発行され，入試問題，講演会資料など，幅広く利用されています。電子版も発売しています。

- 「Global Note」

　詳細は有料になりますが，農林畜産物に限らず資源なども上位4位までの生産国と生産量が検索できます。FAOのデータを日本語訳してあります（https://www.globalnote.jp/category/9/70/71/ 最終閲覧2021年2月20日）。

図2　三大穀物の生産国割合（2018年）

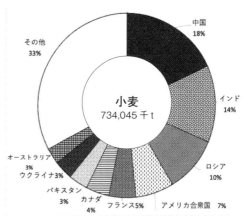

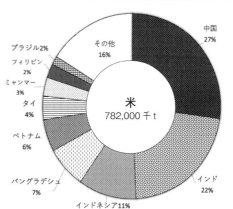

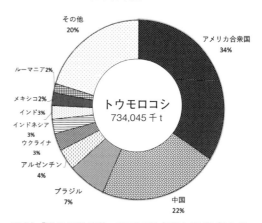

出典）『世界国勢図絵　2020/21年版』2020年より作成

- 農林水産省 web マガジン aff（あふ）

　消費者，農林水産業関係者，農林水産省を結ぶ Web マガジンです。現場リポートやインタビューのほか，暮らしに役立つ情報も満載し，食卓や消費の現状など掲載しています。バックナンバーも掲載され，最新のデータではなくとも各号の特集で穀物が取り上げられる場合もあり，必修となる「地理総合」を学ぶ生徒には比較的親しみやすい内容です（https://www.maff.go.jp/j/pr/aff/index.html　最終閲覧 2021 年 2 月 20 日）。

　上記以外にも外務省の web キッズサイトも小中学生向けにイラストを交えたものなど，子ども向けであっても，データの信憑性は高いため，ためらわずに利用してもよいでしょう。

### ③農業，食料にかかわる包括的な産業のシステムとアグリビジネスを考える

　小麦やトウモロコシは特にアメリカ合衆国において，企業的農業と輸送システムの結びつきが見られます。アグリビジネス（agribusiness）と呼ばれる，農業を中心に農産物加工，貯蔵，流通販売，農機具・肥料製造などまで含めた産業の総称です。どの解説書，サイトを調べてもアグリカルチャー（agriculture＝農業）とビジネス（business ＝事業）を合わせた造語と説明されています。この概念は，1957 年にハーバード大学のジョン・デービスとレイ・ゴールドバーグが提起したものです。その背景には，農業と関連産業の社会的な分業が深さにおいても広さにおいても極度に進展したという事情があります。たとえば小麦の生産と販売では，種を開発する人，肥料を作る人，トラクターやスプリンクラーなどの農業機械や施設を開発・製造する人，さらに生産された小麦の流通・販売なども含め，膨大な人々がその仕事にかかわっています。自給的な農業を除けば，「作る」だけでは産業が成り立たないことを生徒たちに気づかせたいところです。農家の人たちが「作る」「育てる」だけでは成立しないのです。仕事を分担しながらも，協力することで，生産から販売までが可能となります。そこには高度な社会的取引やシステムが必要であり，ビジネスとしての視点が求められます。

　生徒も教師も，目の前にある食事，食材がどこで生産されるか？　という問いかけに限らず，誰の手をへて口に届いているのか考えることで，知らない土地の知らない人々の仕事や生活の理解への糸口になります。日本の食料自給率がカロリーベースで 40％を割り込むようになって久しくなります。日本に限らず純国産の農作物だけを消費することは稀なことです。農業を中核として，種子，肥料，飼料，農薬，農業機械，燃料などの生産資材部門，農産物を加工する食品工業部門，運送，貯蔵，貿易，卸売り，小売りなどの流通部門，飲食店などの外食サービス部門，それらを資金面で融資する金融部門などがあります。これらを一貫して担っている多国籍企業のアグリビジネスは，大量の農作物を効率よく生産し世界規模で流通させることで，日本のような食料自給率の低い先進国に安価で安定した食料供給システムを作りました。特に巨額の資金をもとに，遺伝子組み換え技術を確立し，種子開発を進めました。またその種子に適合する専用の肥料や農薬も開発に至りました。いわば種子，肥料，農薬をセットにし，世界の農業生産の支配を図ってきたことも扱っておきたいことです。特定の先進国のアグリビジネスを展開する穀物メジャーなど巨大な多国籍企業が，価格や流通

面で事実上の支配をしていることから，農作物価格が低く抑えられ発展途上国の農業労働者の貧困を引き起こしています。また食料が輸送できない地域，所得が低い国や地域の人々にはアグリビジネスの進展とはかかわりなく，飢餓の危険性が続いているのです。

## （ 4 ）用 語 解 説

遺伝子組み換え食品：他の生物から有用な性質をもつ遺伝子を取り出し，その性質をもたせたい植物などに組み込む技術を利用して作られた食品です。遺伝子組み換え技術では，自然では交配しない生物から遺伝子をもってくることができるため，従来の掛け合わせによる品種改良では不可能と考えられていた特長をもつ農作物を作ることができます。一方で，このような特定のメリットをもたらす遺伝子組み換え食品が健康や環境に対しての問題を引き起こすことがあってはなりません（消費者庁ＨＰより抜粋）。

## （ 5 ）こ の 授 業 を 発 展 さ せ，応 用 す る に は

①「主菜」の食材となる肉牛，乳牛などを例に，世界の代表的な畜産物の生産国を調べるとともに，それらの飼料の自国生産量や輸入量を調べてみましょう。
②農牧業に限らずさまざまな業界で，より高度な広い視野からの思考が必要になってきています。「美味しい野菜を作る」という技術的探究だけでなく，どう作って，どう流通させて，誰にどのような形で届くのか，いくつかの事例から共通点を抜き出して，それを一般化する力を育みたいところです。身近な仕事でも，生産・流通・消費のあり方を考慮に入れた総合的な視点で見てみると，意外な発見があるかもしれません。
③教科横断型の授業協力の得られる学校ならば，「地理総合」の授業で世界各国の料理とレシピや，その文化的背景を調べ，家庭科「家庭総合」でその栄養的価値を学びつつ，家庭科室で調理して食してはいかがでしょう。筆者の学校では世界の地域ごとにグループ分けをして，自分たちが作ったそれぞれの料理を並べ大好評を博しています。なお入手しにくい食材は代替になるものを探すことも勉強になります。

**参考文献・資料** --------------------------------------------------------------------------------

株式会社 明治　https://www.meiji.co.jp/meiji-shokuiku/worldculture/culture/（最終閲覧 2021 年 2 月 20 日）
砂崎　良著・井田仁康監修　2020.『リアルな今がわかる日本と世界の地理』朝日新聞出版
消費者庁　https://www.caa.go.jp/policies/policy/consumer_safety/food_safety/food_safety_portal/（最終閲覧 2021 年 2 月 20 日）
新村　出編　2018.『広辞苑　第 7 版』岩波書店
農林水産省　https://www.maff.go.jp/j/zyukyu/jki/j_zyukyu_kakaku/（最終閲覧 2021 年 2 月 20 日）
古沢広祐　2020.『食・農・環境と SDGs──持続可能な社会のトータルビジョン』農文協

（内藤芳宏）

# 4 世界の人々に栄養はいきわたり，安全に生活できているのか

--------------------------------------------------------------------------------

キーワード　飢饉　飢餓　栄養不良　食料問題　感染症

--------------------------------------------------------------------------------

## （1）授業のねらい

　飽食の日本に暮らしていると，生徒も教員も痩せ細った発展途上国の人々の姿は見聞きしても，「飢餓」を切実な問題として受け止めるには至らない状況があります。2020年7月に国際連合食糧農業機関（FAO）が発表した「世界の食料安全保障と栄養の現状：2020年版（The State of Food Security and Nutrition in the World 2020）」には「世界の飢餓人口の増加が続き，2030年までに飢餓とあらゆる形の栄養不良を終わらせることが困難になるおそれがある」と指摘しています。

　本項では現状を知るために情報を与えるだけにとどまらず，生徒が飢餓について主体的に調べることで課題認識を向上させ，理解を深めることをねらいとします。


## （2）テーマのための導入素材

　上記の「The State of Food Security and Nutrition in the World」はFAOが毎年発行しています。その日本語訳は必ずしも毎年ではありませんが，国際農林業協働協会が「世界の食料安全保障と栄養の現状」として発行しています。FAOのHPにはたくさんの情報があり，容易にそれを閲覧できます。最新の2020年版には「主要メッセージ」「序文」「第1部　2020年の世界の食料安全保障と栄養」「第2部　すべての人に手ごろな価格の健康的な食事を提供するためのフードシステムの変革」があります。日本語版は「世界の食料安全保障と栄養の現状 2019年報告・要約版」があります（表1参照）。

　英訳に手間がかかるものの，その中で使われている図表（数値）だけでも利用価値はあります。大きな流れを知る意味では数年前（5年程度内）のものを使っても差し支えありません。全世界がコロナ禍にあるため，それ以前と今後では状況が大きく変化する可能性もあります。大切なことは，その情報が何年のものであるかを示すことです。

　このほか農林水産省や国際連合児童基金（ユニセフ），独立行政法人・国際協力機構（JICA）など公的機関のHPや発行物から情報を得ることができます。また教科の枠を越えて，食や健康を扱う「家庭科」や「保健体育科」と学習内容を共有することも大切です。

表1　2005～2018年の世界の栄養不足蔓延率（PoU）

栄養不足蔓延率（%）

| | 2005 | 2010 | 2015 | 2016 | 2017 | 2018* |
|---|---|---|---|---|---|---|
| 全世界 | 14.5 | 11.8 | 10.6 | 10.7 | 10.8 | 10.8 |
| アフリカ | 21.2 | 19.1 | 18.3 | 19.2 | 19.8 | 19.9 |
| 北アフリカ | 6.2 | 5.0 | 6.9 | 7.0 | 7.0 | 7.1 |
| サハラ以南アフリカ | 24.3 | 21.7 | 20.9 | 22.0 | 22.7 | 22.8 |
| 東アフリカ | 34.3 | 31.2 | 29.9 | 31.0 | 30.8 | 30.8 |
| 中部アフリカ | 32.4 | 27.8 | 24.7 | 25.9 | 26.4 | 26.5 |
| 南部アフリカ | 6.5 | 7.1 | 7.8 | 8.5 | 8.3 | 8.0 |
| 西アフリカ | 12.3 | 10.4 | 11.4 | 12.4 | 14.4 | 14.7 |
| アジア | 17.4 | 13.6 | 11.7 | 11.5 | 11.4 | 11.3 |
| 中央アジア | 11.1 | 7.3 | 5.5 | 5.5 | 5.7 | 5.7 |
| 東アジア | 14.1 | 11.2 | 8.4 | 8.4 | 8.4 | 8.3 |
| 東南アジア | 18.5 | 12.7 | 9.8 | 9.6 | 9.4 | 9.2 |
| 南アジア | 21.5 | 17.2 | 15.7 | 15.1 | 14.8 | 14.7 |
| 西アジア | 9.4 | 8.6 | 11.2 | 11.6 | 12.2 | 12.4 |
| 西アジア・北アフリカ | 8.0 | 7.1 | 9.2 | 9.5 | 9.8 | 9.9 |
| ラテンアメリカ・カリブ海地域 | 9.1 | 6.8 | 6.2 | 6.3 | 6.5 | 6.5 |
| カリブ海地域 | 23.3 | 19.8 | 18.3 | 18.0 | 18.0 | 18.4 |
| ラテンアメリカ | 8.1 | 5.9 | 5.3 | 5.5 | 5.7 | 5.7 |
| 中央アメリカ | 8.4 | 7.2 | 6.3 | 6.1 | 6.1 | 6.1 |
| 南アメリカ | 7.9 | 5.3 | 4.9 | 5.3 | 5.5 | 5.5 |
| オセアニア | 5.5 | 5.2 | 5.9 | 6.0 | 6.1 | 6.1 |
| 北アメリカ・ヨーロッパ | <2.5 | <2.5 | <2.5 | <2.5 | <2.5 | <2.5 |

注）＊予測値
出典）FAO

## （3）飢饉と飢餓

### ①飢饉と飢餓の違いを調べる

　食糧問題，特に貧困や発展途上国を取り上げる場合，「飢饉」や「飢餓」という用語が出てきます。ともに栄養不足から派生する状況であることから子どもも大人も何となく使っている言葉です。しかし，授業者は現状を整理し課題を明らかにするためにも，それぞれの意味や定義を調べ，知ることが大切です。そのうえで，事例的に飢えに苦しんでいる地域を取り上げる際は，その背景を調べさせるか，教員が明示することが求められます。

### a）突発的飢饉

　飢饉は，一時的に食料が不足してたくさんの人々が栄養不足に陥る状態を意味します。特定の国や地域で発生する干ばつや洪水などの自然災害，戦争や紛争などの突発的な原因によって起こります。食料が急激に不足し，たくさんの人々が餓死し，重度の栄養不足に陥ります。原因が緩和・解決されるまでの一定期間，緊急に食料を支援することが必要です。マスコミで取り上げられることが多く，ニュース性が高いことから生徒たちが目にする機会も少なくなく，彼・彼女らの注目と関心をよぶこともできるでしょう。

### b）慢性的飢餓

　飢餓は，十分な食料，すなわち健康的で活動的な生活を送るために十分な食物エネルギー量を継続的に入手することができない状態を意味します。つまり長期間にわたり十分に食べられず，栄養不足となり，生存と社会的な生活が困難になっている状態を指します。栄養不足人口のほとんどを占めるにもかかわらず，世界から比較的注目されることが少ない

のが慢性的な飢餓なのです。農業の生産性が低い，雇用賃金が安いなどの地域の課題だけではなく，不公正な貿易の仕組みのような地球規模での課題も原因です。政治，教育，環境などさまざまな要因が複雑に組み合わさっていることや，直接の死因が餓死ではなく栄養不足による病死が多いことから，緊急性に乏しいと見られ解決が後回しにされがちです。そのため多くの人々は，いつまでも十分に食料を手に入れることができず，栄養不足の状態が続きます。慢性的飢餓の必要な支援は，将来にわたり自分で食料を手に入れることができるよう自立を支援することと，飢餓を生み出す根本的な課題を解決することです。

### ② SDGs（持続可能な開発目標）と飢餓を調べる

2015年，国連の持続可能な開発サミットにおいて，「持続可能な開発のための17の目標」を採択しました。地球規模の課題が山積する中で，この17の目標を生徒たちに確認させましょう。教科書や副読本に掲載されている場合もあります。インターネット上にはSDGsに関して無数の検索結果が出てきます。国連の公式HPなど信憑性，客観性のあるサイトを閲覧するように指導したいところです。

正式名称「われわれの世界を変革する——持続可能な開発のための2030アジェンダ」は2030年までの国際社会共通の目標を定めたものです。17のゴール（目標）・169のターゲット（下位目標）から構成され，地球上の「誰一人取り残さない（leave no one behind）」ことを誓っています。必要に応じて17色に塗り分けられた円形のシンボルマークを提示するなど視覚的に生徒に訴えてもいいかもしれません。その中の目標1には「貧困をなくす；あらゆる場所のあらゆる形態の貧困を終わらせよう」，目標2には「飢餓をゼロに；飢餓を終わらせ，全ての人が一年を通して栄養のある十分な食料を確保できるようにし，持続可能な農業を促進しよう」と唱っています。人間の生命にかかわることを目標の1番目と2番目にあげていることを意識づけたいところです。

しかし現状はどうなっているでしょうか。FAOの資料によると飢えに苦しむ人の数は2019年に約6億9000万人にのぼり，2018年から1000万人，5年間で6000万人近く増加したと推定しています。地域別に見てみると飢餓人口はアジアでもっとも多く，約3億8100万人に達しています。2番目はアフリカの2億5000万人，3位はラテンアメリカとカリブ海諸国の4800万人と続きます。世界の飢餓人口の割合は8.9％とほとんど変わっていませんが，その絶対数は2014年以降増加しています。これは，過去5年間，世界の人口増加と合わせて，飢餓も増加したことを意味します。

数値は人数のような絶対値だけでなく，割合で見ることも肝要です。たとえばアフリカでは19.1％が栄養不良に陥り，アジアの8.3％や中南米およびカリブ海諸国の7.4％の2倍以上の割合で，大きな地域差が生じています。FAOは現在の傾向が続けば，2030年までに慢性的な飢餓に苦しむ人口の半分以上がアフリカにいると予測しています。

#### c）新型コロナウイルス感染症による影響

新型コロナウイルス感染症（COVID-19）のパンデミックによって，農業資材の確保，生産，加工，流通，消費に至るすべての活動とプロセスとしての世界のフードシステムの

脆弱性と不確実さが高まっていると推察されます。ロックダウンやその他の封じ込め対策の影響を公正に評価するには時期尚早でしょう。しかしCOVID-19による景気後退の結果，2020年には最低でも8300万人，状況次第では1億3200万人が飢餓に陥るとFAOは予測しています。確証のない推論で生徒の不安をかきたてることは避けたいものの，パンデミックにより急性の飢餓が急増した場合，この数はさらに増える可能性があるのです。国連の各機関は，SDGsの目標2「飢餓をゼロに」の達成にも影響をおよぼすものとして注視しています。

### ③世界の食料は本当に不足しているの？

　飢餓問題を扱う際，どうしても生産量が不足していることに結びつけがちです。主な食料の生産量は『世界国勢図会』などでもある程度の状況は容易に調べられます。本項ではFAOやUnicefの資料をもとにしていますが，両機関のHPでも「地理総合」で扱う内容レベルのデータや記述を読み解くことができます。大事なことは，思い込みによる認識や予測に，水を差すように疑問を投げかけ，疑ってみる，確かめてみることなのです。その調べた結果が予測していた因果関係と一致してもしなくても，その「待てよ？」と考えてみる行動は無駄ではありません。

　世界では2017〜2018／2019年の概算値で約26億トンの穀物が生産されています。仮に世界人口の約77億人へ平等に分配されるならば，1人あたり1年間に340kg以上を食することができます。同年の厚生労働省の調べでは，日本人が実際に食べている穀物は，年間で154kgです。穀物以外の作物が生産されていることを考えれば，計算上は世界のすべての人たちが十分に食べられるだけの食べ物は生産されています。

　ではなぜそれが実現できず，飢餓が発生しているのでしょうか。平等に分配されていないことが理由の1つです。これまでの歴史の中で，幾度となく生じた飢餓は，武力紛争に起因するものが少なくありませんでした。21世紀に入った現在も地域紛争は続き，食料がいきわたらないのです。また植民地から独立後もプランテーションは残り，国内向けの農作物の生産を犠牲にして，低価格であっても輸出用作物を優先させる国も少なくありません。加えて，大企業や資本家による投資目的での食料買占めによる世界市場での値上がりは，とりわけ一部のアフリカの国々に打撃を与えました。経済的に貧しい国の人々が食料を買えなければ，食料を増産しても飢えに苦しむ人々にとって何の解決にもつながらないのです。飢餓は農業生産技術や干ばつなどの自然災害と結びつけられがちです。しかし，まず社会・政治的課題であることを押さえ，そのうえで，伝統的な農法に依存する国々では天候の不安定さに収穫が大きく左右されていることを理解させましょう。

### ④問題は飢餓だけではない──栄養不良

　食糧不足からくる飢えが問題視される中で，隠れてしまいがちなことにも注目したいところです。一見逆説的ですが，栄養不良は過体重や肥満にも関係しています。WHO資料によれば，世界における成人の肥満率は2012年の11.7％から2016年の13.2％に増加し

ています。肥満率の低いアフリカやアジアでも上昇傾向が見られるのです。食料不足を考えるとカロリーが高いことはよさそうな印象をもちます。しかし砂糖や油脂，塩分を多く含むバランスのよくない加工食品の消費によって肥満がもたらされます。

　低所得国，高所得国にかかわらず，多様な形態の栄養不良が顕在化しています。健康的な食料へのアクセスに乏しいことは，低栄養だけでなく，過体重や肥満の一因にもなります。健康的な食料とはカロリーが高い食料ではなく，高タンパク低カロリーといった質のいい食料を言います。健康的な食料が十分に得られない多くの国では複数の栄養不良が高い割合で併存しています。栄養不良の多重負荷は，低所得国，下位中所得国，中所得国の特に貧困層に偏在する傾向が見られます。アメリカ合衆国のような高所得国における都市部の肥満も同じく，貧困層にそれが表れています。安全で栄養価が高く十分な量の食料を得ることは基本的人権の１つとしてとらえられねばなりません。もっとも弱い立場におかれた人々に最も手厚い手をさし伸ばさねばならないのです。特に世代間で引き継がれる栄養不良の連鎖に歯止めをかけるためには，５歳未満児，学齢期の子ども，思春期以降の女性の食料安全保障と栄養の確保にことさらに配慮された政策が求められます。

　食料へのアクセスの不足から多様な形態の栄養不良に至るまでのルートは一世代に終わらず，親から子へ，子から孫へと負の連鎖が発生します。武力的紛争や今そこにある飢餓や飢饉は目に見える貧困です。問題はその負の連鎖を断ち切ることを生徒たちに気づかせたいところです。その流れをフローチャートにして調べたこと考えたことをまとめていくのも大切なことです（図1）。

　また家庭科の「家庭総合」で「食生活」「栄養」の学習項目とも合わせて，生徒に教科の枠を越えた問題意識を育ませることも，これからの教育には求められるでしょう。

　食料問題にかかわる飢餓人口等のデータについて，本書の発行後はデータが変化するため，以下の資料やサイトから調べてください。

図1　食料へのアクセスの不足から多様な形態の栄養不良に至るまでのルート

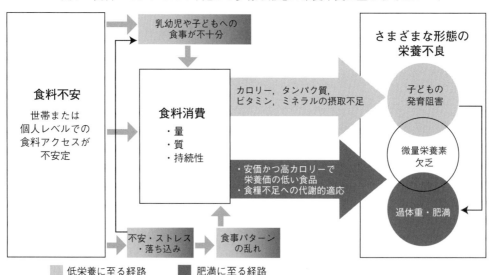

出典）The State of Food Security and Nutrition in the World 2018 日本語要約版より

- 「The State of Food Security and Nutrition in the World」

  公益財団法人・日本ユニセフ協会の公式HPにニュースバックナンバーが数年にわたり掲載されています（https://www.unicef.or.jp/news_bn/news_2020.html 最終閲覧2021年2月20日）。
- NGO各団体のサイトの活用も役立ちます。ここでは飢餓のない世界を創るために活動する国際協力NGO「ハンガー・フリー・ワールド（HFW）」のHPを紹介します（https://www.hungerfree.net/ 最終閲覧2021年2月20日）。
- 「ハンガーマップ」

  WFPがFAOの統計にもとづき作成した世界地図です。世界の飢餓状況を，栄養不足人口の割合により国ごとに5段階で色分けして表現しており，視覚的にもわかりやすいものです（http://119.245.211.13/kyokai/pdf/hunger_map_2011.pdf 最終閲覧2021年2月20日）

## （4）この授業を発展させる探究活動

a）校外学習でより深い問題意識を得る機会をもつ

　東京にはさまざまな機関が集まり，その中には見学が可能なところもあります。筆者の勤務校で訪問している2つの機関を紹介します。東京以外の学校でも修学旅行の訪問先の1つとして設定してみてもよいのではないでしょうか。展示物もわかりやすく，人数制限はあるものの，事前申込みによりガイドをつけてもらえます。

- 独立行政法人・国際協力機構「JICA地球広場」（東京都新宿区市谷本村町10-5）

  世界が直面するさまざまな課題や，開発途上国と私たちとのつながりを体感できます。国際協力を行なう団体向けサービスも提供しています。世界への一歩を応援します。
- 日本ユニセフ協会「ユニセフハウス」（東京都港区高輪4-6-12）

  子どもたちの学習施設として，開発途上国の保健センターや小学校の教室，緊急支援の現場などを再現した常設展示のほか，ミニシアター，130名収容のホールなどをそなえています。世界で唯一，ユニセフの"現場"を再現したのが「ユニセフハウス」です。

b）すぐにできる援助とは

　本項の内容を扱うと生徒自身に何かできることはあるか，自発的に生徒から教師に問いかけがあることも想定されます。モノを送るなど思いつくことでしょう。しかし，その活動は非常に煩雑です。国連機関である国連世界食糧計画（WFP）サイトから寄付金額を見てどれだけの人が助けられるのか知ることだけでも教育的価値はあります。主体的に学ぶ活動は，世界を変える（身の丈に合った）行動につながっているのです。

**参考文献・資料** --------------------------------------------------------------------------------

イヴェット・ヴェレ，ポール・アルヌー 2020.『地図とデータで見るSDGsの世界ハンドブック』（蔵持不三也訳）原書房
日本ユニセフ協会 https://www.unicef.or.jp/（最終閲覧2021年2月20日）
農林水産省 https://www.maff.go.jp/j/zyukyu/jki/j_zyukyu_kakaku/（最終閲覧2021年2月20日）
古沢広祐 2020.『食・農・環境とSDGs——持続可能な社会のトータルビジョン』農文協

（内藤芳宏）

# 5 エネルギーは有限なのか
## ——原子力発電を考える

---

キーワード　エネルギー問題　原子力発電　再稼働　再生可能エネルギー

---

## （1）授業のねらい

　日本に，鉱産資源やエネルギー資源が少ないことは，よく知られていることだと思います。そのため，核リサイクルを念頭においた原子力発電が導入されてきました。しかし，2011年の東日本大震災による福島の原子力発電所（原発）の事故以降，国内の原発の運転が停止すると，原子力発電を補う形で火力発電の割合を増加させていったために，地球温暖化に影響を与える温室効果ガスの排出量の増加が問題化してきました。こうした状況のもと現政府は，原子力発電所の再稼働を進め，今後も一定の割合を原子力発電で補う計画を立てています。しかし，原子力発電は，事故が起きれば多大な被害を広範囲におよぼす危険性の高いことが，福島原発の事故で判明しました。さらに，従来原子力発電は，他の発電方法と比べ経費が安いと言われていたのが，事故へのそなえや補償などを考慮すると，かえって経費が高くなるという試算も出されました。そこで，ここでは日本のエネルギー政策を考えるうえで欠かすことのできない原子力発電を取り上げる授業を行ないたいと思います。

## （2）テーマのための導入素材

　まず，エネルギーは有限なのかという問いに関し，エネルギー資源の将来を把握しましょう。表1は，各エネルギー資源の可採年数を表しています。

表1　エネルギー資源の可採年数

| エネルギー資源 | 可採年数（2019年を基準） |
|---|---|
| 石炭 | 132年 |
| 石油 | 50年 |
| 天然ガス | 50年 |
| ウラン | 99年 |

出典）日本エネルギー文化財団HP　「原子力・エネルギー」図面集

　この表から何が読みとれるでしょうか。エネルギー資源が有限であることはもちろんですが，資源別に見ると可採年数に違いがあることもわかるでしょう。さらにこの年数は，採掘技術の進歩や経済情勢によって変化することも知っておくとよいでしょう。

## （ 3 ） 日 本 の 発 電 の 現 状

次に，日本の発電の状況をつかむために，発電方法別の発電電力量を読みとります。

図1　発電電力量の推移

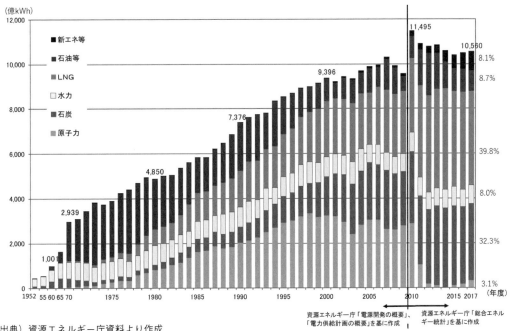

出典）資源エネルギー庁資料より作成

さらに，各発電の発電原価を比較します。

表2　発電原価の比較

| | エネルギー・環境会議「発電コスト検証ワーキンググループ」試算 （2015年） | | 大島堅一立命館大学教授試算 |
| --- | --- | --- | --- |
| | 2014年 | 2030年 | 1970～2007年度平均 |
| 原子力 | 10.1～円/kWh | 10.3～ | 10.68円/kWh |
| 石炭火力 | 12.3 | 12.9 | 9.90 |
| 石油火力 | 30.6～43.4 | 28.9～41.7 | |
| 一般水力 | 11.0 | 11.0 | 3.98 |
| 風力（陸上） | 21.6 | 13.6～21.5 | ― |
| 風力（洋上） | ― | 30.3～34.7 | ― |
| 産業用太陽光 | 24.2 | 12.7～15.6 | ― |

注）　1　エネルギー・環境会議は，政府主催による会議。
　　　2　一般水力には揚水式は含まない。
　　　3　「発電コスト検証ワーキンググループ」の原子力試算は，事故の場合の被害額，被害補償額により値が変わるので，上限が示されていない。また，大島教授の試算には，事故の場合の被害額，被害補償額は含まれない。
出典）電力計画com HP　http://standardproject.net/energy/statistics/cost.html，大島　2010

　かつて，発電方法は石油火力に頼っていましたが，近年では石炭や石油に比べて安価で温室効果ガスである二酸化炭素や公害物質である窒素酸化物・硫黄酸化物の発生を抑制することができるLNG（液化天然ガス）による発電割合が増えています。加えて，地球温暖化の問題があり，有限な化石燃料から電力を得ることはいずれ限界がくることもわかります。

## （4）原子力発電を考える

　そこで日本政府は，地球温暖化対策の一環として，原子力発電を継続して使用する方針を立てています。しかし，福島第一原子力発電所事故以降，原子力発電については対立する意見が出ています。そのため，原子力発電について考える手がかりとして，『朝日新聞』と『読売新聞』の女川原発再稼働に関する社説を読んでみましょう（下線は筆者）。

---

### 『朝日新聞』2020年11月11日　朝刊版　社説要約
### 「再稼働の同意なぜ急ぐ」

　東北電力の女川原子力発電所2号機について，再稼働に向けた「地元同意」を，宮城県知事が今日にも表明する見通しだ。東日本大震災で被災した原発としては初の再稼働手続きである。なぜそれほど急ぐのか。疑問がぬぐえない。

　東電福島第一原発と同じ沸騰水型炉の女川原発は震災で，原子炉建屋の地盤まで80センチに迫る高さ13mの津波に見舞われ，2号機を冷やす設備が浸水するなど重大事故寸前だった。東北電力は，津波の想定を23.1mに引き上げ，耐震性も高めることにした。

　原子力規制委員会の6年余りの審査を経て，新規制基準に適合すると認められたのが今年2月末。直後に資源エネルギー庁長官が県を訪れて再稼働に同意するよう要請した。4月，東北電力は，規制委の審査で必要になった追加の安全対策に時間がかかるとして，工事完了が予定より2年遅い2022年度内にずれ込むと発表したが，同意への流れは止まらなかった。

　原発がある2市町のうち女川町では9月，町議会が再稼働に賛成する陳情を採択。もう1つの石巻市は半月後，市長が再稼働に同意する考えを表明した。県議会も10月，再稼働賛成の請願を採択する形で早期の再稼働を「容認」。地元が再稼働への同意に傾くのは，地域経済と原発の結びつきが強い面があるからだろう。しかし，県内には不安の声も根強く残る。

　女川原発は牡鹿半島のつけ根近くにあり，万一の際には，半島の住民の多くが原発近くを通る道路で避難することになる。津波などに襲われれば，海岸近くでは通行できなくなる恐れもある。

　避難道路の整備が課題として残っていることは，政府や東北電力も認める。地元は国道バイパスの整備などを県や政府に要望しているが，予算化の見通しは立っていない。

　菅首相は今国会で「しっかりとした避難計画のない中で，再稼働が実態として進むことはない」と答弁した。ならば今の女川も，再稼働の手続きを進められるはずがない。工事完了までの2年間に，実効性ある避難計画を作り上げるのが先決だ。

　女川2号機の安全工事費は共用施設も含め3400億円と，すでに再稼働した原発より1基あたり1千億円以上かかると見積もられている。プレート境界付近にあり，地震や津波のリスクが高いためだ。この事実からも目をそらすべきではない。

『読売新聞』2020年11月12日　朝刊版　社説要約
「再稼働の歩みを着実に進めよ」

　東北電力女川原子力発電所が再稼働に大きく近づいた。政府は他の原発についても，安全性を確認しながら，一歩ずつ再稼働を進めるべきだ。

　宮城県知事は，地元の女川町長，石巻市長との3者会談に臨み，女川原発2号機の再稼働に同意する考えを表明した。県議会や市町議会などの意向もふまえ，丁寧に意見を集約したことは，評価に値しよう。

　東北電力は，安全工事が終わる2022年度以降の再稼働をめざす。地元の同意を得たのは，東日本大震災の被災地でははじめてだ。電力を安定的に供給するという観点でも，意義は小さくない。

　女川原発は震災後，さまざまな安全対策を講じてきた。海抜29mの防潮堤を造り，電源車の配備や耐震工事も進めている。これらの積み重ねが認められ，原子力規制委員会の安全審査に合格した。ただ，原発周辺のリアス海岸では，狭く曲がりくねった道路が多い。万一，事故が起きた場合，円滑に避難できるか不安に感じる住民もいるという。国は自治体と協力し，避難対策の改善を続けていくことが大切だ。

　菅首相は，50年までに温室効果ガスの排出を実質ゼロにする目標を掲げた。太陽光などの再生可能エネルギーは，出力が安定しないという弱点がある。二酸化炭素を排出せず，電力を安定供給できる原発の重要性は増している。その一方，原発の再稼働は，18年6月の玄海原発4号機（佐賀県）以来，途絶えている。東京電力福島第一原発事故後，廃炉が決まったものを除く33基のうち，再稼働にこぎ着けたのは9基のみだ。

　女川原発は，福島第一原発と同程度の津波に見舞われたが，敷地が海抜14.8mの高さだったため，主要施設は浸水を免れた。津波で家を失った住民が敷地内で避難生活を送った時期もある。こうした経緯もあり，原発は住民生活や地元経済に欠かせない存在になっていた。他の原発についても，再稼働に向けて，住民の理解を得るための地道な取り組みを続ける必要がある。

　海外では，原子力技術を積極的に活用し，最新式小型炉などの開発にも余念がない。日本は，原子力を温暖化対策や産業競争力強化の有効な手段ととらえ，戦略的に活用していく姿勢が重要だ。

# （5）原子力発電をテーマとする授業展開

## ①日本の発電方法別の発電量の変化

　では，具体的な授業に入りましょう。まず，日本のエネルギー問題を考えます。表1や表2を見ると，今後もエネルギー源として最も石炭の利用可能性が高いことがわかりますが，地球温暖化を考えると，これ以上石炭の利用を増やすのが難しいことには議論の余地はありません。これは，同じ化石燃料である石油も同様です。LNGについても，前述のように石炭や石油よりは二酸化炭素排出量が少ないと言われていますが，二酸化炭素を排

出することに変わりはありませんから，2050年までに温室効果ガス排出量をゼロにするという政府の方針を考えると，やはり適当ではありません。しかし，図1を見ると，日本の発電は火力が主体であることが明白です。そこで日本政府は従来，石炭や石油による火力発電の割合を減らすために原子力発電を利用してきました。図1から原子力も2000年から2010年までのところで発電量は若干減少していますが，順調に増加してきていることがわかります。ところが，2011年の東日本大震災後は原子力発電量が激減し，2017年から18年にかけて若干発電量は減少していますが，火力発電が全体の約8割を占めていることがわかります。原子力の減少分を火力で補っているのです。地球温暖化が問題化している現在，これが適切でないことは理解できるでしょう。

　政府は，火力への依存度を低めるために原子力発電所の再稼働を進めています。しかし，福島第一原発事故を経験した今，原子力発電を継続すべきかどうかという議論が起こっています。そこで，いよいよ原子力発電について考えてみましょう。

### ②原子力発電を見直すのか推進するのか，対立する2つの意見から考える

　原子力発電について，まったく正反対の主張をした新聞の社説があるので，これを生徒に読ませます。『朝日新聞』は女川原発の再稼働よりも先にすべきことがあるはずであり，拙速に進めるべきではないという立場，一方『読売新聞』は温暖化対策，産業競争力から考えて原発を活用すべきだという立場です。

　たとえば，これを題材にディベートを行なってもよいでしょう。ディベートは，自分の考えをいったんおき，機械的にテーマについて是か非かに振り分けられるので，客観的に考えることができます。また，ディベートは審査員を説得しなければならず，そのためには客観的で正確な資料を用い論拠を構築する必要があり，生徒にとっても学びのよい機会となるでしょう。

　また，この社説のように異なる意見や論拠を参考にして，自分の主張をまとめてみるという方法もあります。まず社説（課題文）の内容や筆者の主張を読みとり，自分の主張（賛否の立場）を決めます。次にその主張の裏づけとなる資料にあたり，資料をもとに論拠（理由や具体例）を考えます。そして，自分の主張と論拠とまとめの順に文章を書いてみます。最後に内容を端的に表す題（タイトル）もつけてみましょう。

　その際に，表2の発電コストの資料を生徒に示し，考えるヒントを与えることもよいでしょう。従来政府は，原子力は発電経費が他の発電方法と比較して安いと説明してきましたが，表2にあるとおり，2030年には原子力と風力，太陽光の経費の差がほとんどないことがわかります。ましてや原子力の再稼働のためにさらに対策費が上乗せされることは，資源エネルギー庁も認め，2019年に同庁が政府の会議に出した資料（「再生可能エネルギーの発電コスト等について」）では，「世界では再エネコストが大きく低減。太陽光発電・陸上風力発電ともに，1kw/時当たり10円未満での事業実施が可能」と明記しています（『しんぶん赤旗』電子版2019年5月13日）。まとめた主張をグループ内やクラスで発表して，他の生徒の意見を聞いたり，話し合いをすることも生徒にとっては有効でしょう。自分の

意見を表明し，他人の意見を聞くという機会が，生徒の学習活動には必要です。

## （6）原子力発電の先を考えよう

　日本のエネルギー政策を，原子力発電の再稼働という観点で考えましたが，ほかにも原子力発電には考えるべきことがたくさんあります。たとえば，事故を起こした福島第一原発の廃炉の問題，完成していない核燃料リサイクルの問題，決まっていない放射性廃棄物の最終処分場の問題などです。そして，これらは表2で見た原子力発電のコストにはねかえってくる問題です。

　では選択肢としてはほかにはないのでしょうか。そこで時間があれば次の段階として，再生可能エネルギーについて考えてみることもよいと思います。

　現在の地球温暖化の進行を考えるうえでも，9割近くを占める火力発電の割合を減少させなければならないのは，誰もが認めるところでしょう。では，その代替エネルギーをどうするのか，さらに言えば，現在の科学技術を前提にした場合，原子力でまかなうのか，自然エネルギー・再生可能エネルギーでまかなうのかを生徒に考えさせることも必要ではないでしょうか。手軽に利用できる資料としては『日本国勢図会』があり，これには各国別に再生可能エネルギーによる発電量の表など，再生可能エネルギーに関する資料も掲載されていますので，活用してみましょう。

　以上，原子力発電の是非を検討することを通して，広く日本のエネルギー政策を考える授業を提案しました。これはまた，再生可能エネルギーに関する授業にまでつなげていくこともできるでしょう。地球温暖化と合わせ，エネルギーについて授業を行なう必要性はますます高くなっていると言えるでしょう。

**参考文献・資料** --------------------------------------------------------------------------------

『朝日新聞』2020年11月11日，朝刊版　社説

大島堅一　2010.『再生可能エネルギーの政治経済学』東洋経済新報社

経済産業省資源エネルギー庁『平成30年度エネルギーに関する年次報告』 https://www.jaero.or.jp/data/03syuppan/energy_zumen/energy_zumen.html（最終閲覧2021年2月20日）

全国教室ディベート連盟　http://nade.jp/（最終閲覧2021年2月20日）

全国小水力利用推進協議会　http://j-water.org/about/#about02（最終閲覧2021年2月20日）

矢野恒太記念会編『日本国勢図会2020／21』

『読売新聞』2020年11月12日，朝刊版

（宮嶋祐一）

# 6 都市は便利で住みやすい場所なのか

---

キーワード　最近の都市問題　消滅可能性都市　地方移住か都心居住か

---

## （1）授業のねらい

　最近の都市問題として，地方では都市部において，空き地や空き家などが「数多くの穴」のように点々と増えていく「都市のスポンジ化」があり，一方で東京などの大都市圏では，過密・混雑による待機児童問題や地域コミュニティの弱体化・機能不全などがあげられます（閣議決定「まち・ひと・しごと創生総合戦略 (2018 改訂版)」)。最近では，2014（平成26）年に日本創成会議から出された，2040年には全国896の市区町村が「消滅可能性都市」に該当するという報告が衝撃を与えました。

　大都市圏では，新型コロナウィルスの流行により，自宅等でのリモートワークが増加し，それとともに働く場所を選ばないのなら，居住環境のよい地方へ移住するという人も増加しました。しかし，一方ではリモートワークを経験したからこそ，通勤の混雑を避けたい，通勤にかける時間がもったいないとして，都心部へ転居する人もいるようです。

　そこで，この授業では最近の都市問題をどのように考えるか，解決するにはどうすればよいのか，そして過密・混雑を避ける大都市から地方への移住について，これから社会に出る高校生や大学生に，都市部へ住むか地方に住むかを考える機会を作りたいと思います。これは仕事内容や家族構成をはじめさまざまな事柄を考慮する必要があるので，将来の自分の姿を考えるよい機会にもなるでしょう。今回は資料をもとにして，意見を出し合っていくグループ活動の手法を提案してみました。

## （2）テーマのための導入素材

　まず，最近の都市問題として，具体的にどのような問題があるか確認しましょう。**表1**は，東京都市大学総合研究所未来都市研究機構が行なった都市問題に関するアンケートの結果上位6位までです。

　次にグループ学習において考えるもとになる資料を提示します。まず地方へ移住する動きを紹介した新聞記事です。『毎日新聞』(2020年6月14日，朝刊版) の記事ですが，ここでは簡単に内容を示しておきます。授業では，実際の記事を使用してみてください。

表1　次のような都市問題のうち，2020年以降に重要な社会問題に
　　　なると思われるものはどれですか　　　　　　　　（複数回答可）

| | |
|---|---|
| 介護する人も高齢となる | 66.9% |
| 空き家が増加する | 51.7 |
| 孤立死（孤独死）が増加する | 44.0 |
| 団地の住民が高齢化する | 41.3 |
| 高速道路や橋などのインフラが老朽化する | 40.9 |
| 上下水道・ガスなどのライフラインが老朽化する | 38.6 |

注）有効サンプル数 9,842
出典）東京都市大学総合研究所未来都市研究機構生活領域ユニット（2018年）

---

### 『毎日新聞』2020年6月14日　「クローズアップ　コロナで注目『脱都会』」

　新型コロナウイルスをきっかけに，都市部を離れて地方で暮らすことへの関心が高まりつつ
ある。テレワークや遠隔授業によって都心に住む必要性が低下したことが人々の背中を押し，
政府や自治体からは地方創生への期待の声も聞かれる。東京一極集中への大きな流れに対する
変化の兆しは本物なのか。

　地方暮らしへの関心は着実に高まりつつある。就職情報会社が20代の転職希望者にアンケー
ト調査を実施したところ，「地方への転職を希望する」が36％で，同じ調査を実施した前回と比
べ14％増えた。過去にも「都心から地方へ」の動きはあったが，転職が必要なため限定的だっ
た。今回はテレワークなど生活のオンライン化が定着してハードルは低くなっている。

　「都市部の感染リスクの高いところよりも，テレワークで仕事ができるなら地方に転職したい
という希望がかなり増えている」。全国知事会議とのテレビ会議での西村経済再生担当相が地方
移住に期待感を示すと，知事会長の飯泉徳島県知事は「都市部が感染症に脆弱だと見せつけら
れた。分散型の新たな国家構造を作り上げてほしい」と応じた。

　自治体側も「雇用支援策の強化を検討している」（長野県）など，力を入れている。地方分権
に詳しい中央大学の名誉教授は，「地方は都市の企業や人々を受け入れるチャンスととらえ，通
信環境を整えた事務所や住居を整備する必要がある」。「自治体が移住者などを呼び込む政策を
自前で進めるには税や財源の分権がセットでないと難しく，一過性の動きにとどまりかねない」
と指摘し，国と地方の権限にまで踏み込んだ議論の必要性を訴える。

　だが，地方移住への期待は高まるものの，容易な決断ではない。不動産コンサルタント会社
の会長は「都心のメリットは通勤だけでなく買い物などさまざま。新型コロナによる外出自粛
で利便性の高い場所に住む意味はむしろ強化された」と言う。さらに医療や販売，運輸など現
場に行かないとできない職場でのテレワーク実施率は20％にとどまった。こうした仕事に従事
する人には地方移住は転職とセットになる。

---

　次に都心部へ居住する人たちを扱ったNHKのクローズアップ現代プラスの「コロナ禍
なのになぜ購入？追跡！都心の不動産売買」（2020年10月1日放映）のHPです。

　教室で生徒がインターネットに接続できる環境にあれば，直接生徒に見せてもよいです
が，接続できない場合を考えて，このHPをもとにまとめたプリントを作成しました（た
だし，都心居住に関する部分のみまとめました）。

### NHK クローズアップ現代プラス　2020 年 10 月 1 日放映
### 「コロナ禍なのになぜ購入？追跡！都心の不動産売買」

## 1．はじめに

　新型コロナウィルスの感染拡大で，都心離れ・郊外志向が加速するかと思いきや，今，都心の不動産の購入や投資が活発化するという意外な動きが広がっている。家賃やローンが払えず自宅を手放す人がいる一方，高所得者層を中心に，都心の好立地のタワマンなどの人気が再燃している。さらに，都心の商業施設やオフィスではテナントの撤退が相次ぎ空室率が上昇。それでもコロナ禍で価格が乱高下している世界の他都市に比べ，東京の不動産価値は底堅いとして，海外の巨大ファンドが投資マネーを注ぎ込むという“いびつな”実態も明らかになってきた。いったい何が起きているのだろうか。

## 2．都心に家を購入する人たち

　新型コロナの影響で地方移住が進むという見方もある中，なぜ都心の家が人気なのか。大手人材情報会社が在宅勤務を経験した人に行なったアンケートでは，およそ 60％の人が「都心に住みたい」と回答。その理由は，「通勤時間の短縮」などの利便性を重視したものだった。

【住みたい環境について（2020 年 7 月調査)】（単位：%）

| | |
|---|---|
| 都心に住みたい | 33.1 |
| できれば都心に住みたい | 27.1 |
| どちらかといえば郊外に住みたい | 21.1 |
| 郊外に住みたい | 3.8 |
| どちらともいえない | 15.0 |

有効回答数 491 名
資料）学情調べ

　都心の人気急騰を支えているのは，一定の収入がある人たちだ。新型コロナの収入への影響を調べた調査では，所得が低ければ低いほど，収入が減少した人の割合が高くなっていた。収入が減った人の中には，家賃やローンを払うことができなくなり，住まいを失う人たちも少なくない。

【コロナ禍で収入が減少した人の割合（2020 年 3〜6 月）】
（単位：%）

| | |
|---|---|
| 年収 1,000 万円以上 | 21 |
| 年収 400 万円台 | 27 |
| 年収 100 万円未満 | 37 |

資料）慶應義塾大学大久保敏弘教授調べ

## 3．今も高い都心人気なぜ？

司会：コロナ禍で厳しい暮らしを余儀なくされて，家を失う人が増えている実態がある。一方で，そうした物件を買う人もいて，都心の高級物件の人気は衰えていない。東京の不動産をめぐる状況をどうとらえたらいいのか？

A：今は非常に活況と言っていい。緊急事態宣言中の 4 月，5 月は取引が半分になってしまったが，緊急事態が明けて以降 6〜9 月は抑えられていた需要が特に都心部を中心として噴き出すような形で，いわゆる“パワーカップル”と言われる共働きの世帯や，所得にあまり影響を受けていない人たちを中心として，大活況を呈している。緊急事態宣言中は郊外を探す人も多かったのだが，今はまた元に戻ったという状況。

司会：テレワークなどが進んで，郊外に住みたいという人が増えているかと思いきや，都心に

住みたい人がやはり6割ぐらいいて，郊外がいいという人は25%近くという状況。みなさんの意識はそれほどに変わらない？

B：東京の新築のマンションは，好調な売れ行きが続いている。感染が拡大した後も7000万～8000万円という以前と変わらない高い価格を維持している。一方で，コロナ禍で収入の格差が広がっていることもうかがえるデータもある。3～6月の間，新型コロナの影響で「収入が減った」と答えた人の割合は，年収1000万円以上では21%だが，年収が低くなるほどその割合が高くなっている。どの層でも収入が減った人はいるが，年収が高いほど影響を受けた人は少ないということだ。土地の価格も二極化しており，住宅地のデータを見ると都心部では上昇幅が縮小しているとはいえ，地価は上がりつづけている。

司会：東京で地価がこのように二極化し，収入格差が広がっているのだが，どうも東京の不動産の状況がいびつなのではないかという気もするが？

C：家を実際に住むということで購入する場合と，投資は話を分けて考えるべきだと思う。ただ，世界中から東京にマネーが集まってきており，投資が過熱化することによって，本来住みたかった人が東京に住めない。家賃や物件価格の上昇に対しては，きちんと対応していかないといけない。特にコロナ禍で家を追われてしまったような方に対して，きちんと手当てをするということが非常に大事だと思う。

## （3）最近の都市問題と「住み続けられるまちづくりを」
### （ＳＤＧｓ目標の11）

　まず，表1を使って最近の都市問題について考えてみましょう。この資料を見て気づくことは，第一に日本の少子高齢化が影響しているということです。表1の回答のうち，上位4つまでが少子高齢化に関連することで，「空き家の増加」や「団地の高齢化」は地方都市だけでなく大都市圏でも問題化しています。特に高度経済成長期に造られたニュータウンでは，若年層の子どもたちが進学や就職を機に出ていき，高齢の父母が残されるという現象が起きていることが，たびたびマスコミにも取り上げられています。

　また，5，6位のインフラの老朽化も大きな問題です。現在の日本のインフラは1960～70年代の高度経済成長期に建設されたものが多く，すでに50年が経過しています。高速道路，ガス管，水道管などは重要なライフラインなので止めて作り替えることはできません。

　SDGsの第11番目の目標が「住み続けられるまちづくりを」です。これは災害等を念頭においたものともとれますが，最近話題になった「消滅可能性都市」について，どうすれば住みつづけられるかを考えることを授業で考えてもよいでしょう。「消滅可能性都市」の報告書を見たり，豊島区などの取り組み例を紹介したりして，改善案を考えさせることもできます。このような問題点を，将来の社会を担っていく生徒に考えさせたいところです。

　さらに，海外の先進国の事例を知ることも重要です。居住環境は日本とは異なりますが，人口が集中する都市で発生する問題や対策について考えてみましょう。

# （４）資料を参考に，グループで話し合ってみよう

## ①授業の概略

　次にグループでの話し合いを考えてみましょう。大都市圏，特に東京への一極集中の是正は，前述した『毎日新聞』の記事のとおり，1977年の３全総以降，長年継続する日本の都市問題です。この問題を授業で扱うのは，意義のあることだと思います。

　では，具体的な授業の進め方ですが，まず新聞記事とクローズアップ現代の資料（または映像）を見せた後，生徒に自分の考えをシートに記入させます。シートに記入したところで，５人程度のグループを作って，グループ内で１人ずつ意見を発表します。その後，グループでそれぞれ出た意見について話し合い，最後にグループごとに話し合った結果を発表します。

## ②グループ活動のポイント

　ここでのポイントは，無理にグループの意見として１つにまとめないことです。なぜなら，今回の内容については，グループとしてまとめるというよりも，個人としてどのように考えて判断するかということが問われます。しかし，個人の意見のみでは視野が狭くなるため，グループ活動で他の生徒の意見を聞き，参考にするという活動が重要になります。そのような観点から，グループ学習を行なう意義があると考えます。

## ③具体的な授業内容について

a）シートへの記入

　新聞記事とクローズアップ現代の資料（映像）を見た後，５〜６分でシートに自分の意見を記入させます。参考のため，シートの例をあげておきます。

b）グループでの話し合い

　次に，グループ内で１人ずつ自分の意見を発表します。発表をしていない生徒は，意見の概略をシートに記入しておきます。全員が発表を終えたら，出された意見についてグループ内で話し合いを行ないます。

　では，どのような議論が考えられるでしょうか。

　都市居住派は，「通勤の混雑は，コロナに関係なく苦痛であり，通勤時間も無駄」という通勤の問題をあげたり，「東京でも今後は人口の減少が予想され，都心部でも地価が下がり住みやすくなる」という現在の日本が抱える少子高齢社会の特質を考えた意見が出るかもしれません。また，高齢社会やコロナから「都心のほうが医療機関を利用しやすい」という意見が出ることも考えられます。

　一方，地方居住派は，「自然が身近にあり，心身ともに癒され健康によい」，「生活のコストが安く，趣味など自分の好きなことにお金を使える」といった地方の優位性をあげたり，コロナの経験から「都心は人が多く，感染症にかかるリスクが高い」という意見が出ることも考えられます。ここでは，議論の優劣を争うことではなく，このような意見を聞き，自分は何を優先して判断するのかを生徒に考えてもらうことが目的です。先にも述べたとおり，ここでは意見を一つにまとめる必要はありません。重要なのは，意見を出すこ

とで，生徒が自分と違う意見や考え方があることに気づき，各自が何にもとづいて考えたかという根拠のある意見を構築し発表することです。

さて，グループでの話し合いが終わったら，グループごとに発表します。出されたさまざまな意見をクラスで共有しましょう。また，時間があれば，大まかに意見の傾向をまとめたり，さらに考察を深めるために必要な資料が何なのかを出し合ってみましょう。

以下にシートの例を示します（項目のみ記載。2はグループの生徒数に合わせてください。生徒の記入スペースを作成してください）。

---

○○年○月○日

あなたは都心居住派？　それとも地方居住派？

＿＿＿年＿＿組＿＿＿番　氏名＿＿＿＿＿＿＿＿＿＿

1．『毎日新聞』の記事とクローズアップ現代の資料を見て，あなたはどちら派ですか。
　なぜそのように考えたのか，その理由も書いてみましょう。
　＿＿＿＿＿＿＿＿＿＿＿＿＿＿＿＿＿＿＿＿＿＿＿＿＿＿＿＿＿＿＿＿＿＿＿＿＿＿

2．他の生徒の意見をまとめてみましょう。また，疑問に思ったことや意見があれば書いてみましょう。
　○○さん

　＿＿＿＿＿＿＿＿＿＿＿＿＿＿＿＿＿＿＿＿＿＿＿＿＿＿＿＿＿＿＿＿＿＿＿＿＿＿
　○○さん

　＿＿＿＿＿＿＿＿＿＿＿＿＿＿＿＿＿＿＿＿＿＿＿＿＿＿＿＿＿＿＿＿＿＿＿＿＿＿
　○○さん

　3．グループで話し合いをした結果はどうでしたか？
　　　　　都心派＿＿＿＿＿＿＿人　　　　地方派＿＿＿＿＿＿＿人
　4．グループで話し合いをしたときに，どのような意見が出たか，書いてみましょう。
　＿＿＿＿＿＿＿＿＿＿＿＿＿＿＿＿＿＿＿＿＿＿＿＿＿＿＿＿＿＿＿＿＿＿＿＿＿＿
　5．各グループの発表を聞いた感想，気になった意見などを書いてみましょう。
　＿＿＿＿＿＿＿＿＿＿＿＿＿＿＿＿＿＿＿＿＿＿＿＿＿＿＿＿＿＿＿＿＿＿＿＿＿＿

---

## （5）この授業を発展させ，応用するには

今回は，グループ学習の例を紹介しましたが，ディベートを用いて，資料を活用する力を育むことができるとおもしろいのではないでしょうか。

世界に視野を広げると，ジェントリフィケーションにより，低所得者や高齢者が元の居住地から追い出されてしまったり，セグリゲーション（居住地域分化現象）による差別などの問題も生じています。これらを題材にグループ活動を行なうこともよいでしょう。

---

**参考文献・資料** ----------------------------------------------------------------

NHK クローズアップ現代プラス　https://www.nhk.or.jp/gendai/articles/4465/（最終閲覧 2021 年 2 月 20 日）

国土交通政策研究所「政策課題勉強会」（2014 年）https://www.mlit.go.jp/pri/kouenkai/syousai/pdf/b-141105_2.pdf（最終閲覧 2021 年 2 月 20 日）

東京都市大学総合研究所　futurecity.tokyo/life/kitami/（最終閲覧 2021 年 2 月 20 日）

『毎日新聞』2020 年 6 月 14 日，朝刊版「コロナで注目『脱都会』」

（宮嶋祐一）

# 7 地球はますます狭くなるのか

3⒝-7

キーワード　時間距離　LCC　インバウンド

## （1）授業のねらい

　20世紀の初めに飛行機が登場して以来，世界におけるモノとヒトの動きは，大きく変化しました。当初は兵器として開発に重点がおかれた飛行機は，戦後は民用面での技術革新による高速化，大型化が進み，旅客機はとても身近な存在になりました。ここでは，「フライトレーダー24」や「オンライン国際線時刻表〜フリーバード」といったインターネットのサイトを用い，世界における航空機の飛行状況を把握するとともに，航空機の普及が我々の生活や社会にもたらす貢献度を体感させます。また，これまでの地理の授業では日本人の海外への渡航の増加が主として取り上げられてきましたが，この項では，ここ数年増加している海外から日本への入国者数に焦点をあて，その内的要因（国内情勢），外的要因（国際情勢）などを考察していきます。

## （2）テーマのための導入素材

　「フライトレーダー24」は現在航行中の航空機をリアルタイムで見ることができる無料のサイトです。有料版もありますが，無料版でも十分使えます。ただすべて英語で表記されているので，授業で使うには少しハードルが上がります。まずは生徒にパソコンまたはスマートフォンから検索機能を使って「フライトレーダー24」のサイトを開かせます。パソコンだと図1のような画面が出てきます。これを使えば，東京からだけでなく，世界

図1　フライトレーダー24

152　第3章　国際理解と国際協力

の都市を結ぶ航空機の運行状況を一
目でとらえることができます。地図
上の青系の濃淡で昼夜の様子が表現
されており，飛行機の形をしたアイ
コンが現在航行中の飛行機（黄や青
色で表現）で，そこにポインターを
おいて左クリックすると飛行機の色
が赤に変わり，その飛行機に関する
情報が出てきます（図2）。

図2　飛行機に関する情報が映し出された画面

　画面の左側に航空会社，航空機の
機材，出発地と到着地ならびにその
時刻が表示されます。下部の「route」
をクリックするとこれまで通過した航跡と今後通過するルートが色別で表示されます。図
2はNRT（成田）を出発し，CGK（ジャカルタ）に向かっている日本航空の855便を表し
ています。また，フィルター機能を使うと，各空港から出発した飛行機または各空港に到
着する飛行機だけを抽出することができます（無料版は一部のみ）。この単元の興味，関心
を引き起こす導入部分として利用できるのではないかと思います。ただ，航空機好きの生
徒が教室にいたら，没頭しかねないサイトですので要注意です。


## （3）増える国際便

　表1（次ページ）は成田空港・羽田空港から直行便で結ばれている都市と便数です（た
だし週あたり10便以上のもの）。左が2011年，右が2019年のものです。まずは，東京中心
の正距方位図法で描かれた地図を拡大したものを配布し，この資料をもとにどんな都市と
結ばれているか地図にポイントを落としていきます。副教材を使っているならば白地図の
世界地図を使ってもかまいません。週あたりの便数を階級区分させて，ポイントのマーク
を変えてみることもおもしろいでしょう。たとえば週あたり100便以上なら★，50便以
上なら☆，20便以上なら◉，10便以上なら●というふうにです。年間の授業計画の中で
はじめのほうに組み入れておくと，都市名や国名のほか，その位置を把握する足がかりに
もなり，今後の授業が進めやすくなるかもしれません。ただし生徒の地理的な知識は個人
差が大きいので，作業の時間配分に配慮が必要です。

　次に各都市の便数に注目し，便数が各都市との結びつきの強さであることを理解させ，
その背景を考察させます。2011年と比べ中国，東南アジアの諸都市において増便となっ
ていることに注目し，この間こうした国々との経済的なつながりが強まっていることを認
識させます。また増便の背景に2012年に日本においても格安航空会社（LCC＝ローコス
トキャリア）が解禁された（後述）ことも付け加えておきます。

表1 成田・羽田における直行便の行先・便数 ( 週あたり 10 便以上の都市)

| 到着地 | 2011年12月 | 2019年12月 | うちLCC | 到着地 | 2011年12月 | 2019年12月 | うちLCC |
|---|---|---|---|---|---|---|---|
| ペキン ( 北京) | 106 | ※100 | | シンガポール | 77 | ※82 | 19 |
| シャンハイ（上海) | 119 | ※210 | 27 | ジャカルタ | 21 | ※49 | |
| ターリエン（大連) | 22 | 22 | | デリー | 9 | 18 | |
| コワンチョウ（広州) | 21 | ※35 | | ムンバイ | 5 | 14 | |
| チョンツー ( 成都) | 11 | 18 | | ドバイ | 7 | ※14 | |
| アモイ（厦門) | 7 | 11 | | ドーハ | 7 | ※14 | |
| シーアン（西安) | 6 | 14 | | ロンドン | 35 | ※37 | |
| シェンヤン（瀋陽) | 6 | 14 | | パリ | 39 | ※39 | |
| シェンチェン（深圳) | 6 | 10 | | フランクフルト | 21 | ※28 | |
| テンチン（天津) | | ※18 | 10 | ミュンヘン | 14 | ※14 | |
| ウーハン（武漢) | | 12 | 3 | ヘルシンキ | 7 | 16 | |
| ハルピン（哈爾浜) | | 10 | 6 | モスクワ | 10 | 14 | |
| ホンコン（香港) | 105 | ※165 | 44 | ロサンゼルス | 63 | ※63 | |
| マカオ（澳門) | 2 | 14 | | ニューヨーク | 42 | ※35 | |
| タイペイ（台北) | 123 | ※194 | 82 | シカゴ | 28 | ※31 | |
| カオシュン（高雄) | 10 | 31 | | サンフランシスコ | 21 | ※28 | |
| ソウル | 196 | ※212 | 95 | ダラス | 21 | 21 | |
| プサン（釜山) | 36 | 42 | 14 | ワシントン | 14 | 21 | |
| テグ（大邱) | | 14 | 13 | シアトル | 14 | 21 | |
| マニラ | 35 | ※91 | 21 | ヒューストン | 7 | 14 | |
| セブ | 6 | 21 | 7 | バンクーバー | 14 | ※21 | |
| ハノイ | 14 | ※35 | 7 | ホノルル | 76 | ※88 | |
| ホーチミン | 26 | ※49 | 7 | コナ | | ※10 | |
| バンコク | 86 | ※137 | 39 | グアム | 45 | 35 | 7 |
| クアラルンプール | 28 | ※44 | 11 | シドニー | 14 | ※21 | |

注）※は羽田発を含む

# （4）絶対距離と時間距離

　絶対距離は，物理的な距離で km など長さの単位で表現するもの，時間距離は駅まで歩いて何分などと距離を時間の単位で表現するものです。まずは東京中心の正距方位図を使って東京から直行便が結ばれている都市の中でもっとも遠い都市はどこかを探し，そこまでの距離を計算させます。正距方位図法の直径は地球1周の4万kmを表現していますので，図の直径を測れば地図の縮尺が求められます。たとえば地図の直径が16cmならば，4万km÷16cmの計算で，縮尺は2億5000万分の1となり，図の1cmは2500kmを表現していることになります。直行便がある都市は他の同距離に位置する都市と比べ時間距離が短くなります。たとえば，ロンドンとカイロの距離がほぼ等距離（約9600km）

にあります（図3）。ロンドンまでは直行便で12時間35分，カイロまで現在は直行便が運行されていますが，以前は，モスクワ経由で18時間45分も要しました。また，東京から北海道の根室まで鉄道だけで行くのに要する時間は，航空機でスペインのマドリッドへ行く時間とほぼ同じです。飛行機の直行便が運行されているかいないかで，時間距離に違いが出ている例です。

図3　東京を中心にした正距方位図法
——ロンドンとカイロはほぼ同距離だが……

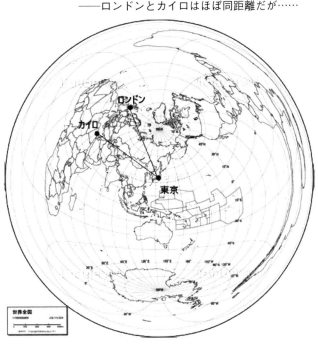

## （5）「オンライン国際線時刻表
—— フリーバード」を使って世界1周の旅を計画してみる

　先述した東京からの直行便がない都市に行きたい場合，検索に便利なサイトが「オンライン国際線時刻表〜フリーバード」です。これを使って生徒に世界1周の早旅を計画させる授業です。早旅の条件は以下のとおりです。

---

**世界1周早旅計画**
　以下の条件を守って世界1周の旅を計画し，所要時間を計算してみよう。
①世界の都市を3つ以上めぐること（経由地を含むことも可。なお航空機を乗り継ぎする際は1時間以上時間をとること）。
②東京を出発地とし，太平洋と大西洋を必ず横断すること（東回りでも西回りでもどちらでもかまいません）
③出発日は今日とするが，航空便の運航日には十分気をつけること。
④調べた航空便と出発時刻・到着時刻を記録し，何日と何時間かかったか計算してみよう。

---

　アフリカ大陸，南米大陸といった直行便のない都市を経由することを条件の中に加えると難易度が上がります（より地球 1 周 4 万 km の旅に近くなります）。クラスの中で誰が一番所要時間が短いかを競っても楽しくなりますし，出発時刻を定めて誰が最初に戻ってくるかを競ってもおもしろいでしょう。東回りが有利かと思われますが，なぜそうなるかを考えさせることもできます。時差の学習を兼ねて乗り継ぎ時間を除いた総フライト時間を計算させてみるのも一考です。

## （6）出国者数・入国者数の推移から考える国内・国際情勢

　図4は日本からの出国者数と日本への入国者数を表したものです。この図を生徒に提示し，いくつかの変化の要因を考察させます。この図ではわかりにくいですが，東京オリンピックのあった 1964 年の出国者数は 22 万 1309 人に対し，入国者数は 35 万 2832 人と約 1.6 倍入国者数が多かったのですが，高度経済成長が進む 1968 年に出国者数が入国者数を上回ります。さらに 2 度のオイルショックにもかかわらず増加の一途をたどっていきます。

図4　出国日本人と訪日外国人の推移

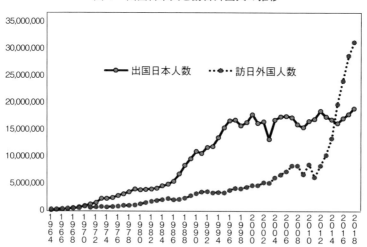

出典）法務省資料より作成

図5　国別入国者数の推移

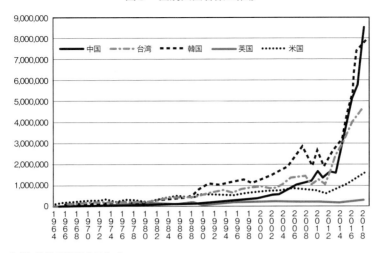

出典）法務省資料より作成

　1985年のプラザ合意による円高が進むにつれて増加のカーブはさらに上昇し，高嶺の花だった海外旅行が身近なものになると同時に日本企業の海外進出にともなうビジネス客も増えていきます。ほかにも「アジア経済危機」「同時多発テロ」「イラク戦争」「原油価格の高騰」「SARSの流行」「リーマンショック」「東日本大震災」など増加，減少の内的・外的要因をグラフの中から読みとらせます。また2015年になると入国者数のほうが上回り，2018年は，入国者数は再び出国者数の1.6倍になります。

　図5は国別入国者数の推移を表しています。急激な入国者数の増加は中国・韓国・台湾からもたらされていることがわかります。これはインバウンドという言葉が世に登場したことと重なります。その第一の要因がLCC航空便の普及です。1974年アメリカで生まれたLCCは2012年に日本でも本格的に参入し，その多くが中国・韓国・台湾などの近隣アジアの大都市向けに運航されました（表1）。さらに東京だけでなく地方空港の多くが海外と結ばれました。ソウル・仁川空港を例にあげると2019年の時点で22都市（日韓関係の悪化による運休を含む）が結ばれています。このことからLCCがインバウンドによって地方経済に大きな影響を与えていることが読みとれる一方，仁川空港が東アジアのゲートウェイとしてハブ空港化が進んだ証左であることもわかります。ここで，生徒にはなぜ成田空港ではなく，仁川空港が東アジアのゲートウェイの地位を築けたかを考察させてみてもおもしろいでしょう。

**参考文献・資料** -------------------------------------------------------------------------------------

オンライン国際線時刻表〜フリーバード　https://wwwhttps://www.free-bird.co.jp（最終閲覧2021年2月20日）
フライトレーダー24　https://www.flightradar24.com（最終閲覧2021年2月20日）
法務省出入国管理統計統計表　http://www.moj.go.jp/housei/toukei/toukei_ichiran_nyukan.html（最終閲覧2021年2月20日）
FUJI AIRWAYS GUIDE　2011. 571, 2019.667

（黒川仁紀）

# 8 情報は平等に いきわたっているのか

3Ⓑ-8

---------------------------------------------------

キーワード　インターネット　IT革命　デジタルデバイト

---------------------------------------------------

## （1）授業のねらい

　20世紀末からインターネットが世界中に普及し，パソコンやモバイル端末が企業や官庁のみならず個人や家庭の必携アイテムとなり，我々の生活は大きく変化しました。いわゆるIT革命です。世界ではIT先進国と言われる国がある一方，アフリカの国々の中には国民の10%未満しかインターネットに接触できない国もあります。ここでは，インターネットの普及の流れを概観するとともに，IT先進国の特徴と取り組み，生活の変化を紹介します。一方IT後進国いわゆる発展途上国が抱える問題点を提示し，デジタルデバイドの現状を認識させるとともに，こうした国々が情報と接触することで生まれる可能性について考察していきます。


## （2）テーマのための導入素材

　インターネットは世界中のコンピュータネットワークをつなげたグローバルなネットワークです。その起源は1969年に米国国防総省高等研究計画局が軍事目的で開始したARPAnetであるとされ，1986年から全米科学財団（NSF）が学術の情報交換目的でその後を引き継ぎました。日本におけるインターネットの起源もこのような研究用ネットワークが始まりで，1984年に開始されました。政府機関や研究機関によって運営されたこれらのネットワークは私的・商業的な利用は禁じられていましたが，商業利用が可能になったのは米ソ冷戦が終わりを迎えた1990年代に入ってからでした。1990年にアメリカでインターネットへの加入制限が撤廃されたのがその始まりで，日本では1993年に商業利

図1　世界のインターネット利用者数の推移

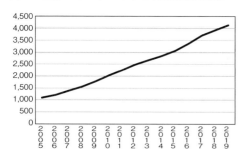

注）単位は100万人
出典）総務省　2020

図2　日本のインターネット普及率の推移

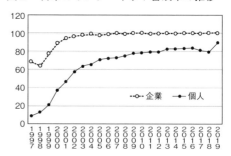

注）企業は従業員100人以上
出典）総務省　2020

用が開始されました。これ以降，PC本体と通信料金の低廉化，携帯電話さらにはスマートフォンといったモバイル端末の普及，ブロードバンド化の拡大による高速化と通信量の大容量化が進み，インターネットの普及率は世界，日本とも急速に高まり，（図1・図2）まさに革命的な生活の変化をもたらすことになりました。生徒には，導入としてインターネットの普及によって起こった生活の変化の具体的な例をあげさせてみます。

## （３）インターネットの普及度が高い国はどこか？

表1　インターネットの個人利用率（上位10か国）

| | クウェート | アイスランド | リヒテンシュタイン | カタール | ルクセンブルク | デンマーク | モナコ | ノルウェー | バーレーン | スウェーデン | 日本 |
|---|---|---|---|---|---|---|---|---|---|---|---|
| 2000年 | 6.73 | 44.47 | 36.52 | 4.86 | 22.89 | 39.17 | 42.18 | 52.00 | 6.15 | 45.69 | 29.99 |
| 2017年 | 100.00 | 98.26 | 98.10 | 97.39 | 97.36 | 97.10 | 97.05 | 96.36 | 95.88 | 95.51 | 84.59 |

出典）ICT開発報告書

　表1は，世界の上位10か国の国別のインターネット個人利用者率の変化を示したものです。日本もネット環境が進んでいるように感じますが，世界全体では29位（香港等含まず）で，まだまだのようです。生徒にはここに出てくる国の位置を地図帳等で確認させ，そこから見えてくる特徴的なことを考察させます。その1つは北欧やヨーロッパの小国，湾岸産油国の小国が多いことです。これらに関連づけられる地理的な事柄として，都市人口率と1人あたりの国民所得があげられそうです。それを示したものが表2です。

表2　上位10カ国の都市人口率と1人あたり国民所得

| | クウェート | アイスランド | リヒテンシュタイン | カタール | ルクセンブルク | デンマーク | モナコ | ノルウェー | バーレーン | スウェーデン | 日本 |
|---|---|---|---|---|---|---|---|---|---|---|---|
| 都市人口率（2018年） | 100.0 | 93.7 | 14.3 | 99.7 | 90.2 | 87.5 | 100.0 | 81.1 | 89.0 | 86.6 | 91.4 |
| 1人あたり国民所得（2018年）単位ドル | 31,430 | 60,500 | 158,758 | 60,510 | 70,790 | 55,330 | 165,421 | 76,160 | 21,200 | 52,270 | 38,520 |

出典）二宮書店編集部　2020より作成

　1人あたりの国民所得の高さが，パソコンやインターネットの普及に大きく関与することは理解しやすいですが，地理的な見方・考え方を養う点で，生徒には都市人口率との関連を考察させたいところです。北欧の国を除いて，多くは面積の狭い小国であり，（モナコはまさに都市国家）人口の多くが都市に集中していることで，ネット環境の整備を進めるにあたり，財政的・経済的負担が少なくて済むことが考えられます。人口自体も10か国のうちスウェーデンの1004万人（2019年）が最大で人口が比較的少ないこともインターネットの普及に優位に働いていると思われます。

　次に湾岸諸国と北欧諸国を取り上げ，IT化が進む地理的背景について考えていきます。

## ①湾岸諸国で IT 化が進むのはなぜか？

　近年インターネットの普及を急速に伸ばしているのが中東の湾岸諸国です。表にはありませんが，サウジアラビアが2.21％（2000年）から82.12％（2017年），アラブ首長国連邦（UAE）が25.63％から94.82％と大きく普及率を伸ばしています。これまで地理の授業では産油国の，石油ショック以降得た莫大なオイルマネーを用いた自国石油産業の育成，灌漑による農地開発，都市のインフラ整備と高層化，海外への投資などが扱われてきました。それに加え近年国策として進められているのが，スタートアップ企業の誘致です。

　スタートアップ企業とは，もともと IT 関連企業が集まるシリコンバレーで使われはじめた言葉で，新たなビジネスモデルを開発する企業のことです。そのため IT 企業に多い傾向があり，Google や Amazon などは代表的なスタートアップ企業と言えます。こうした企業を税制面や情報インフラの面で優遇することで誘致し，石油依存からの脱却と産業の多角化を図ることをねらいとしています。1970年代からの NIEs や ASEAN 諸国，90年代の中国など製造業を中心とした輸出指向型の産業を誘致した例と似ていますが，そうした労働集約型の製造・組み立て産業と違い，スタートアップ企業は高度な知識をもった人材が必要となっています。教育制度が行き届き，識字率も高い湾岸諸国は新たな起業を志す者にとって魅力ある場所となっています。

## ②北欧諸国で IT 化が進むのはなぜか？

　パソコンやスマホと周辺機器をつなげる「ブルートゥース」，音楽配信ソフトの「スポティファイ」，ネット回線を使用して遠く離れた人と映像とともにコミュニケーションがとれる「スカイプ」に共通する国はどこでしょうか？　答えはスウェーデンです。ほかにもフィンランドの「ノキア」など，北欧の国々はいち早くモバイル化とインターネット環境の整備に着手し，そこから派生する技術やソフトの開発を進めてきました。IT と聞くとアメリカのシリコンバレーや中国のシェンチェン（深圳）を思い浮かべてしまいがちですが，表1からもわかるとおり，北欧の国々は名実ともに IT 先進国です。その中で，スウェーデンの IT 化に焦点を絞り，日本との違いについて考察していきます。

　スウェーデンの面積は日本の約1.2倍ですが，人口はわずか12分の1です。高福祉国家として名高いですが，ブルートゥースを開発した「エリクソン」社を生んだ国であり，アメリカをはじめ多くの IT 企業も進出し，北欧のシリコンバレーとも言われています。政府は2005年に「社会のための IT 政策から，IT 社会のための政策へ」と銘打った「IT 法案」を策定し，以降 IT 使用が社会全般にわたって広がり，国民の生活は大きく変化していきます。たとえばスウェーデンでは1990年代からクレジットカードやデビットカードによるキャッシュレス化を進めてきましたが，IT 環境が整備され，スマホなどの端末が普及するとさらなるキャッシュレス化が進められました。現金を街で見ることがなくなったと言われるほどです。また国民 ID と銀行口座をひもづけた「Bank ID」という決済認証システムが構築されており，このシステムを基盤として「Swish」と呼ばれるスマホアプリが2012年に開発されました。これを利用すれば買物時にお店の電話番号と金額

を入力するだけで，銀行口座から即時払いされます。さらに最近では手の皮膚にICチップを埋め込み，店の端末に手をかざすだけで支払いが終わるといったことも進められ，手ぶらで買い物や公共交通機関を利用できるよう整備されています。生徒にはキャッシュレス化のメリット・デメリットと，スウェーデンで進展する地理的な要因について考察させます。また日本ではなぜ進まないかも考えておきたいと思います。

以下はメリット・デメリット等をまとめたものです。

---

スウェーデンの地理的・社会的要因
①人口密度が低いうえ，冬が長く降雪量も多く現金の運搬・運用にコストがかかる。
②人口が少なく新しいサービスの周知期間が短くて済む。
③EUに加盟はしているが，通貨はユーロではなく，スウェーデンクローナが通貨単位となっている。将来はeクローナ構想も抱いている。
④付加価値税（日本でいう消費税）が高く，物価も高いため高額な現金を持ち歩くことになる。
キャッシュレス化のメリット
①お店や利用者にとって現金強奪などの犯罪対策，防犯対策につながる。
②金融機関から見ると現金管理，輸送費，ATMの設置とメンテナンスのコスト削減となる。
キャッシュレス化のデメリット
①辺境地の住民，高齢者，障がい者ならびに外国からの旅行者，留学生がこのシステムから除外されてしまう。
②ネットワーク障害が生じたときにパニックになる恐れがある。
③個人情報の漏洩，フィッシング詐欺など犯罪につながる恐れがある。

---

# （4）インターネットの普及率が低い国はどこか？

次に表3のインターネットの普及率の低い国を提示し，その位置を生徒に地図で確認させます。我々にはなじみの薄い国がほとんどですが，これらの国の共通点を地理や歴史の視点から考察させます。

表3　インターネットの個人利用率（下位10か国）

| | エリトリア | ソマリア | ブルンジ | ギニアビサウ | 中央アフリカ | チャド | 南スーダン | リベリア | コモロ | コンゴ民主共和国 |
|---|---|---|---|---|---|---|---|---|---|---|
| 2000年 | 0.14 | 0.02 | 0.08 | 0.23 | 0.05 | 0.04 | — | 0.02 | 0.27 | 0.01 |
| 2017年 | 1.31 | 2.00 | 2.66 | 3.93 | 4.34 | 6.50 | 7.98 | 7.98 | 8.48 | 8.62 |

出典）ICT開発報告書より作成

---

地理的：サハラ以南の国（サブサハラとよばれている地域）に多い。熱帯・乾燥帯が広がる。干ばつなどの気象災害の影響を受けやすい。
歴史的：かつてヨーロッパ諸国の植民地であった国が多く，政治的自立が遅れた。また独立後も内戦やクーデターなど政情が不安定である。

---

以上のようなことがあげられるかと思われます。インターネットが普及しない社会的な要因についても考察します。

社会的：国民所得が低いため，パソコン，スマホが普及しない。
要因　　教育制度の不備や貧困などの理由から学校に通えず，日常生活を送るうえでのリテラシーすら欠け，新しい技術の普及も教育水準の低さが壁となっている。
　　　　農村に人口が多く分散しているため　都市に比べ電気などのエネルギー供給や電話線等のインフラが整備されてない。……など。

いわゆる途上国が抱えている問題が次々とあがってきます。参考までに該当国の都市人口率・1人あたりの国民所得・識字率を紹介します。

表4　下位10か国の都市人口率・1人あたり国民所得・識字率

| | エリトリア | ソマリア | ブルンジ | ギニアビサウ | 中央アフリカ | チャド | 南スーダン | リベリア | コモロ | コンゴ民主共和国 |
|---|---|---|---|---|---|---|---|---|---|---|
| 都市人口率（2015年） | 38.2 | 43.2 | 12.1 | 42.1 | 40.3 | 22.5 | 18.9 | 49.8 | 28.5 | 42.7 |
| 1人あたり国民所得（2017年）単位ドル | 1136 | 97 | 280 | 660 | 390 | 640 | 390 | 620 | 1280 | 460 |
| 識字率（2015年） | 73.8 | ※37.8 | 85.5 | 59.8 | 36.8 | 22.3 | 32.0 | 41.6 | 78.1 | 77.0 |

注）※は2001年
出典）二宮書店編集部　2020より作成

次にこうした状況において，アフリカをはじめとする途上国でインターネットの普及が社会生活の改善や経済的な発展にどうつながるか，特に情報から遮断された貧困層が，情報にアクセスすることで生活の向上につながるかを考えます。例として以下の点をあげておきます。

農業面：①気象や家畜の伝染病などに関する適切な情報を得ることで，生産の不確実性を抑えられる。
　　　　②生産物の価格情報を得ることで，仲介人の言い値で取引されていた価格を適正化できる。
　　　　③インターネットで他者とつながることができれば，経済活動においても団結することができる。また，新たな販路開拓などのビジネスチャンスが生まれる。
生活面：①コミュニケーションを図るには，従来は直接出向くか，郵便かであったが，インターネットで大幅な時間とコストが削減できる。
　　　　②多くの途上国が抱える十分な医療が受けられないという課題をインターネットを通じた医療相談などで補うことができる。
　　　　③インターネットを通じた金融サービスで，買物や光熱費の支払いのほか遠隔地への送金や少額融資などが可能となる。

# （５）ＳＤＧｓの１７の目標からとらえるインターネット

表5　SDGs目標達成スコア（2020年）

| | 上位10か国 | スコア | | 下位10か国 | スコア |
|---|---|---|---|---|---|
| 1 | スウェーデン | 84.7 | 1 | 中央アフリカ共和国 | 38.5 |
| 2 | デンマーク | 84.6 | 2 | 南スーダン | 43.7 |
| 3 | フィンランド | 83.8 | 3 | ソマリア | 43.8 |
| 4 | フランス | 81.1 | 4 | リベリア | 47.1 |
| 5 | ドイツ | 80.8 | 5 | マダガスカル | 49.1 |
| 6 | ノルウェー | 80.8 | 6 | ナイジェリア | 49.3 |
| 7 | オーストリア | 80.7 | 7 | ニジェール | 49.6 |
| 8 | チェコ | 80.4 | 8 | スーダン | 49.6 |
| 9 | オランダ | 80.1 | 9 | コンゴ民主共和国 | 49.7 |
| 10 | エストニア | 80.0 | 10 | ニジェール | 50.1 |

出典）サスティナビリティジャパンＨＰより作成

　2015年に「国連持続可能な開発サミット」が開催され，2030年に向けて17の「持続可能な開発目標」が採択されました。そしてベルテルスマン財団と持続可能な開発ソリューションネットワーク（SDSN）は，2016年よりさまざまなデータをもとに，国連に加盟する全193か国のSDGsの達成状況を分析する「持続可能な開発目標（SDGs）インデックス＆ダッシュボード」を公開しています。このレポートは今年で5回目となり，2030年に向けた予測も示されています。2020年の最新版から作成したのが**表5**です（ちなみに日本は上から17番目，スコアは79.2です）。

　インターネットに接続できる人口の割合が高い国と低い国ともにSDGsの達成状況と相関関係があることを最後にまとめとして理解させておきたいと思います。低い国は，17の指標のほとんどの分野で目標が達成されておらず，日常の生活に必要な水，電気といった生活インフラ，特に内陸に位置する国は道路，鉄道といった交通インフラも満足に整備されていません。インターネットの普及以前のインフラの整備がなされていないことが浮き彫りになります。目標達成の2030年まで後10年ですが，今後5Gの導入などでますます先進国と途上国との差が拡大していくことが予想されます。先述したように途上国にとってネット環境の整備こそSDGs目標達成の近道かもしれません。

## 参考文献・資料 ---------------------------------------------------------

総務省　2020.『情報通信白書　2001 — 2019』
二宮書店編集部　2020.『データブック オブ・ザ・ワールド　2020 ——世界各国要覧と最新統計』
日本貿易振興機構　https://www.jetro.go.jp/biz/areareports/2019/0a5c2790a67b5cd5.html（最終閲覧2021年2月20日）
三井住友カード株式会社　https://www.smbc-card.com/cashless/kojin/sweden.jsp（最終閲覧2021年2月20日）
Sustainable Japan　https://sustainablejapan.jp/2020/07/01/sdg-index-020/51485（最終閲覧2021年2月20日）

（黒川仁紀）

# 9 世界の廃棄物は適切に処理されているのか

---

キーワード　廃棄物とは　廃棄物の国際間移動　海ごみ　マイクロプラスチック
　　　　　　リサイクル

---

## （1）授業のねらい

　人類は狩猟採集の生活をへて農耕を始め，やがてモノづくりをして，商品を消費する生活を営んできました。特に18世紀末の産業革命以降，都市に人口が集中し，人々が消費することで経済がまわってきました。これまで人類は，新しい技術を開発しつづけることで経済成長を遂げてきたのです。

　その一方で廃棄に関する技術的進歩は遅れています。

　本項では，大量生産・大量消費社会の背景には大量の廃棄物問題があることに気づかせるとともに，その実態を学ぶことをねらいとします。この学習はSDGsにかかわる内容ともなっています。学校教育，国や自治体，企業レベルでSDGs時代に取り組むべきことを考えはじめて久しくなります。しかしSDGsの概念に至った歴史的背景，解決すべき具体的な問題，優先させる課題と解決法について理解し，切実な課題として取り組んでいるとは言い難い現実もあります。以下では廃棄物問題を通して，その実態を具体的に取り上げ，循環型社会を考えていきます。

## （2）テーマのための導入素材

　廃棄物問題は身近なごみ問題から世界的な海洋汚染，さらには核廃棄物問題とスケール的にも技術的にも多岐にわたります。生徒の発達段階に応じて視野を広げ，事例を掘り下げていくように展開するとよいでしょう。『広辞苑』では廃棄とは「不要として捨て去ること」とあります。また「廃棄物の処理及び清掃に関する法律（通称・廃棄物処理法）第2条」によれば「『廃棄物』とは，ごみ，粗大ごみ，燃え殻，汚泥，ふん尿，廃油，廃酸，廃アルカリ，動物の死体その他の汚物又は不要物であつて，固形状又は液状のもの（放射性物質及びこれによつて汚染された物を除く。）をいう」とあり，産業廃棄物と一般廃棄物の2つに大別されています（図1参照）。

　廃棄物問題は幅広い内容にわたることから，ここでは昨今マスコミなど報道でも取り上げられている海洋汚染のなかの「海ごみ」と，先進国である日本のごみ問題について扱うことにします。

図1　廃棄物の分類

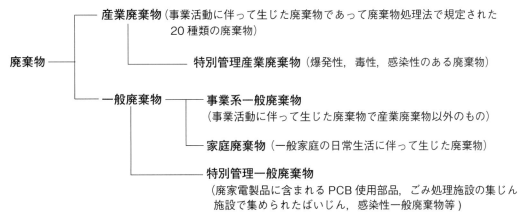

廃棄物 ── 産業廃棄物（事業活動に伴って生じた廃棄物であって廃棄物処理法で規定された20種類の廃棄物）
　　　　　　　　特別管理産業廃棄物（爆発性，毒性，感染性のある廃棄物）
　　　　　一般廃棄物 ── 事業系一般廃棄物（事業活動に伴って生じた廃棄物で産業廃棄物以外のもの）
　　　　　　　　家庭廃棄物（一般家庭の日常生活に伴って生じた廃棄物）
　　　　　特別管理一般廃棄物（廃家電製品に含まれるPCB使用部品，ごみ処理施設の集じん施設で集められたばいじん，感染性一般廃棄物等）

出典）日本産業廃棄物処理振興センターHP

## （3）SDGsから考える

　地球環境にかかわる廃棄物問題は持続可能な開発目標（SDGs）と直結する課題の1つです。公的機関のSDGsに関する情報は，多数HP上で閲覧できます。その17の目標のうち，目標12「つくる責任，つかう責任」と目標14「海の豊かさを守ろう」の2つに関して，見てみましょう。

### ①目標14「海の豊かさを守ろう」

　海は地球の表面積の約7割を占めていることは中学校までに学んでいます。そこで「海の役割は？」「海の『豊かさ』とは何か」問うてみます。魚をはじめとする海洋生物が存在し，人間の食料資源など多くの恵みを海から享受していることをあらためて意識づけします。

　現在，その海が深刻な問題に直面しています。海洋汚染とは海の生物や人間の健康に有害なものが，人間によって直接海へ持ち込まれたり，下水などから海へ流れ込むことです。汚染にはゴミや産業廃棄物が捨てられたり，船の事故などで石油が流れだすといった一時的なものと，工場や家庭からの排水，大気や河川から農薬などの化学物質が流れ込むといった慢性的なものとがあります。

　海ごみは「漂流ごみ」「漂着ごみ」「海底ごみ」に大別され，海洋に一律に存在しているわけではありません。海に流入する河川流域や沿岸の経済活動，海岸や海底の地形，潮流や海流などの対流，季節風などを含めた大気循環によって状況はたえず変化しています。2011年3月の東北地方太平洋沖地震で発生した大津波によって約480億tもの災害廃棄物が海へ流出しました。そのうち約154億tが漂流ごみとなり，328億tが海底ごみとなって沈んでいます。2012年に環境省が出した「東日本大震災により流出した災害廃棄物の総量推計結果」では漂着ごみが風や海流で再び漂流ごみになったり，海底に沈み込み海底ごみになることを報告しています。また紫外線や波浪などにより細かく破砕されていくことで，たとえば昨今問題のマイクロプラスチックの漂流による生態系への影響が浮き

彫りになってきました。

海上保安庁の HP「未来に残そう青い海」では，私たちの生活（ごみ）と海洋汚染を紹介しています。日本近海のマイクロプラスチックの分布（図2）もあり，身近な地域から世界的な視野へ広げるきっかけになります。

近年，海岸には多くのプラスチックごみが打ち上げられています。破砕されるプラスチックは数ミリサイズの粒子状になり，あたかもプラスチックのスープのようだとも言われています。

プラスチックに限らず海ごみの要因のほとんどが陸地に起因します。環境省によると海ごみの約8割が河川から流入して

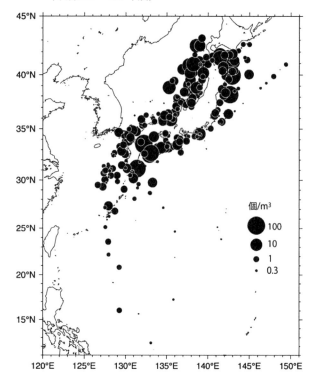

図2　日本の沖合海域のマイクロプラスチックの分布密度
（平成 26 〜 30 年度）

注）単位体積（m$^3$）あたりの個数
出典）海上保安庁 HP

いるとされ，それを解決するためには河川からごみを海へ流入させないことが重要です。つまり，陸域から海域を総合的に見ていかねばならない問題であり，それを理解させていくことが大切です。

海ごみは，鳥類や魚類が餌と間違えて誤飲誤食をすることによる生態系への影響や，船舶の航行障害，刺し網などの漁業に障害を与えます。ビニールなどが海底を被覆することによる，海底生物への影響が，ひいては水産資源の減少にもつながると言われています。

マイクロプラスチックの原因となるプラスチックは，1970 年代頃から生産，利用が急増するようになり，半世紀余りがたち，事の深刻さに気づくようになりました。2007 年に改正容器包装リサイクル法が施行されてから久しくなります。環境省公式サイトでは「2018 年時点で，世界のプラスチックリサイクル率は 14 〜 18% ほどであり，24% が焼却，残りは不法に投棄・焼却されている」と報告されています。この状況が続けば，30 年後には海に流れついた大量のプラスチックごみが海の魚の量を超えるという予測もされています。環境省は，「海に生息する生き物と数々の資源を守るために，普段からプラスチックゴミをなるべく出さないように，マイバックやマイボトルを持ち歩く，ペットボトルはリサイクルに出すなどの心がけが必要です」と呼び掛け，多少なりとも国民に認知されるようになりました。日本では 2020 年 7 月 1 日からプラスチック製レジ袋の有料化が小売店に義務づけられました。環境省は有料化することで消費者のライフサイクル変革を

促すと説明しています。これに対してプラスチックごみのなかのレジ袋の割合は小さいのに，なぜ有料化するのかといった疑問の声もあがっています。どれくらいのレジ袋が出荷されているか以下のサイトから調べてみましょう。

• 日本ポリオレフィンフィルム工業組合「ポリオレフィンフィルム年別出荷状況」（http://www.pof.or.jp/data/　最終閲覧2021年3月3日）

　これによると2019年のレジ袋出荷量は約7万7000tです。自治体が回収している容器包装の約75万t，ペットボトルの29万tの10％に満たないものであることを同省も認め「レジ袋がプラスチックごみに占める割合は多くはないが，有料化は象徴になる（『日本経済新聞』2019年8月19日）」としています。たとえ量が少なくても，リサイクルされる可能性がほとんどないことから，ごみとして処理される影響を考えなければなりません。

　また企業の取り組み例として，スターバックスコーヒーが従来のプラスチックストローを2020年から段階的に紙ストローに代えるなどをあげてみることもよいでしょう。

## ②目標12「つくる責任，つかう責任」

　製品を作り出していく「生産者」には，より質が高く，限られた資源をより有効に使うよう努力する「つくる責任」が求められます。同時に生産する過程で廃棄物の発生を最小限に抑制する方法を見つけ出していく必要があるのです。さらに消費側に提供した後のリサイクルやリユースで協力してもらう"呼びかけ"姿勢も大切なポイントになります。この協力への喚起には，政・官界，メディアを含む国をあげての体制づくりをめざすことが望まれます。

　日本では21世紀以降，循環型基本計画の中で最終処分量の目標値を定め，焼却やリサイクルによる処分を推進してきました。ごみの総排出量は2000年をピークに継続的に減少しつつあります。2018年の産業廃棄物は約3億7577万t，一般廃棄物は4272万tとなっています。国際開発センター「つくる責任 つかう責任」（2018）によれば，排出量の減少とともに，リサイクル率も年々上昇を続けているものの，日本の2016年のリサイクル率は20.3％と，他の先進諸国をまだ大きく下回っているのが現状です。日本における統計データは，環境省のHPから報道資料を得られ，また多くの先進国の廃棄物は主として自治体によって収集・処理されるので統計はとりやすいですが，途上国の廃棄物リサイクルの場合，廃棄物の中から"有価物探し"をする個人業者がからんでいるため，実態が把握しづらく，正確な統計が得られにくい状況です。したがって，授業で扱う場合はよりどころのない推計値ではなく，消費大国とされる先進国の現状を提示することが望ましいと言えるでしょう。

　日本をはじめ大量の廃棄物を出す先進国は自国では処分しきれず，外国へもっていき処分しています。有害な廃棄物の国境を越える移動は1970年代から欧米諸国を中心にしばしば行なわれてきました。1980年代に入り，ヨーロッパの先進国からの廃棄物がアフリカの開発途上国に放置されて環境汚染が生じるなどの問題が発生しました。事前の連絡・協議なしに有害廃棄物の国境を越えた移動が行なわれ，最終的な責任の所在も不明確であ

るという問題が顕在化したのです。これを受けて，OECD および国連環境計画（UNEP）で検討が行なわれたのち，1989 年 3 月にスイスのバーゼルで一定の有害廃棄物の国境を越える移動等の規制について国際的な枠組みおよび手続等を規定した「有害廃棄物の国境を越える移動およびその処分の規制に関するバーゼル条約」が作成されました（1992 年 5 月 5 日効力発生。2019 年 12 月現在，締約国数は 186 か国，EU およびパレスチナ）。

　今後コロナ禍において，世界情勢は予想できない部分が多いものの，従来，産業廃棄物輸入を担ってきた中国が輸入を禁止したことで，アジア諸国が廃棄物輸入国を代替することになりそうです。なお世界の廃棄物輸出入量等のデータは国連の「Comtrade Database」から得ることができます。

### ③循環型社会をとらえなおす

　一方，循環型社会とは「資源の消費を抑え，環境への負荷をできるだけ減らす社会」（松原　2019）のことを指し，その手段の 1 つとして 3R（リデュース［Reduce］，リユース［Reuse］，リサイクル［Recycle］）と「適切な処理」がありますが，3R が目的と思い違いをしがちです。たとえば「循環」という言葉から 3R のリサイクルばかり重要視するにとどまるならば，本来の目的から外れて「手段の目的化」になってしまいます。生徒も教師も実行した，実践しているとの達成感で日々自己満足だけに陥ることに注意したいところです。

　そこで，たとえばリサイクルを行なうときに環境への影響や資源の無駄遣いがないか考えさせます。家庭からの廃棄物の収集には品目別に集める場合と複数の種類を集める方法があります。前者の場合たとえば新聞紙やペットボトルのように品目別に選別・収集されても，リサイクル利用されなければ最悪の事態です。余分な手間をかけるだけで，直接ゴミにするより効率が悪いことも認識させたいところです。後者は混合収集とよばれ，選別施設で種類を分けなければなりません。回収から再利用の流れを見て，新たに天然資源から製造される製品に比べて以下の点で不利な状況が見えてきます。①安定した量の確保が困難，②回収コストがかかる，③異物混入のため資源化のコストがかかる，④純度の低い再利用資源のため製品の質が低下する。またリサイクル施設において粉塵や悪臭などの基準を十分に管理できなければ水質汚濁や大気汚染などの発生がありうるのです。だから循環型社会はきれいごとでは済まされない現実も忘れてはなりません。

　ごみ処理とリサイクルを完全に区別することはできません。特にリサイクルは幅が広く，良いリサイクルも悪いリサイクルもあります。「リサイクルは環境に優しい」のではなく，「環境に優しいリサイクル」を見出すことが重要なのです。ただし，ごみ処理法やリサイクルを取り上げる際は，あまり理科的な要素が強くならないように，たとえば処理場の分布，そこで起きている具体的な案件，最終処分場や投棄（保管）場所など，地理的な分布をまとめることでもよいでしょう。

# （４）こ の 授 業 を 発 展 さ せ る 探 究 活 動

## ①河川沿いや沿岸部のごみから海洋汚染を調べる

　実際に河川沿いや沿岸部における実態を調べることで，より身近な課題と意識づけられます。街角にポイ捨てされた生活ごみは，側溝から河川を抜け，海へ向かいます。

　身近な地域に河川や海があるならば，たとえば河川を1km間隔で数地点選定して，堤防などから目視で散乱しているごみを数えてみましょう。可能なら何が何個あると分類することで生活廃棄物か産業廃棄物かごみの発生源の一端を認識できます。また50m間隔など任意の範囲を区切って，河川沿いと河川の水中にどのようなごみが何個あるか種類を目視して記録することで，一層詳しく実態を知ることができます。大学や研究機関ならば数だけでなく重量や質を調査するところです。しかし高校生の教育活動であることから，ごみに触れたり回収することは，感染症など危険をともなうため，安易なボランティア活動は避け，あくまでも目視による調査に限り，安全を図ることが肝要です。

　これらのフィールドワークを通して，本やインターネットではわからない臭いを感じることも大事な体験になります。「地理総合」では生徒が「知る」「理解する」「行動する」の3つの段階を進めることで学びを深めていくことが大切です。身近なごみを調べることを通して，海ごみについては，陸域から海域を総合的に見ていかねばならない問題であることを認知することにつながります。

## ②日常生活の意識を変えて，具体的な行動を提案する

　環境問題を授業で扱う以上は，日常生活に学びが反映されることが望まれます。ただし，世間の環境論者が提唱することを何でもやらねばならないと壮大な目標を立てるのではなく，1つでよいから自分でできることを実行してみましょう。一人ひとりが違ったアクションをすれば，学校全体なら数百人の行動につながります。大切なことは持続可能で具体的なワン・アクションを実践してみることです。

**参考文献・資料** --------------------------------------------------------------------------------------

磯部　作　2020～2021.「海ごみ問題/地理学からの発信」地理 65-5～66-2
イヴェット・ヴェレ，ポール・アルヌー　2020.『地図とデータで見る SDGs の世界ハンドブック』（蔵持不三也訳）原書房
環境省　https://www.env.go.jp/press/files/jp/113618.pdf（最終閲覧 2021 年 2 月 20 日）
環境省広報誌『エコジン』
松原俊彦　2019.『科学的に見る SDGs 時代のごみ問題』丸善出版

（内藤芳宏）

# 10 国際協力が必要な地球的課題とは何か

キーワード　SDGs（持続可能な開発目標）　ユニセフ「SDGs CLUB」　グループ活動

## （1）授業のねらい

　現在，私たちは地球環境問題を考えないわけにはいきませんが，その解決には国際協力が不可欠です。そのためにも国連が提唱する持続可能な開発目標（SDGs）について，深く理解し，それにもとづいた行動をとることが，私たちに求められています。

　国連は2015年に「SDGs（持続可能な開発目標）」を採択し，2030年までの達成をめざす17の目標を決定しました。今年度から順に実施されている幼稚園から高校までの新教育要領・学習指導要領の前文や総則にも，「持続可能な社会の創り手を育てる」ことが明記されています。さらに日本経済団体連合会（経団連）も，企業にSDGsに対する意識を強めるように促すなど，経済界においても，SDGsは重要な取り組みとなっています。そこで，この授業では，SDGsについてしっかりと理解し，その目標を実現する方法について考えることを目的とします。

　さて，17の目標のうち地理に関係の深いものをあげてみると，「7．エネルギーをみんなにそしてクリーンに」，「9．産業と技術革新の基盤をつくろう」，「11．住み続けられるまちづくりを」，「12．つくる責任，つかう責任」，「13．気候変動に具体的な対策を」，「14．海の豊かさを守ろう」，「15．陸の豊かさも守ろう」が該当するでしょう。

　しかしながら，これらを含めて17の目標と，その下にある169の具体的な達成目標を生徒がすべて理解することは難しいでしょう。

　一方で，SDGsを広く普及させるために，国連をはじめ多くの機関が授業で役立つような教材を発表しています。

　そこで，この授業では，ユニセフ（国際連合児童基金）が作成した学習ウェブサイトである「SDGs CLUB」を使って，わかりやすくSDGs，そして地球環境問題について学び考えることを目標にしたいと思います。

## （2）テーマのための導入素材

　それでは，「SDGs CLUB」のウェブサイトを見てみましょう。

　「SDGs CLUB」のウェブサイトをあけると，最初に17の目標が掲載されたページが出てきます。それをスクロールしていくと，「『持続可能な開発目標』副教材ポータルサイトへ」がありますので，それをクリックして開いてみましょう。すると右のページ（図1）

が出てきます。その下に「SDGs 副教材ダウンロードはこちら」がありますので，ダウンロードをして開いてみましょう（2019 年度版）。

さらに，「先生方へ」というページがありますので，地理が専門でない人や，まだ不慣れな人は，こちらを利用すれば，簡単に授業を行なうことができます。

図1 「持続可能な開発目標」副教材ポータルサイト

## （3）ウェブサイトを使って
## 　　授業を行ってみよう

### ①授業の概略

「SDGs CLUB」のウェブサイトを使って授業をするときに，添付されているシートを使用すれば生徒が1人で作業をし，自分の考えをまとめることができます。シートには 17 の目標がすべてのっていますが，地理の授業と考えると，前述した 7，9，11，12，13，14，15 の目標に絞って考えるのがよいでしょう。

また，グループを作って，共同作業をしながら生徒が意見を出し合うことも有効でしょう。今回は，グループ学習を前提とした授業計画を立てます。グループ学習でない場合には，ぜひ，生徒が意見を発表する（アウトプットする）機会を作ってください。

もし，生徒が授業中に各自でウェブサイトを見ることができなくても，事前に教員がシートを準備しておけば授業で使うことができますし，授業時数や進度などに合わせて，教員が自分でシートを加工して使うこともできます。

### ②グループ作業のポイント

グループ作業を進める際には，ポイントがいくつかあります。

1つ目は，生徒一人ひとりが「自分の意見を表明する」ことです。グループでの活動になると，どうしてもリーダーシップのある生徒や話の上手な生徒ばかりが意見を出し，その意見にグループ全体が流されてしまうということがあります。このようなことを何度か繰り返すと，おとなしい生徒はやがて自分の意見を言っても意味がないと思ってしまい，考えることをやめてしまいます。そこで，グループ内の生徒が全員，自分の意見をしっかり表明できるようにすることが必要です。それには，「1人〇分で，順番に自分の考えをグループ内で発表しよう」，「〇〇さんの意見について，質問や自分の考えを言おう」と，一人ひとりについて発表する時間をきちんと確保することが必要です。また，場合によっては，グループ内で順番に意見を発表することが難しい場合もあるでしょう。そのような

図2　授業の流れ

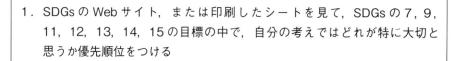

1. SDGs の Web サイト，または印刷したシートを見て，SDGs の 7，9，11，12，13，14，15 の目標の中で，自分の考えではどれが特に大切と思うか優先順位をつける

2. グループ内で，自分の考えた優先順位を，そのように考えた理由をそえて発表する

3. グループ内で，出た意見に対し質疑応答をして，グループに属する生徒全員が，疑問のないようにする

4. グループの意見として，どれが大切だと考えるか優先順位を決定し，グループの意見としてまとめる

5. グループごとに，決まったグループの意見を発表する

6. 全グループが発表した結果を見て，クラスとしての意見をまとめる

ときには，簡単でかまわないので，生徒が自分の意見を書いたり，他の生徒に対する質問や意見を書けるようなシートを作成しておきます。

　2つ目は，「他の生徒の意見をきちんと聞くこと」です。生徒は往々にして人が発言をしているときに，自分の意見を考えたり，与えられたシートやプリントに書き込む作業に気をとられてしまうことがあります。他の生徒の意見をしっかりと聞き，それを吟味して，さらに自分の意見と比較してどうなのか，自分の意見に生かせるところはないか，などを考える行為が重要であることを，事前に生徒に説明しておくことが必要でしょう。

　3つ目は，「グループでの話し合いの中で，自分の意見を論理的に主張する」ことです。ポイントの1つ目と似ていますが，決まった時間で1人ずつ発表するのではなく，意見を出し合いながらという状況で，自分の意見をきちんと表明することは，より難しいことでしょう。そのようなとき，えてして人の気を引くために，思いつきや感情的な意見を言ってしまうということもよくあります。そうではなく，"論理的"にしかも自ら積極的に自分の意見を主張することが，今後社会に出てからも求められる能力となります。このようなポイントを事前に生徒に話をしておくことも，より有意義に授業を進めていくことにつ

図3　SDGs の 17 の目標

ながるでしょう。

### ③具体的な授業内容について

　それでは，具体的に授業を進めてみましょう。ここでは，生徒が一人ひとりパソコンなどの IT 機器を使用して，「SDGs CLUB」のウェブサイトを視聴できるという前提で話を進めていきます。もし，それが困難な場合は，担当教員があらかじめサイトから必要なシートを印刷して，生徒に配布してください。

a）SDGs の 17 の目標を確認する

　ほとんどの生徒が SDGs の 17 の目標を知らないでしょうから，まず全員で確認します（図3）。「SDGs CLUB」のサイトを見ると最初に出てくる画面の左上のメニューを開き，「SDGs17 の目標」をクリックします。そうすると 17 の目標のロゴが出てくるので，そのロゴをさらにクリックして開くと，それぞれの目標に関する詳しい説明が出てきます。今回は，先にあげた地理に関係する目標の中から選ばせて確認させるのがよいでしょう。それでも 7 つありますので，時間との兼ね合いで各生徒が重要だと思う目標 3 つぐらいを調べさせるのがよいのではないでしょうか。

b）グループでの活動

　それぞれが選んだ目標を調べさせたら，いよいよグループでの活動に入りましょう。メニューでトップページに戻り，スクロールしていくと「学校で SDGs を学ぶための教材があります」というページに，「『持続可能な開発目標』副教材ポータルサイト」があるので，そこを開き「SDGs 副教材 PDF ダウンロードはこちら」をクリックして，ダウンロードしてください。ダウンロードしたものを開き，スクロールをしていくと，意見をまとめる活動に使用可能なシートがあります。このシートは 17 の目標すべてに対応しているため，例として地理用のシートを次ページにあげておきます。

　基本的には，シートに従い STAGE 1 から進めてみましょう。その際，先にあげたとおり生徒が発言できているかどうか，話し合いがスムーズに進んでいるかどうかグループをまわって確認してみましょう。もし，うまく進んでいないようであれば，アドバイスをし

## ミッション！

**持続可能な世界にしていくために，これから何をするのか考えよう。**

ミッション達成を目指し，次の STAGE 1〜4 に取り組もう。

**STAGE 1.** SDGs の目標のうち地理（地球環境）に関するものは，次の 7 つ。これらについて，調べたことを参考にあなたが優先的に取り組んでいきたいと思う目標を，1〜3 まで順位をつけてみよう。また，その理由も書いてみよう。

| 目標 | 順位 | 理由 |
|---|---|---|
| 7. エネルギーをみんなにそしてクリーンに | | |
| 9. 産業と技術革新の基盤をつくろう | | |
| 11. 住み続けられるまちづくりを | | |
| 12. つくる責任，つかう責任 | | |
| 13. 気候変動に具体的な対策を | | |
| 14. 海の豊かさを守ろう | | |
| 15. 陸の豊かさも守ろう | | |

**STAGE2.** グループ内で STAGE1 の内容を順に発表し合い，それぞれの意見について話し合ってみよう。

**STAGE3.** これからの社会を，持続可能でよりよいものとするためにはどうしたらよいだろう。話し合った内容をもとに，これから解決策を考えたいと思った目標や課題を，あらためて 3 つ書き出してみよう。

<br><br><br>

**STAGE4.** 行動宣言：2030 年に向かって，君たちがしていきたいこと。

<br><br>

この行動宣言は SDGs のどの目標につながっているか，○をつけよう⇒ 7　9　11 12 13 14 15

ましょう。

　まず，STAGE 1 で，重要だと考える目標の優先順位を考えさせますが，これにより自分は何を重要と考えるのか，その根拠は何かを明確にします。STAGE 2 のグループ内で発表するときに，他の生徒を納得させるためには根拠が重要です。

　グループ内での生徒の発表が終わったら，STAGE 3 に進むよう促し，グループで決め

た優先的に取り組む目標を3つ（または指示した数），優先順位別に理由も書かせてみましょう。さらに，その目標を達成するための課題も考えさせましょう。

　グループ内での議論について考えてみましょう。たとえば「7. エネルギーをみんなにそしてクリーンに」であれば，「みんなに」をどのように考えるかがポイントです。地球温暖化問題は，国や都道府県などの取り組みだけでは有効ではありません。世界へ視野を広げて考える必要があります。「Think globally, Act locally」という言葉を紹介してその意味を考えてもらうのもよいと思います。「12. つくる責任，つかう責任」は，生徒にとっては考えやすい目標でしょう。特に「つかう責任」は，生徒の日常の活動に直結します。

　次に，STAGE 4の行動宣言についてグループで目標を決め，それを達成するための具体的な行動について話し合いをさせてみましょう。さらにクラスとしての意見をまとめ，クラスの行動計画を立てるとホームルーム活動にもつながります。たとえば，7や14，15の目標であれば「適切にゴミを捨てよう」，13ならば「無駄な電気を消す」など身近で具体的に実行しやすい目標がよいと思います。15ならば地産地消など農業について考えさせてもよいかもしれません。

c）発表と評価

　最後に，各グループで話し合った結果の発表です。もし，この活動に数時間使うことが可能であれば，グループで出した結果をパワーポイントなど，ほかのグループの生徒にアピールできるように作って発表させてみるのもよいでしょう。その際，評価シートを作成し，生徒に発表を聞いて記入させ発表者に戻してもよいでしょう。また，それを文化祭などで発表することもできます。さらに，このような活動を評価に加えたいのであれば，自分が考えた目標順位や行動計画などを，レポートにまとめさせることもできます。

# （4）この授業を発展させ，応用するには

　この授業を受けて，次の段階として興味・関心のある分野を探究活動で取り組ませることもできます。たとえば，「13. 気候変動に具体的な対策を」であれば，温暖化対策としての自然エネルギーが現在どれくらい利用されているのか，普及させるにはどうすればよいのか，などを掘り下げて考える機会となります。

　「SDGs CLUB」のウェブサイトは，地理が専門でない教員や経験の少ない教員でも，サイト内に「授業者向けのページ」があり，「先生方へ」のページを見ると，具体的な授業の進め方があるので参考になります。活用してみてください。

**参考文献・資料** ------------------------------------------------------------------------

国連広報センター　すごろくでSDGsを学ぼう　https://go-goals.org/（最終閲覧2021年2月20日）
宮嶋祐一　2020.「グループでSDGsを使って行う環境教育——地理教育を通じて伝えたいこと」地理教育49
ユニセフ　https://www.unicef.or.jp/kodomo/sdgs/（最終閲覧2021年2月20日）

（宮嶋祐一）

# 持続可能な地域づくりと私たち

第4章では，持続可能な地域づくりについて学びます。その1つは防災です。災害は多くが自然現象に起因していますので，まず自然環境と災害のメカニズムについて学び，その後に防災対策のあり方を検討します。第2は，生活圏の調査活動と地域のあり方の学習です。従来，「地理」では，地域調査を実施することは稀でした。実体験を通して学ぶ地域調査は，高校生にとって地域の実態を知るというだけでなく，地域課題を自分自身の問題としてとらえる機会であり，貴重な経験となるでしょう。

# 第4章

**A**

## 自然環境と防災

# 1 私たちをとりまく自然環境の成り立ちを考える

4Ⓐ-1

---

キーワード　時空間スケール　人類史　地球史　自然環境　レイチェル・カーソン

---

## （1）授業のねらい

　私たちにとって「自然環境」とは何なのでしょうか？　この問いに対しては，人それぞれ，さまざまな答えがあるのではないでしょうか。

　今現在，地球上で生活している我々にとっての自然環境は，もともとそこに存在した所与のものと考えられがちです。20世紀中頃までは別にそれでも問題はありませんでした。しかし，20世紀末以降，我々は地球温暖化・オゾン層破壊・酸性雨・砂漠化・熱帯林破壊などの困難な課題に直面しています。我々自身の生存と社会活動が，唯一無二の宇宙船地球号の環境を，地球史レベルで見れば非常に短い時間の中で極端に悪化させてしまっているのです。地球温暖化と連動して多発するようになった気象災害の事例を見るまでもなく，自然環境の変化は無視できないレベルに達しています。

　ここではまず，地理の授業の中で自然環境を理解しようとするときに必須となる時空間スケールについて考えたうえで，人類史・地球史の視点から地球の自然について整理します。そして，私たちにとっての自然環境とは何なのか，考察を深めていこうと思います。

## （2）テーマのための導入素材

### a）地球史・人類史規模の時間スケール

　地理の授業で得た知識を生きた知識として定着させるためには，地球史・人類史規模の時間スケールを，日本史や世界史で理解している時間感覚の延長上でとらえる必要があります。生徒たちの理解を促すために，どのような工夫ができるでしょうか？　大切なのは，自分（生徒）の理解できるスケールに置き換えることです。ここでは，もっとも多く使われてきた，地球史46億年を1年間に置き換える方法で確認してみましょう。

　地球の生まれた46億年前を1月1日午前0時0分0秒，今現在をそのちょうど1年後の1月1日午前0時0分0秒とすると，これから取り上げる時代はそれぞれ表1のような時期となります。歴史時代が，地球史スケールで見るといかに短いかがよくわかるでしょう。ちなみにこの計算では，1日で1200万年，1時間で52万年，1分で8750年，1秒で146年，時間が進むこととなります。我々の人生は，ほんの0.5～0.6秒程度のものでしかない，ということですね。

　同様に，46億年を1日に置き換えたり，距離に置き換えたりして考えることもできます。

表1　地球史年表

| 年前 | 出来事 | 月日 | 時刻 |
|---|---|---|---|
| 46億 | 地球誕生 | 1月1日 | 0：00'00" |
| 25億〜20億 | 大気中の酸素濃度激増 | 6/24〜7/13 | ——— |
| 5.4億 | 先カンブリア時代／古生代境界 | 11月13日 | ——— |
| 2.5億 | 古生代／中生代境界 | 12月10日 | ——— |
| 6500万 | 中生代／新生代境界 | 12月26日 | ——— |
| 1000万 | 人類（猿人）誕生 | 12月31日 | 4時 |
| 260万 | 第三紀／第四紀境界；原人誕生 | 〃 | 19時 |
| 20万 | ホモ・サピエンス誕生 | 〃 | 23：37' |
| 1.1万 | 更新世／完新世境界；農耕開始 | 〃 | 23：58'50" |
| 2000 | 紀元0年 | 〃 | 23：59'46" |
| 250 | 産業革命 | 〃 | 23：59'58" |
| 0 | 現在 | 1月1日 | 0：00'00" |

46億年を46mに置き換えるなら，グラウンドや廊下を使って実際に測定できるので，さらに効果は高まるかもしれません。ただし，46mでは1mm＝10万年となってしまうので，歴史時代から連続したイメージを得ることは難しいでしょう。

ｂ）地球史・人類史規模の空間スケール

　人類居住の高距限界は標高5000m程度，対流圏界面（対流圏と成層圏の境界面：対流圏の上限）高度は約11kmです。この地球を取り巻く空気の厚さはどのようにイメージできるでしょうか？　空間スケールの正しい認識は，地球の内部構造や地表面の起伏を考える際にも重要です。ここでは，地球規模の空間スケールを生徒たちに正しくイメージしてもらうための方法について考えてみましょう。

　ポイントは時間スケール同様，具体的にイメージしやすいスケールに置き換えることです。地球の直径は，約1万2735kmなので，大雑把に約1万3000kmとします。これを直径1.3mの地球儀に置き換えて考えるとどうなるでしょうか。対流圏界面高度：11kmは，1.1mmとなります。人類居住の高距限界5kmは0.5mm。地球を覆う大気の層が，いかに薄いものであるか，実感できるでしょう。ちなみに，オゾン層の高度は2〜5mm，オーロラの発生する高度は1〜2cm，国際宇宙ステーションの軌道は4cmの高さとなります。オーロラや人工衛星の高度であれば，スケールダウンしてノートに直径13cmの地球を描くことによっても確認可能です。このように，時間や空間のスケールを自在に置き換えることによって，地球や人類の長い歴史の理解が深まると言えます。

## （3）地球環境の変動と人類の進化

　私たちは，呼吸をして酸素を体内に取り込まなければ生きていけません。また，一定量の水分や食糧を摂取し，睡眠をとらなければ，やはり生きてはいけません。大気中の酸素濃度（約21%）は，地球上どこでも同じなので，我々ヒト：ホモ・サピエンスは南極大陸を除くすべての大陸に居住してきました。ただし，大気が密に存在する地球表層の対流圏の厚さは11km程度しかないので，標高の高い場所に登っていくと空気自体が薄くなり，

やがて我々が生きていくために必要な酸素を十分には摂取できない（高距限界：標高5000m）領域に達します。

地球上に人類（猿人）が現れたのは，1000万年以上前のことです（最古の化石は700万年前）。猿人はアフリカ大陸で生まれ，その後もずっとアフリカ大陸内で進化を続

図1　人類のたどった道

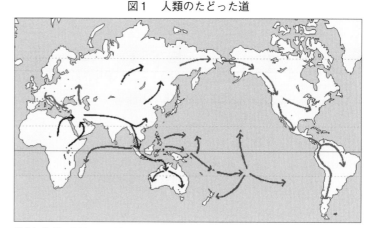

出典）海部　2005，p.98

け，第四紀（260万年前〜現在）が始まった頃に原人が現れました。およそ100万年前には，原人たちの一部がアフリカ大陸を飛び出してユーラシアへと進出します（第一次アウトオブアフリカ）。その末裔たちが，ジャワ原人や北京原人，ネアンデルタール人（旧人）です。その後20万年前にアフリカで生まれた我々ホモ・サピエンスは，最終氷期（12万年前〜1.1万年前）中の約7万年前にアフリカ大陸を飛び出しました（第二次アウトオブアフリカ）。氷床の拡大にともなって海面が最大120mも低下した環境の中，約5万年前には狭い海峡を渡ってオーストラリア大陸へ，1.4万年前には陸続きとなっていたベーリンジア（現・ベーリング海峡周辺）を通過して北米大陸へと拡散しました。アラスカにたどり着いたホモ・サピエンスは，それから1000年の間に南米大陸南端まで達しています。

ホモ・サピエンスの特徴として，ほかの生物種には見られない環境適応能力の高さがあげられます。原人の頃に火や道具を使いはじめ，集団での行動・生活も行なわれるようになり，脳の発達がもたらされました。ホモ・サピエンスが南極大陸以外の全大陸に移動・居住できたのは，言語を使用するようになり，技術や情報の共有化が一気に進んだからだと考えられています。

最終氷期が終わり，気候が安定した完新世（1.1万年前〜現在）に入ると，人類は農耕を行なうようになります（新石器時代）。そして地球上各地で地形・気候環境に適応したさまざまな文化を育みつつ，さらなる寒冷地・乾燥地へと居住範囲を広げていったのです。

## （4）人類史を長い地球史の中で位置づけると

先に酸素濃度は地球上どこでも同じであることを述べましたが，長い地球史の中で見れば大きく変化を遂げてきました。地球が生まれた46億年前，大気中に酸素は存在しませんでした。約25億〜20億年前にシアノバクテリアの爆発的活動により酸素濃度が急上昇します。その後も長い時間をかけて大気や海水の組成は変化を続け，海洋で進化を遂げた生物たちが古生代（5.4億〜2.5億年前）に入ると陸上に進出しはじめます。それが可能

となったのは，成層圏（上空10.1〜50km）にオゾン層が生成され，有害紫外線の地表到達率が低下したためです。そして，古生代後半の石炭紀（3.6億〜3億年前）には，陸地は植物で覆い尽くされました。古生代が植物の時代とよばれる所以です。続く中生代（2.5億〜6500万年前）は爬虫類・恐竜の時代，新生代（6500万年前〜現在）は哺乳類の時代で，先述したように原人が出現した新生代第四紀は人類の時代ともよばれています。

　人類：ホモ・サピエンスの人口は，新石器時代に入って増加しはじめます。これは，農耕を行ない集住するようになったことにより，安定的に食糧を得て外敵から身を守ることができるようになったためです。しかし，当時の人類社会は多産多死型社会であり，人口増加は微増にとどまりました。大きな変化がもたらされたのは，18世紀後半の産業革命期以降のことです。同時期には食糧生産の技術やシステムも飛躍的に進展し（農業革命），科学技術や医学の進歩，衛生面での向上があったため，多産多死型社会は多産少死型社会へと移行しました。それにともない，産業革命の起こった地域では爆発的な人口増加が生じたのです。同時に自然破壊や公害が発生するようになり，化石燃料の使用量の増加は，現代に生きる我々にとってもっとも大きな問題の1つである地球温暖化をもたらすこととなりました。さらに第二次世界大戦後には，多くの開発途上国が独立を果たし，それらの地域で人口爆発が続いています。人口の激増は，砂漠化や森林破壊を加速させました。

　産業革命期以降，地球環境は人類活動にともなって大きく変化しました。大気中の二酸化炭素濃度は，氷期・間氷期の気温変動に連動して，200〜300ppmの間で変化してきましたが，産業革命期（280ppm）以降急増し，すでに400ppmを超えています。これは，過去80万年間ではじめての出来事です。清浄の地と思われやすいグリーンランドや南極の雪氷中には，20世紀中盤以降，核実験にともなう放射性物質が堆積するようになりました。森林面積は激減し，人工海岸線の長さや人工地形の面積が急増しました。これらは，長い地球史の中で見ても大きな変化です。これらのことから，すでに完新世は終わり，新たな地質時代である人新世：人類が地球環境を大きく変化させる時代が始まっているとする学説も定着しつつあります。

図2　地質時代

| 実際の長さ | | 2.9億年 | | | | | | 1.9億年 | | 6240万年 |
|---|---|---|---|---|---|---|---|---|---|---|
| 今から前（新生代：万年，それ以前：億年） | | 5.4　4.9　4.4　4.2　3.6　3.0 | | 2.5　2.0 | | 1.5 | 6500 | 260 | 1.1 | |
| 地質時代 | 先カンブリア時代 | 古生代 | | 中生代 | | 新生代 | | | | |
| | | カンブリア紀／オルドビス紀／シルル紀／デボン紀／石炭紀／ペルム紀 | | 三畳紀／ジュラ紀／白亜紀 | | 第三紀 | 第四紀（更新世／完新世） | | | |

## （5）現在の地球の自然環境は何によって維持されているのか

　研究が進む中で，現在の安定した気候環境は，海洋の熱塩循環によって維持されていることが明らかにされました。グリーンランド沖の北大西洋と南極周辺海域で冷やされた海

洋表層水が深層に沈降し，およそ 1200 年をかけて熱と塩分を運搬し，海洋中を循環しています。最終氷期には，グリーンランド沖での沈降流が 24 回にわたって止まったり（スイッチオフ），再開したり（スイッチオン）を繰り返したことにより，非常に激しい環境（気候・気温）変動が生じていたことも明らかにされました。完新世に入って，この 1 万年間，熱塩循環は一度も止まることなく動きつづけ，安定した気候環境が維持されてきました。それが，地球温暖化によりグリーンランド氷床の急速な融解が進み，その結果として熱塩循環が止まる可能性が指摘されるようになったのです。熱塩循環が止まれば，現在とはまったく異なる気候モード（氷河期の気候モード）にシフトすることになります。そうなったときにどのような環境変動が生じるのか，まだよくわかっていません。

　このように地球の気象・気候現象は，大気だけの現象ではなく強く海洋ともリンクして維持されています。直径 1.3 m の地球儀で見れば，表層 1.1 mm の大気の層（成層圏を含めても 5 mm の層）と，平均水深 4000 m = 0.4 mm の海洋の中で循環が生じることによって維持されているのです。しかもその循環は，熱塩循環のオン・オフに見るように，微妙なバランスの上に成り立っています。

　同時に地球スケールで見るとわずかな厚みしかもたない大気や海洋中に，先進工業国から長年にわたって排出されつづけてきた物質が，長い時間をかけて拡散している現実も明らかになっています。オゾン層破壊の原因物質である特定フロンは 1929 年に開発され，人体に無害であったため，さまざまな目的で大量に使用されました。それが数十年という年月をへて成層圏にまで拡散した結果，陸上生物にとってかけがえのない存在であるオゾン層を破壊していることが，使用開始から 50 年以上たってはじめて明らかにされたのです。

　レイチェル・カーソン（1962）は『沈黙の春』で農薬に含まれる化学物質の残留性・生物濃縮の問題を告発しましたが，その後も数多くの化学物質が開発・使用され，多くの環境問題が発生してきました。たとえば先進工業国から排出された汚染物質が，北極圏に集積し，土壌汚染や生物濃縮が進んだため，イヌイット女性の母乳からは，白人女性の 5 倍におよぶ濃度の PCB が検出されています。化学物質は目に見えない物質であるため，

図3　深層循環の模式図

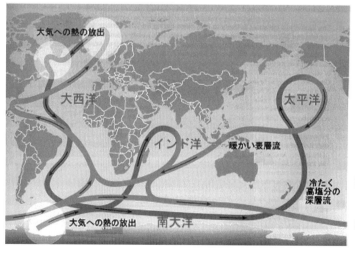

注）海洋の循環を表層と深層の二層
　　で単純化したもので，深層流と
　　表層流を示す。
出典）IPCC（2001）をもとに作成，
　　気象庁 HP より

意識しなければいくらでも体内に取り込まれることとなり，現代はさながら地球全体が壮大な実験室と化していると見ることもできます。

我々一人ひとりと自然との関係は，太古からさほど変わっていないのかもしれません。しかし総体としての人類として見ると，地球史の中でも例のないスピードで自然環境を改変し，多くの生物種を絶滅に追い込んできました。人類は，地球にとってのガンのような存在になってしまっているのです。このような視点に立ったとき我々にとっての自然は，繊細で破壊されやすく，全力を尽くして守るべき対象であると見ることができるでしょう。

## （6）頻発する自然災害をどうとらえればよいのか

一方で，自然災害によって毎年多くの人々が亡くなっている現実があります。地域ごとに見ると，地震や火山噴火の発生間隔は数十年から数百年に一度，場合によっては数千年から数万年に一度という現象です。しかし，予知はできないものの地震や火山噴火，それらにともなって発生することの多い津波や深層崩壊については，発生しうる場所やそのメカニズム，規模，想定される被害等，かなり詳細にわかるようになってきました。自然現象自体と，自分の生活圏で生じうる災害について正しい知識をもつことは，いざというときの大きなそなえとなります。

近年激しさを増している気象災害についても同様のことが言えます。台風や集中豪雨のメカニズムを理解し，起こりうる洪水や土砂災害への対策を日頃から怠らなければ，多くのリスクを回避できます。しかし，地球温暖化にともなってこれまでになかった規模の災害が発生しうる状況となっているのも事実です。2020年になって国交省もやっと河川流域全体でのソフトな治水を打ち出すようになりました。力で自然を制御するのではなく，ダムなどの箱物に頼らずに減災をめざす防災システムが，今，やっと動きだそうとしています。我々市民も，自然を受け入れて生きるといった，これまでとは異なった新たなライフスタイルを構築していく時期に入っているのではないでしょうか。

人類全体で見ると，地球の自然は脆弱で守らなければならない対象です。しかし，私たち一人ひとりの立場から見れば，昔から変わらず自然の猛威は命を脅かす驚異の対象でもあります。我々の時間スケールと比べると，途方もない長い時間の中で生じている自然現象を正しく理解し，また人間社会のゆがみや脆弱性から目を背けずに，事実を見つめ，一人ひとりが考えつづけ，行動しつづけることでしか，この美しい地球の自然を守ることも，また自然の猛威から自分や愛する人たちの命を守ることもできないのです。

**参考文献** --------------------------------------------------------------------------------

海部陽介　2005.『人類がたどってきた道──“文化の多様性”の起源を探る』NHKブックス

レイチェル・カーソン　1974.『沈黙の春』（青樹簗一訳）新潮文庫

日本環境化学会編　2019.『地球をめぐる不都合な物質──拡散する化学物質がもたらすもの』講談社ブルーバックス

（長谷川裕彦）

# 2 世界の自然環境はどのように構成されているのか

---

キーワード　プレートテクトニクス理論　ケッペンの気候区分　気圧帯　モンスーン

---

## （1）授業のねらい

　前項では，地球環境全体の形成史をとらえました。この項では具体的に，現在の地球環境を構成している地形や気候について見ていきます。これまでも，地理の学習で扱われてきたテーマですが，今回の「地理総合」において大きなテーマの1つである自然災害が発生するメカニズムを考えるうえで重要な事項です。

　日本列島は国土の7割が山地で，地震が多く，火山活動も活発です。しかし世界には，周囲360度に地平線が広がり，車や列車で何日間移動しても景色がまったく変わらないような大平原も存在します。そのような場所では，地震が起こることはなく，火山が分布することも稀です。このような違いはなぜ生じるのでしょうか？　そして，それぞれどういった場所に分布しているのでしょう？

　地理の教科書では，世界の気候地域を学ぶときに必ずケッペンの気候区分図が利用されますが，それはなぜでしょう？　ケッペンの気候区分図の利点とは何でしょう？　そして，世界の中で見たときに，日本列島の気候にはどのような特性があるのでしょうか？

　ここでは，これらの疑問を考えるときにポイントとなる事項について解説します。紙面の関係で詳述できない基礎的項目が多くありますので，地理の教科書に載っているプレート分布図等の図表や，ケッペンの気候区分の解説等，あわせてチェックしながら読み進めてください。

## （2）テーマのための導入素材

　まず，図1をじっくり眺めてみてください。そして，教科書に載っている「プレートの分布図」および「世界の地体構造区分図」（新期造山帯・古期造山帯・安定陸塊を区分している図）と見比べて，共通点と相違点を探してみてください。

　たとえば，新期造山帯は変動帯と一致しているでしょうか。まず最初に，変動帯には陸上の大山脈だけでなく，海嶺や大地溝帯などが含まれること，その分布はプレート境界にほぼ一致しているということがわかると思います。さらに詳しく観て見ると，新期造山帯に区分される大山脈の中には，すでに造山運動が止まった中・新生代変動帯に含まれる地域がかなり存在する，ということにも気づくのではないでしょうか。

図1　世界の変動帯と安定地域の分布

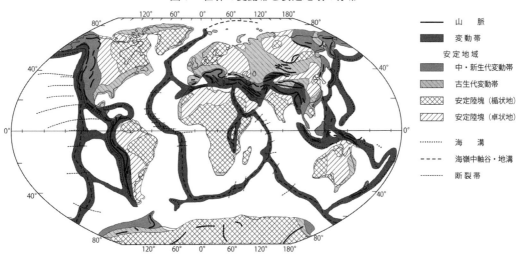

出典）岩田　2013を改変：長谷川　2019a

## （3）プレートテクトニクス理論と世界の大地形

　今から50年前，プレートテクトニクス理論が生まれ，地球上で生じているさまざまな地学現象を統合的に解釈できるようになりました。世界の大地形分布も同様です。

　プレートの広がる境界（発散境界）には海嶺が分布します。海嶺では，引張応力（物体が外力によって引っ張られるときそれに応じて内部に生じる力）のもと，活発な火山活動が生じ海洋プレートが形成されます。海嶺から水平方向に移動した海洋プレートは，やがて隣り合う海洋プレートや大陸プレートの下に沈み込んでいきます。

　そこに形成されているのが海溝・トラフ（水深6000m以深が海溝，以浅がトラフ）で，プレートの狭まる境界（収束境界）のうち沈み込み型とよばれるプレート境界です。沈み込み型プレート境界には，海溝と平行に弧状列島（島弧—海溝系）やアンデス山脈のような大山脈（陸弧—海溝系）が形成されます。

　大陸プレート同士がぶつかり合う収束境界は衝突型プレート境界とよばれ，そこにはヒマラヤ山脈のような大山脈が形成されています。

　このように，収束境界では圧縮応力によって活発な地殻変動が生じ，長大な島弧や大山脈が形成されます。

　また，海嶺と海嶺とをつなぐ形でプレートのずれる境界（トランスフォーム断層）が分布する場所もあります。カリフォルニア州のサンアンドレアス断層は，ずれる境界が長距離にわたって陸上に顔を出している場所として有名です。

　これら3種のプレート境界では岩盤に大きな力がかかるので，地震が発生しやすく地震帯となっています。また，発散境界と沈み込み型収束境界では火山活動が活発で，火山帯となっています。このように，現在のプレート境界周辺で，活発な地殻変動および地震活動・火山活動の生じている地帯を変動帯と呼んでいます（図1：岩田　2013，長谷川　2019a）。

　変動帯以外の陸地は安定地域で，かつて変動帯であった時期によって中・新生代変動

帯，古生代変動帯，安定陸塊に区分されます。地質学で使われる地体構造区分の新期造山帯は変動帯および中・新生代変動帯に，古期造山帯は古生代変動帯に，それぞれ一致します。新期造山帯のアルプス山脈やロッキー山脈は現在すでに安定しており，変動帯には含まれないことに注意が必要です（図1）。

## （4）プレートテクトニクス理論から見た日本列島

日本列島は，大陸プレートのユーラシアプレートと北米プレート，海洋プレートの太平洋プレートとフィリピン海プレートの4枚のプレートがせめぎ合う，世界的に見ても特異な場所に位置しています（図2）。太平洋プレートと北米プレートとの境界には千島海溝・日本海溝が，太平洋プレートとフィリピン海プレートとの境界には伊豆・小笠原海溝が分布し，千島弧，東北日本弧，伊豆・小笠原弧が形成されています。

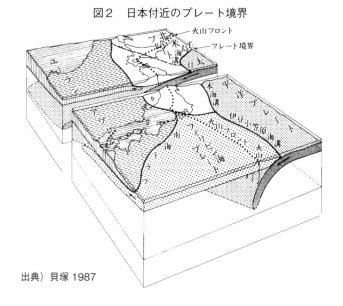

図2　日本付近のプレート境界

出典）貝塚 1987

また，フィリピン海プレートとユーラシアプレートとの境界には南海トラフ（駿河トラフ）と琉球海溝が分布し，西南日本弧，琉球弧が形成され，フィリピン海プレートと北米プレートとの境界には相模トラフが分布します。ユーラシアプレートと北米プレートとの境界は，新潟県糸魚川市と静岡県静岡市とを結ぶ糸魚川＝静岡構造線（糸静線）にほぼ一致します（南部は一部異なる）が，ここでは衝突型境界ほどの大きな圧縮応力は生じていません。

太平洋プレートは北米プレートとフィリピン海プレートの下に沈み込み，フィリピン海プレートは北米プレートとユーラシアプレートの下に沈み込みます。このプレート境界で発生する地震が，関東大震災や東日本大震災を引き起こしたプレート境界型地震です。プレート境界面が100 〜 150 km ほどの深さに達すると，岩石が溶融してマグマが形成され，その真上で火山が噴火します。そのため，プレート境界の海溝・トラフから一定の距離の場所に，海溝・トラフと平行に火山が1列に並んで分布することになります。この場所を火山フロント（火山前線）とよんでいます（図2）。火山フロントより海溝側には火山は分布せず（非火山性外弧），それよりも内陸側には火山が点在する（火山性内弧）というように，火山の分布にもプレート運動が深く関与しています。富士山は，ユーラシア・北米・フィリピン海プレートの三重会合点の真上，しかも火山フロントが通過する場所に位置します。このような場所は世界中どこにもなく，そのため，世界最大規模の成層火山が

形成されたと考えられています。

　日本列島は，太平洋プレートとフィリピン海プレートによって常に東側から押される圧縮応力場にあるため，確認されているだけでも 2000 を超す活断層が分布し，活褶曲の生じている場所もあります。活断層が動いて発生する地震が内陸直下型地震です。兵庫県南部地震（1995 年，最大震度 7，以下同様）以降，最大震度 6 強以上を記録した地震だけでも新潟県中越地震（2004 年，7）や熊本地震（2016 年，7）など，10 回の地震が発生しています。


## （5）世界の気候とケッペンの気候区分

　太陽エネルギーによって周辺よりも熱せられ，気温が高くなった（気圧が低くなった）場所では上昇気流が生じ，それを起点として大気の循環が生まれます。上昇する大気が湿っていれば，上空で冷やされて雲となり，やがて降水が生じます。このようにして広い範囲で上昇気流が起こり，降水の生じる場所が低気圧です。上空で冷やされて重くなった大気は，やがてどこかで下降気流となって地表付近に戻ってきます。その場所が高気圧で，雲が湧くこともなくよい天気となります。

　地球全体で見ると，最も熱せられている赤道付近は周辺地域よりも気圧が低くなり，上昇気流が卓越して降水が多くなります。このような場所を赤道低圧帯とよんでいます。逆にもっとも低温な両極地域は下降気流が卓越して降水の少ない極高圧帯となります。赤道低圧帯の高緯度側には，下降気流が卓越し降水の少ない亜熱帯高圧帯（中緯度高圧帯）が，亜熱帯高圧帯と極高圧帯との間には，上昇気流が卓越し降水の多い亜寒帯低圧帯（高緯度低圧帯）が分布します。

　地球上に分布するこれらの気圧帯は，太陽回帰にともなって年周期で南北に移動しています。その結果，1 年中赤道低圧帯・亜寒帯低圧帯の支配下に入り年中湿潤な気候地域，逆に 1 年中亜熱帯高圧帯・極高圧帯の支配下に入り年中乾燥した気候地域が生まれます。これらの気候地域の間には，季節によって支配される気圧帯が入れ替わる地域が生じます（図 3）。

　その結果，熱帯雨林気候 Af と乾燥気候 B との間には冬季（低日季）に乾燥するサバナ気候 Aw（w：wintertrocken，冬季乾燥）が，乾燥気候と温帯湿潤気候 Cf（f：feucht，年中湿潤）との間には夏季に乾燥する地中海性気候 Cs（s：sommertrocken，

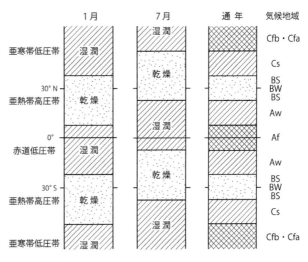

図 3　太陽回帰と連動した気圧帯の南北変動と気候地域の成立

出典）長谷川　2019b

図4　理想的大陸と気候帯との関係

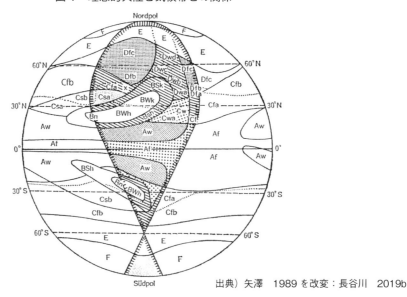

出典）矢澤　1989 を改変：長谷川　2019b

夏季乾燥）が成立します。ケッペンの気候区分図では，大陸西岸にこの気候配列が明瞭に表現されています（図4）。

　一方，中緯度の大陸東岸では，偏西風の影響で緯度帯による気候特性が乱されます。偏西風により東に向かって移動する大気は，大陸東部に向かうほど，夏季には熱せられつづけ，冬季には冷却されつづけます。そのため，同緯度の大陸東岸内陸部と海洋上では，夏季には内陸がより高温となり，冬季には内陸がより低温となります。その結果，夏季には内陸に低気圧が発達し海洋上の高気圧から内陸に向かって湿った風が吹き，逆に冬季には内陸に高気圧が発達し内陸から海洋上の低気圧に向かって乾燥した風が吹くこととなります。このように夏季と冬季で風向が逆転する風を季節風（モンスーン）と呼びます。中緯度大陸東岸地域ではモンスーン気候が成立するため，本来乾燥する緯度帯でも海洋上からの湿った風の影響で夏季に降水が生じ，本来サバナ気候 Aw・乾燥気候 B・地中海性気候 Cs になる緯度帯に熱帯モンスーン気候 Am や温帯冬季乾燥気候 Cw，冷帯冬季乾燥気候 Dw が成立することとなります（図4）。ケッペンの気候区分図では，これらの気候分布も正確に表現されているのです。

　ケッペンが気候区分研究を行なった 1900 〜 1930 年には，気温・降水量以外の気候要素データはまだ利用できませんでした。そこでケッペンは植生分布にもとづいて気候区分を行なったため，結果的に植生地域・土壌地域とよく一致した気候地域区分図が完成したのです。この特質は，世界各地に発達した文化や農業を地理の授業の中で見るときに，とても便利なものです。それに加え，詳述したように気候メカニズムを反映した区分図となっているため，長年にわたって地理教育の現場で利用されてきたのです。

## （6）日本列島の気候特性

　日本列島の気候を考えるうえで最大の特徴となるのは，夏は亜熱帯高圧帯（熱帯気団），

冬は亜寒帯低圧帯（寒帯気団）の影響下に入ること，言葉を換えれば夏と冬とで熱帯と寒帯の空気がガラッと入れ替わる点にあります。空気が入れ替わる時期の暖候期には梅雨が，寒候期には秋雨が生じますが，これは世界中で東アジア地域だけの特徴です。

　ケッペンの気候区分では，北海道は冷帯D，それ以外の日本列島は温帯Cとなりますが，大陸西岸の温帯・冷帯地域に比べると年較差が大きく，季節の変化が明瞭です。また，降水量は温帯地域の中ではかなり多く，短時間にもたらされる雨量が多い（降水強度が強い）という特徴も有しています。

　冬季には西高東低の気圧配置のもと，北西季節風が卓越します。北西季節風はもともとは乾燥した風ですが，日本海から大量の水蒸気を供給され，日本列島の脊梁山脈風上側に大量の降雪（地形性降雨）をもたらします。一方，夏季には南側から太平洋高気圧に覆われ，湿った南東季節風の影響で対流性降雨（夕立）が生じやすい環境となります。さらに，日本列島は，夏から秋にかけて台風の通過ルートにあたっていることも忘れてはならない特徴です。台風や低気圧には反時計まわりに風が吹き込むため，台風が北上する東側の地域では，数日間にわたって湿った南風が吹きつけ，山地の風上側斜面で地形性降雨が生じます。

　降水の受け皿である日本列島は変動帯に位置し，岩盤には多くの節理（割れ目）が発達しています。しかも急峻な山地の占める面積が広く，河川は急傾斜です。狭い平野の多くは，河川沿いに形成された沖積平野で，そこには多くの人々が居住しています。そこに長雨や降水強度の強い雨が降るとどうなるか，火を見るよりも明らかでしょう。日本列島最大の自然地理学的特性は，「湿潤変動帯」に位置するということなのです。


# （7）さらに学びを深めるために

　これまで見てきたように，世界の地形や気候がどのようなメカニズムで形成され，変動しているか，その中で日本列島の地形や気候がどのような特徴をもっているかは，かなり明らかになっています。しかし，地形や気候は常に変動しています。また，その変化は一定しているわけではありません。長い地球の歴史から考えると，人類が生存した年月はごくごく短いものです。したがって，自然災害をとらえるうえで，災害が発生した地域の地形や気候がもともとどのように形成されたかを見ることはとても重要なことなのです。短期間の現象だけをとらえるのではなく，長いスパンで地域をとらえることが必要なのです。その点を考えながら，自然環境の学習を進めてほしいと考えています。

参考文献 --------------------------------------------------------------------------------
　岩田修二　2013.「高校地理教科書の『造山帯』を改定するための提案」E-journal GEO 8, pp.153-164
　貝塚爽平　1987.「将来予測と第四紀研究」日本第四紀学会編『百年・千年・万年後の日本の自然と人類』古今書院, pp.4-19.
　木村　学・大木勇人　2013.『図解プレートテクトニクス入門』講談社ブルーバックス
　長谷川裕彦　2019a.「世界の地形」地理教育研究会編『新版 地理授業で使いたい教材資料』6-7, 清水書院
　長谷川裕彦　2019b.「世界の気候」地理教育研究会編『新版 地理授業で使いたい教材資料』8-9, 清水書院

（長谷川裕彦）

# 3 日本は自然災害大国なのか

- - - - - - - - - - - - - - - - - - - - - - - - - - - - - - - - - - - - - - - - - - - - - - - - - -
キーワード　日本の自然災害　日本の地理的条件　地震　津波　火山　水害
- - - - - - - - - - - - - - - - - - - - - - - - - - - - - - - - - - - - - - - - - - - - - - - - - -

## （1）授業のねらい

　日本で生活している私たちは，日本の各地で起こる地震や火山の噴火，大雨がもたらす災害のニュースをよく目にしたり耳にしたりします。このように自然災害が頻繁に発生することから，日本は「自然災害大国」とよばれることがあります。しかし，世界に目を向けてみると，自然災害が起こりやすいところもあれば，起こりにくいところもあります。すなわち，自然災害の起こりやすい場所は世界の中でも偏りがあるのです。なぜ日本では自然災害が身近に起こるのか，世界と比べながら自然災害にかかわる日本の地理的な条件を探ってみましょう。また，自然災害がひとたび起こると，その地域や私たちの生活にどのような被害や影響を受けるのかについても考えてみましょう。

## （2）テーマのための導入素材

　図1は，地理院地図で「自然災害伝承碑」（）を示したものです（関東地方南部を表示）。「自然災害伝承碑」は2019年から使われるようになった地図記号で，過去に起きた地震・津波・洪水・土砂災害・火山災害などの情報を伝える石碑やモニュメントを表します（地理院地図ではアイコンを押すと写真と説明が出てきます）。

　「自然災害大国」とよばれる日本，「自然災害伝承碑」の分布を見ても各地で自然災害が

図1　自然災害伝承碑

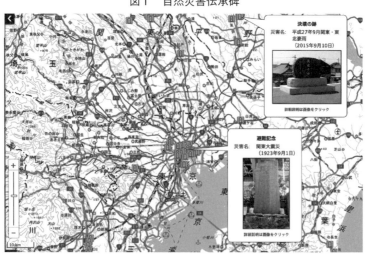

出典）地理院地図

頻繁に起こっていることがわかります。そして，それは私たちの身近な場所にもあるかもしれません。身近な場所の「自然災害伝承碑」を探すこと（調べること）をきっかけに，自然災害について考えてみましょう。

## （3）日本は自然災害大国なのか

　日本では，地震や火山による災害や大雨による水害など，さまざまな自然災害が身近に発生します。しかし，このような日本の状況は世界から見るとめずらしいことです。なぜ自然災害をもたらす地震や火山，大雨が日本で頻繁に起こるのか，ここではまず，それにかかわる日本の地理的な条件を探ってみましょう。

　日本で地震が頻繁に起こるのは，前項でも見たように，日本周辺に北アメリカプレート（以下，北米プレートとよぶ）とユーラシアプレートの２つの大陸プレートと，太平洋プレートとフィリピン海プレートの２つの海洋プレートが存在し，４つのプレートが接するプレートの境界があるからです（図2）。このプレートの境界では，海洋プレートが海溝やトラフを形成しながら沈み込んでいます。太平洋プレートは日本海溝で北米プレートに，伊豆・小笠原海溝でフィリピン海プレートにそれぞれ沈み込んでいます。フィリピン海プレートは相模トラフで北米プレート，南海トラフや琉球海溝でユーラシアプレートにそれぞれ沈み込んでいます。このように日本周辺にある４つのプレートが複雑に沈み込むことによって，地下の浅いところから深いところまで，さまざまな場所が地震の震源となっています（気象庁では，震源の場所の違いから，プレート境界の地震［海溝型地震］，沈み込むプレート内の地震，陸域の浅い地震［内陸直下型地震］に分けています）。そのため，世界中で発生する地震の約 10 〜 20％が日本で起こっています。

　日本に火山が多く分布することには，地震と同じく，日本周辺に４つのプレートがぶつ

図２　日本の震源分布とプレート

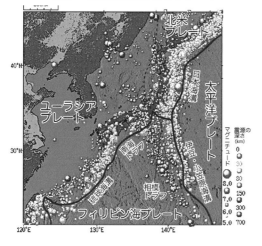

出典）気象庁 HP の図より作成

図３　日本の火山の分布

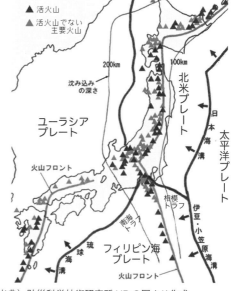

出典）防災科学技術研究所 HP の図より作成

かるプレートの境界が存在することがかかわっています。日本の地下では太平洋プレートとフィリピン海プレートが北米プレートやユーラシアプレートに沈み込んでいます。海溝やトラフで沈み込んだ海洋プレートが深さ100〜150kmまで達すると，岩石から絞り出された水分がマントルに加わって高温になり，マグマが発生します。地下でできたマグマが上昇して地表で噴出すると火山が形成されます。過去1万年の間に活動した火山と今も活発な噴気活動が確認されている火山を活火山と言います。日本には，2020年現在で111の活火山があります。世界には約1500の活火山がある中で，その約10％が日本にあることになります。そして，その活火山を含めた日本の火山は，プレートの境界である海溝に沿って並んでいます（図3，もっとも海溝に近い火山の分布を結んだ線を火山フロントと言います）。

　また，水害を引き起こす大雨が降ることには，日本が北半球の中緯度（北緯20度から北緯40度）に位置することが関係しています。中緯度という場所は，南からやってくる暖気と北からやってくる寒気がぶつかる場所です。暖気と寒気の境界が前線となって低気圧が発生して雨が降ります。この前線が初夏に南から北へ移動する際に日本にとどまると梅雨前線，秋に北から南へ移動する際に日本にとどまると秋雨前線となります。また，これらの前線に加えて，夏から秋にかけての時季には，日本の東にある太平洋の赤道付近で発生する台風が日本に接近・上陸します。水害を引き起こす大雨は，これらの前線や台風によってもたらされることが多くなっています。


## （４）地震による災害とはどのようなものなのか

　地震によってどのような災害が引き起こされるのでしょうか。それについて考えるために今回は，日本で過去に起きた3つの震災の比較を行ないます。その3つの震災とは，①「関東大震災」（1923年），②「阪神・淡路大震災」（1995年），③「東日本大震災」（2011年）です（表1）。

　3つの震災をもたらした地震のマグニチュードはそれぞれ，関東大震災で7.9，阪神・

表1　関東大震災，阪神・淡路大震災，東日本大震災の比較

| | 関東大震災 | 阪神・淡路大震災 | 東日本大震災 |
|---|---|---|---|
| 発生日時 | 1923年9月1日<br>11時58分<br>（土曜日の昼） | 1995年1月17日<br>5時46分<br>（連休明けの日の早朝） | 2011年3月11日<br>14時46分<br>（平日の午後） |
| マグニチュード | 7.9 | 7.3 | 9.0（国内観測史上最大） |
| 最大震度 | 震度6 | 震度7 | 震度7 |
| 死者・行方不明者数 | 約10万5000人 | 6437人 | 2万2288人 |
| 地震の種類 | 海溝型地震 | 内陸直下型地震 | 海溝型地震 |
| 震源の場所 | 相模湾北西部 | 兵庫県淡路市　深さ16km | 三陸沖　深さ24km |
| 影響範囲 | 関東地方 | 兵庫県南部 | 東北地方・一部の関東地方 |
| 津波被害 | あり | なし | あり |
| 被害の特徴 | 火災の被害が大きい | 家屋の倒壊の被害が大きい | 津波の被害が大きい |

注）死者・行方不明者数は2020年の数値を使用
出典）総務省消防庁

図4　関東大震災，阪神・淡路大震災，東日本大震災の死因

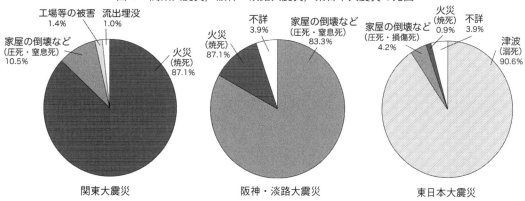

関東大震災

工場等の被害 1.4%
流出埋没 1.0%
家屋の倒壊など（圧死・窒息死）10.5%
火災（焼死）87.1%

阪神・淡路大震災

不詳 3.9%
火災（焼死）87.1%
家屋の倒壊など（圧死・窒息死）83.3%

東日本大震災

火災（焼死）0.9%
不詳 3.9%
家屋の倒壊など（圧死・損傷死）4.2%
津波（溺死）90.6%

出典）総務省消防庁資料から作成

淡路大震災で 7.3，東日本大震災で国内観測史上最大の 9.0 です。マグニチュードの大きさに対応して，地震の影響範囲も局所的な地域から広域的な地域に広がっています。3 つの地震の最大の震度は，関東大震災で震度 6，阪神・淡路大震災と東日本大震災で震度 7 でした。また，海溝型地震で震源が海の中にあった東日本大震災と関東大震災では津波被害がありましたが，内陸直下型地震で震源が内陸にあった阪神・淡路大震災では津波被害はありませんでした。さらに，3 つの震災の地震の発生日時（平日・休日のどの時間帯であるか）は，関東大震災が土曜日のお昼（昼食前）の時間，阪神・淡路大震災が連休明けの日の早朝，東日本大震災が平日の午後の時間帯にあたります。

　3 つの震災のそれぞれの特徴とこれらの震災で亡くなった人の死因（図 4）を見ると，地震による災害にはどのようなものがあるのかを明らかにすることができます。まず，関東大震災では，土曜日の昼食前で火を使う時間に地震が起こり，かつ焼死が死因の中でもっとも多くなっています。地震で起こった火災が被害を大きくしました。現在の東京都墨田区の両国国技館付近にあった本所の陸軍被服廠跡では「火災旋風」が発生し，およそ 3 万 5000 人が焼死したと言われています。

　次に，阪神・淡路大震災では，家屋などの倒壊による圧死・窒息死が死因の中でもっとも多くなっています。地震の大きな揺れで家屋や建物が倒壊したことが被害を大きくしました。地震の発生直後の西宮市や芦屋市，神戸市などで見られた建物が倒壊した様子，阪神高速道路の高架が横に倒れた様子は地震の揺れの怖さを伝えるものでした。また，これらの市で亡くなった人は，トイレに近い 1 階の部屋で就寝した 65 歳以上の高齢者，比較的崩れやすい台所で朝食の準備をしていた 20 歳代から 30 歳代の女性，老朽化したアパートの 1 階に一人暮らしをしていた 20 歳代の男性が多くを占めています。いずれも建物の倒壊で犠牲になりやすいところにいた人たちでした（石井ほか　1996）。

　また，東日本大震災では，東北地方の太平洋側沿岸地域を襲った地震による津波が被害を大きくしました。東日本大震災の死因を見ても，津波による溺死が 9 割以上を占めています。宮城県沿岸の平野や岩手県沿岸のリアス海岸にある町を巨大な津波が襲う様子，ほとんどの建物が流されて跡形もなくなった町の様子は津波の脅威を感じさせるものでし

た。岩手県，宮城県，福島県で死者・行方不明者が100人を超えた市町村は23あり，すべて海に面しています（岩手県陸前高田市・大槌町，宮城県女川町で住民に対する死者・行方不明者の割合が高い）。また，亡くなった人の過半数が65歳以上の高齢者で，津波からの避難が困難であった人たちでした（消防庁HPより）。

## （5）火山による災害とはどのようなものなのか

　日本には111の活火山があり，その中には，何度も噴火活動を行なったことが記録され，近年も災害をもたらしたものがあります。地下深くで岩石が融けてできたマグマが地表に噴出するのが火山の噴火です。火山の噴火では，火口からマグマが溶岩として地表へ流れ出したり，火山灰や軽石，火山礫，火山弾など細かなものから大きなものまでさまざまな形状となって噴出したりします。また，高温（500℃以上）の火山ガスと多量の火山灰や軽石などが混ざり合って高速で流れく

図5　1986年の伊豆大島の噴火の溶岩流

出典）気象庁HP

だる火砕流が発生することもあります。これらが火山による災害を引き起こします。以下では，溶岩，火山灰，火砕流が引き起こした過去の災害について見ていきます。

　溶岩（溶岩が流れたものを溶岩流と言う）の流出による災害は，1986年の伊豆大島の噴火や1983年の三宅島の噴火で起こりました。伊豆大島の噴火（図5）では，1986年の11月15日から三原山の山頂で噴火が始まり，21日に三原山の斜面の火口から伊豆大島で最大の街である元町に向かって溶岩流が流れ出ました。溶岩流は元町の中心部の数百メートル手前で止まりましたが，これにより島民1万3000人の全員が島外へ避難をしました。噴火活動はこれ以降弱まりましたが，島民の避難は約1か月間（12月19日〜24日に全面帰島）続きました。また，1983年の10月3日に起こった三宅島の噴火では，雄山の斜面の火口から流れ出た溶岩流が島でもっとも大きい集落であった阿古の町を襲いました。噴火開始から3時間後には，阿古の町の80％が溶岩流の下敷きになりました。住宅や建物の一部が今でも冷えた溶岩流に覆われた様子を見ると，災害の恐ろしさを感じます。

　過去には大量の火山灰が人々の生活に被害をもたらしたこともありました。1707年の富士山の宝永噴火です。富士山の東側の山麓で数メートル以上，小田原で数十センチ〜1メートルの火山灰が積もりました。富士山の東側の山麓にある静岡県の小山町では，家屋が押しつぶされたことが最近になってわかりました。噴火直後に熱をもった軽石が飛来して発火し家屋が燃え，その後1メートルほど降り積もった火山灰で家屋が押しつぶされたようです。また，富士山から遠く離れた江戸の町でも5センチ程度の火山灰が降り積りました。遠くから飛んできた火山灰が江戸の町の空を覆ったため昼間も夜のような暗闇につつまれました（中村ほか　1987）。

鹿児島県の桜島は現在も噴火活動を続ける火山です。桜島では，時折発生する規模の大きな噴火が鹿児島市内に火山灰を降り積もらせます。

火砕流が引き起こした災害は雲仙普賢岳の噴火で発生しました（図6）。長崎県の島原半島にある雲仙普賢岳を含む雲仙火山では1990〜1995年にかけて噴火が起こりました。その中で，1991年の6月3日にもっとも規模の大きい火砕流が発生しました。この地域には，5月26日以降に避難勧

図6　1991年の雲仙普賢岳の火砕流

出典）内閣府防災情報

告が出されていましたが，警備中の地元の消防団員や取材中の報道関係者，研究者など44人が犠牲になりました。高温の火砕流が猛烈なスピードで流れくだり，避難する間もなく巻き込まれた人が被害にあいました。

## （6）日本の自然災害を地理教育で学ぶ

今回は，災害を引き起こす地震や火山，大雨が日本で頻繁に起こることを日本の地理的な条件から探りました。このほかにも，大雪，暴風，高潮，洪水，土砂災害などが起こることを日本の地理的な条件から探ることもできます。

また，地震と火山が引き起こす災害について考えてみましたが，地震の揺れが引き起こす土砂災害や噴火で放出される火山ガスの被害などの災害についても事例から追究することができます。また，水害やそれ以外にも日本で起こるさまざまな自然災害を取り上げて地域や私たちの生活に与える被害や影響を考えることもできます。学校のある地域で起こりやすい自然災害や広い範囲に影響をおよぼす自然災害といった観点で取り上げるものを選んでみましょう。

**参考文献・資料**

石井素介・山崎憲治・生井貞行・内田博幸・岡沢修一　1996. 「阪神・淡路大震災における人的被害と避難の地域構造——激甚被害地区についての考察」地理学評論 A69-7, pp.559-578

川手新一・平田大二　2013. 『自然災害からいのちを守る科学』岩波ジュニア新書

気象庁　https://www.jma.go.jp/jma/index.html（最終閲覧 2021 年 1 月 9 日）

西城　潔・藤本　潔・黒木貴一・小岩直人・楮原京子　2020. 『地形でとらえる環境と暮らし』古今書院

総務省消防庁　https://www.fdma.go.jp（最終閲覧 2021 年 1 月 9 日）

地理院地図　https://maps.gsi.go.jp/（最終閲覧 2021 年 2 月 26 日）

内閣府　2019. 『令和 2 年版防災白書』国立印刷局

内閣府防災情報のページ　https://www.bousai.go.jp/index.html（最終閲覧 2021 年 1 月 9 日）

中村一明・松田時彦・守屋以智雄　1987. 『火山と地震の国』岩波書店

防災科学技術研究所　https://risk-mg.iis.u-tokyo.ac.jp/index.html（最終閲覧 2021 年 1 月 9 日）

（菅澤雄大）

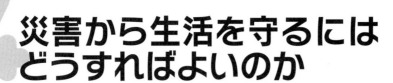

# 4 災害から生活を守るには どうすればよいのか

---

キーワード　防災　減災　地図を活用した防災学習　震災学習　目黒巻

---

## （1）授業のねらい

　この前の項では，地震や火山，大雨が起こる日本の地理的な条件やそれらの災害でもたらされる被害について紹介しました。地震や火山，大雨による災害から私たちの身を守り，生活を守るためには，防災（災害の発生を防ぐ）や減災（災害の被害を減らす）ためのそなえが必要になります。この項では，地理が得意とする手法を活用して災害に対する防災や減災について考えてみます。

　地理が得意とする手法として地図の活用があります。地図から地形や土地利用などの地理情報を読みとる手法を用いて水害で危険な場所を探ってみましょう。また，フィールドワークを行なって実際に現地で学ぶこともあります。震災学習として津波の被災地を実際に訪れて現地で見たこと・聞いたことから，災害発生時に私たちが身を守り，生活を守るためにできることを具体的に考えてみましょう。

## （2）テーマのための導入素材

　図1は，「目黒巻」というものです。「目黒巻」は，災害発生時に周囲で起こること，自分自身の行動を，時系列でイメージするものです。災害状況を想像する力を高めるために考案されました。災害でどのようなことが起こるのか，どのような場所が被害を受けやすいのか，どのような行動をとって自分の身を守り，生活を守るのかを「目黒巻」などの防災学習のツールを使って日頃から考えてみましょう。

図1　目黒巻

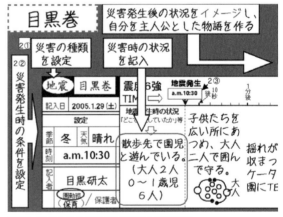

出典）東京大学生産技術研究所目黒研究室

## （3）地図を読みとって水害に対する防災や減災について考えてみよう

大雨によって起こる水害では，河川が氾濫して床上浸水や床下浸水などの建物の浸水，道路や田畑などの灌水が起こります（図2）。また，水害にともなって崖崩れや土石流などの土砂災害が発生すると，崖崩れによって建物や道路が土砂に埋もれたり，土石流によって大量の土砂が河川やその周囲の土地に流れ込んだりします（図3）。

2019年10月に日本を襲った台風19号，「令和元年東日本台風」は，総降水量が神奈川県箱根で1000 mm，東日本を中心に17地点で500 mmを超える大雨を各地に降らせました。そして，この大雨により，茨城県を流れる那珂川や久慈川，福島県から宮城県にかけて流れる阿武隈川，長野県を流れる千曲川，さらには東京都を流れる多摩川など東日本の複数の河川が氾濫しました。

図2　「令和元年東日本台風」の河川の氾濫による浸水

出典）国土地理院 HP

図3　「平成29年7月九州北部豪雨」の土石流で土砂が流れ込んだ住宅地

出典）国土地理院 HP

その中でも，長野県を流れる千曲川では，上田市，千曲市，長野市，小布施町，中野市におよぶ複数の場所が河川の氾濫で浸水しました。長野県全体で5名が死亡，137名が負傷，住宅被害は8172軒にのぼりました。長野市の穂保地区付近では千曲川の堤防が決壊して，河川の水が周囲の土地にあふれました。浸水範囲は約9.5km$^2$におよび，浸水深は最大で4mを超えたとされています。河川の周囲にあった住宅や道路，リンゴの果樹園などが浸水し，また堤防の決壊地点から約2km離れた北陸新幹線の車両基地まで水が流れ込み，停車していた10両編成の新幹線が水に浸かりました。

この浸水被害について，地図を使って詳しく見ていきます。国土地理院では防災・災害対応の調査で得られた災害関連情報や地理情報を公開しています。そして，近年に起こった災害については地理院地図でそれらを見ることができます。図4は，地理院地図で示された長野市の穂保地区付近の浸水範囲を示した地図です。この地図では，ベースとなる地形図の上に国土地理院が空中写真と標高データを用いて算出した浸水範囲（浸水深0mから5mを色別で示した）を重ねています（浸水範囲を透過率30％で表示）。この地図を見て

図4　千曲川の氾濫の浸水範囲

出典）地理院地図より

図5　浸水した場所の陰影起伏図

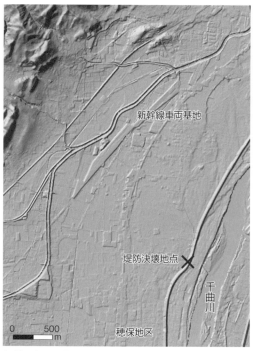

出典）地理院地図より

も，千曲川の堤防が決壊した穂保地区付近から広範囲に浸水しているのがわかります。浸水範囲は北陸新幹線の車両基地（堤防の決壊地点から約2km離れた）を越えて，さらに遠くにまでおよんでいます。なぜ，この場所ではこのように広範囲に浸水したのでしょうか。

　図5は，地理院地図で作成した図4と同じ範囲の陰影のついた起伏図です。陰影のついた起伏図は，地面の起伏（凹凸）に明暗がつけられており，地形が直感的にわかりやすい地図になっています。図5を見ると，今回浸水した場所は千曲川との起伏がない土地，すなわち標高の差がない土地であることがわかります。このような土地は，地形で言うと「氾濫原」とよばれます。堤防がない自然の状態の河川は蛇行したり，大雨でその流路を変えたりする土地でもあります。この場所の浸水が広範囲におよんだのは，河川との標高の差がない氾濫原の地形であったことが関係しています。

図6　水害の浸水状況を伝える水位標

出典）2020年8月15日筆者撮影

図6は北陸新幹線の車両基地の近くにあった水害の水位標です。水位標には，今回の水害や江戸時代や明治時代にこの場所で起こった水害の浸水の深さが表されています。これは，この場所が過去から現在にかけて何度も水害が起こった場所であったことを示しています。氾濫原で河川との標高の差がないために，大雨で河川が氾濫するたびにこれまで何度も浸水した場所であったのです（この場所の過去の土地利用は水田で，旧版地形図で調べることができます）。そして，これからも浸水する恐れがあります。そのときに私たちの身を守り，生活を守るためには，河川の氾濫の発生前に標高の高い場所にある避難所に避難すること，氾濫で浸水してしまったら建物の中でより高いところに避難すること（垂直避難）が必要になります。防災や減災のためのそなえや災害時の行動を考えるためにも，地図を活用した学習が役に立つことでしょう。

## （4）震災学習（被災地での防災学習）から津波に対する 防災や減災を考えてみよう

　2011年の3月11日に発生した東北地方太平洋沖地震では東北地方から関東地方の太平洋沿岸の地域を巨大な津波が襲いました。岩手県の宮古市田老では，かつて「万里の長城」とよばれた世界最大級の防潮堤を浸水高8.5m以上の津波が越えて町を破壊しました（図7）。また，岩手県の陸前高田市では，浸水高15mにもおよぶ津波が押し寄せ，中心市街地がほぼ壊滅状態になりました（図8）。この2つの市では現在，東日本大震災の被災地として現場を訪れて防災を学ぶ震災学習を行なっています。実際に被災地を訪れて，震災学習の中で現地で見て，聞いて，学んだことから，防災や減災について考えてみます。

　宮古市田老の震災学習は「学ぶ防災」とよばれています。ガイドの案内で，再建された防潮堤や震災遺構の「たろう観光ホテル」の見学，津波ビデオ（「たろう観光ホテル」で撮影された津波の映像）の視聴を行ないます。図9は，「学

図7　宮古市田老を襲った津波

出典）立ち上がるぞ！宮古田老　2015

図8　陸前高田市を襲った津波

出典）タクミ印刷有限会社　2011

図9　「学ぶ防災」で見た田老の防潮堤

出典）2016 年 3 月 22 日筆者撮影

図10　陸前高田市の旧気仙中学校の見学

出典）2017 年 3 月 28 日筆者撮影

ぶ防災」で案内された防潮堤の上から見た町の様子です。ここで震災当時の様子や復興の状況について説明があり，次のような話を聞きました。「あのとき，地震の揺れが収まった後，田老第一中学校の中学生と田老保育所の園児，診療所に来ていた高齢者が中学校の校庭に避難していました（市が中学校を二次避難場所に指定したため）。このとき，地方出身の中学校の主事が防潮堤の先に見えた津波に気づいて，「津波だ！　逃げろ！」と叫びました。教職員と中学生は園児，高齢者を引き連れて裏山に逃げました。そのとき，防潮堤に津波がぶつかり，それを乗り越えるのに 30 秒から 1 分くらい時間ができました（津波の到達までに 6 分くらいの時間）。このわずかな時間で彼らは津波の届かない場所まで全員逃げられて助かったそうです」。田老地区の防潮堤についてはさまざまな意見がありますが，現地で聞いたこの話は中学生たちの身を守った存在であったことを示すものでした。

　陸前高田市の震災学習は，一般社団法人「マルゴト陸前高田」のガイドの案内で行なわれます。この震災学習では，震災遺構の「奇跡の一本松」・「旧道の駅タピック 45」・「旧気仙中学校」を見学します。図 10 は，震災遺構の「旧気仙中学校」を案内されたときに撮影したものです。この中学校では次のようなエピソードがあります。「地震発生後，校長先生は近くを流れる気仙川の水が引いたのを見て津波が来ることを想定しました。しかし，このときはマニュアルで決められていた学校近くの駐車場（のちに津波に襲われる）に避難することになっていました。津波を恐れた校長先生はとっさの判断で学校の西側にあった小高い丘に逃げるように指示しました。その結果，生徒全員が助かりました。

　東日本大震災の発生した 2011 年 3 月 11 日に岩手県の小中学校の学校管理下にあった児童生徒の犠牲はありませんでした（山崎　2018）。その背景には今回紹介したようなエピソードがそれぞれにあると思われます。そして，それは被災地を訪れないと（震災学習で

ないと）聞けないことかもしれません。「津波てんでんこ」（津波が起きたらてんでばらばらに高所に逃げて自分の命を守れ）という言葉がこの地域で言い伝えられていますが，その様子も現地で体感しないとわからないかもしれません。

## （5）防災や減災を具体的に考えるためには

今回，取り上げた防災学習や震災学習に加えて，災害発生時に私たちの身を守るための行動，生活を守るためのそなえを具体的に考えることも大切です。そのために災害発生時に自分自身に起こることをイメージする力を高めることが必要です。そこで今回は，東京大学の目黒公郎教授が考案した「目黒巻」を紹介します。「目黒巻」は災害が発生したときの状況（時刻，季節，天気，場所など）を自ら設定し，災害で起こること，周囲の状況，自分自身の行動を時系列でイメージしながら記入するものです（図11）。時間とともに変化する周囲の状況や自分自身の行動をイメージして，そのときに思い浮かんだ疑問やわからないことが防災・減災の課題になります。自分の身を守るため，生活を守るために「目黒巻」を活用して具体的に考えてみましょう。

図11　地理の授業で実践した「目黒巻」の例

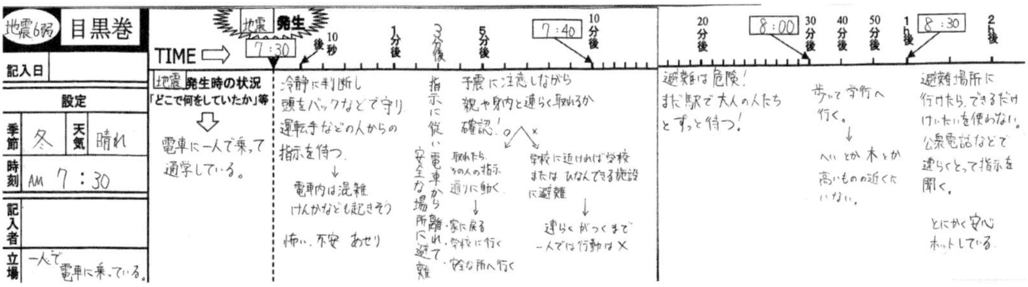

出典）東京大学生産技術研究所目黒研究室

### 参考文献・資料

河田惠昭　2008.『これからの防災・減災がわかる本』岩波ジュニア新書
気象庁　http://www.jma.go.jp/jma/index.html（最終閲覧 2021 年 1 月 11 日）
国土地理院　https://www.gsi.go.jp（最終閲覧 2021 年 1 月 11 日）
タクミ印刷有限会社　2011.『未来へ伝えたい陸前高田——やっぱり，ここがいい：保存版写真集』タクミ印刷有限会社
立ち上がるぞ！宮古市田老　2015.『「田老」2011.3.11 東日本大震災』立ち上がるぞ！田老
地理院地図　https://maps.gsi.go.jp/（最終閲覧 2021 年 1 月 11 日）
東京大学生産技術研究所目黒研究室「目黒巻」　http://risk-mg.iis.u-tokyo.ac.jp/index.html（最終閲覧 2021 年 1 月 11 日）
学ぶ防災　https://www.kankou385.jp/bousai/（最終閲覧 2021 年 1 月 11 日）
マルゴト陸前高田　http://marugoto-rikuzentakata.com（最終閲覧 2021 年 1 月 11 日）
山埼憲治　2018.「岩手県の被災地における学校の震災対応と災害学習」日本社会科教育学会編『社会科教育と災害・防災学習——東日本大震災に社会科はどう向き合うか』明石書店，pp.118-129

（菅澤雄大）

# 5 ハザードマップを知る，そなえる

---

キーワード　地震　水害　防災　ハザードマップ　地理院地図　公助　共助

---

## （1）授業のねらい

　第4章のこれまでの項目で，自然環境や災害のことについて触れてきました。近年，規模の大きな自然災害が発生するようになり，被害も甚大なものになっています。しかし，一方で災害を予測したり，被害を防ぐためにさまざまな試みが行なわれるようになりました。また自助，共助，公助といったさまざまなレベルで防災の仕組みを理解し，体制を構築する動きもあります。筆者は自助の必要性や取り組みばかりを強調して，公助の仕組みを整える責任を回避することに与しませんが，自分が生活する身のまわりの災害環境を知ることは非常に重要なことだと考えています。その意味で，近年整備が進んでいるハザードマップを検証し，なおかつ災害時の被災状況や避難行動を想定することは地理教育の目的に合致したものと言えるでしょう。今回の授業では，まずハザードマップが作られる仕組みを学び，生徒が生活する学校周辺の状況を読みとり，避難行動をシミュレーションすることを目的としました。まずは自分の学校周辺で行なって，自宅周辺に応用することができれば不測の事態にそなえることができるでしょう。

　この授業では，地図を使います。これまでの項でも地理院地図などを利用してきましたが，ぜひ地図の読みとりや扱いに慣れてください。

## （2）テーマのための導入素材

　まず，自分が授業で扱いたい地域のハザードマップを入手します。今回は筆者が現在勤務している大学周辺のハザードマップを載せました。東京都板橋区が出しているハザードマップのうち，荒川が氾濫した場合のものです。板橋区は東京都北部にあり，北側は埼玉県です。東京都全体から見ると内陸にあるため，水害とは無縁なようですが，地図からもわかるとおり北に荒川が流れているため，降水量が多く河川が氾濫すれば浸水が予想される地域です。図1は，最大で3日間の総雨量632mmがあった場合に想定される浸水域が示されています。白黒なのでわかりにくいですが，色の濃い部分は5mの浸水が予想される地域です。最終的にこの地図から想定される水害を読みとりそなえることを目的として授業を進めていきましょう。マップを生徒と一緒に見る場合には，インターネット上で閲覧できますし，印刷して配ることもできます。拡大が必要な場合がありますので，ダウンロードしてpdfファイルで見たほうがよいと思います。今回は水害のハザードマップを

図1　東京都板橋区の水害ハザードマップ（一部抜粋）

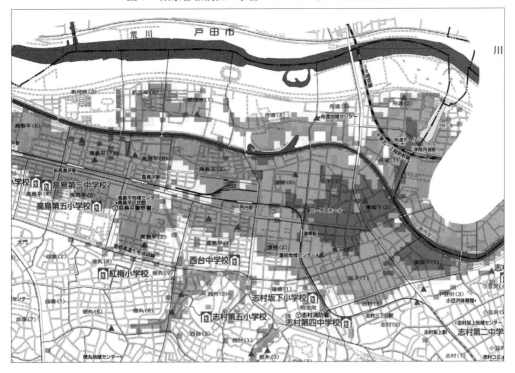

使用しますが，地震災害を想定したものもあります。状況に応じて使い分けてください。


# （3）ハザードマップを知ろう

## ①ハザードマップとは

　国土交通省から出されている「水害ハザードマップ作成の手引き」から引用してみましょう。

　　2015（平成27）年の水防法改正により，国，都道府県又は市町村は想定し得る最大規模の降雨・高潮に対応した浸水想定を実施し，市町村はこれに応じた避難方法等を住民等に適切に周知するためにハザードマップを作成することが必要となった。また，2015年9月関東・東北豪雨においては，氾濫域に多数の住民が取り残され救助されるなど，ハザードマップが作成・配布されていても見ていなかったという状況や一般的なハザードマップに記載されている浸水深・避難場所等の情報だけでは住民等の避難行動に結びつかなかった状況も見られた。これらの背景を踏まえ，水害ハザードマップをより効果的な避難行動に直結する利用者目線に立ったものとするため，「水害ハザードマップ検討委員会」に参画された有識者の方々より意見を伺い，従来，洪水，内水，高潮・津波に分かれていた各ハザードマップ作成の手引きを統合・改定した「水害ハザードマップ作成の手引き」を作成することとした。本手引きは，水害ハザードマップの全国的な作成及び利活用の推進を目指し，市町村が水害ハザードマップを作成及び利活用する際の参考となるよう，作成にあたっての考え方や推奨さ

れる事例等を示すものである。一方で水害ハザードマップは，住民のみならず当該地域に訪れる通勤・通学者，旅行者等にも見やすいものとする必要があり，浸水深の閾値，配色等の最低限のルールは共通化する方針としている。

　このように，ハザードマップ作成の必要性を訴えるとともに，住民などに周知することが重要であるとしています。また近年発生した水害では，災害後に実際の浸水域をハザードマップと比較するケースも見られます。マップの整備が進んでも，地図上の情報を読みとれなければ災害にそなえることはできません。そのために，授業で取り上げて高校生が読みとれるようになれば，各家庭や地域での理解が深まることになります。
　前述の作成の手引きには，ハザードマップ作成の流れとして以下のようなフローチャートが提示されています。

図2　ハザードマップ作成の流れ

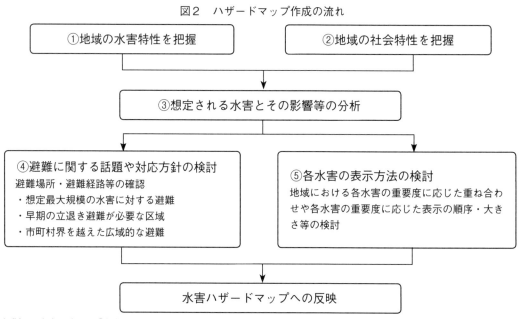

出典）国土交通省HP「水害ハザードの手引き」

　ハザードマップは，単なる被害想定地図ではなく，そこには，さまざまな要素が盛り込まれていることがわかります。しかし，ハザードマップに記載されている要素をすべて検証するのは難しいことです。授業では，地形図の読みとりをもとにして，土地条件から水害の予想被害について検討してみましょう。

**②地理院地図を使ってみよう**
　これまでの項でも地理院地図の利用について示されてきましたが，本項でも実際に地図を利用してみましょう。まず対象とする地域を検索して表示することから始めましょう。
　地理院地図のHPを開いて，左上に住所を入力すれば，対象地域が表示されます。そこからがスタートです。

図3 板橋区北西部の地理院地図

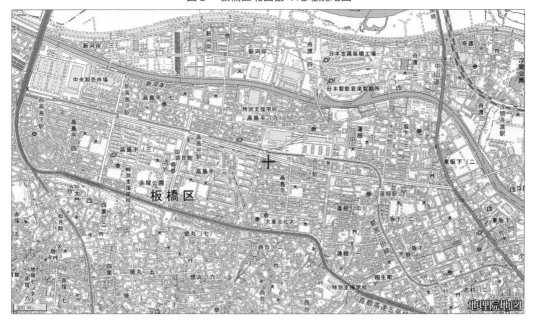

　図3の画像は地理院地図を保存したもので，実際はカラーです。右上の共有のボタンから「画像として保存する」を選ぶと，保存することができます。地理院地図を使ってできることはたくさんありますが，まずは街区の形や地名に着目してみましょう。この地域の街区は，首都高速5号線より南部の町割と北側の高島平周辺の町割が異なっています。北部は規則正しい町割になっていることから開発が新しい場所だということがわかります。次に地名に着目すると，南側には西台の地名があるのに対して，北側には蓮根や新河岸，舟渡など河岸や低地が予想できる地名が見られます。そこから，昔はどのような場所だったのかという疑問がわきます。なお縮尺は左下に表示されます。

　今度は左上の地図のマークをクリックすると，「年代別の写真」という項目が出るので，さかのぼれば第二次世界大戦前の様子も見ることができます。同じ場所の空中写真を見ると，先ほど予想したこの地域の歴史を写真からたどることができます。図4は対象地域の1961〜1969年の空中写真です。まず蓮根や高島平は大部分が水田となっています。また，北部には新河岸川の河跡湖が見られ，河道の変化も予想できます。さらに，「今昔マップ」を使うと古い地形図も見ることができます。このように，さまざまな地図ツールを使って，対象地域の過去をたどることができます。また，過去に水害にあった歴史を区史や市史などを使って調べるとよいでしょう。

　さらに地理院地図には，地形分類がわかる機能があります。これを使うと，対象地域の地形分類が表されます。色別に分類されていますので，知りたい地点をクリックすると，台地，段丘崖，氾濫平野，後背湿地，旧河道などの地形分類が示されます。図5で表示している地域は氾濫平野の中でも低いところで，水がたまりやすい地域を示しています。都市内部の場合，高低差が小さい地形のため，細かい高低差がわかりにくい場合があります。その場合は，ベース地図上で知りたい地点をクリックすると，その地点の標高が左下

図4　地理院地図で見た図3（1961 ～ 1969 年）の空中写真

図5　地理院地図で見た図3，図4の地域の地形分類図

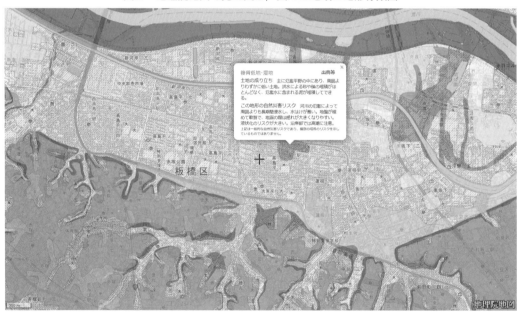

に数字で表示されます。

### ③ ハザードマップから考える

a）浸水の程度や水のくる方角を知る

　このように，地理院地図にはさまざまな機能があります。対象とする地域の歴史や地形
などをたどってからハザードマップを読んでみましょう。図1で示したハザードマップ

で，浸水深が深くなるところの理由が，地形図から推測できるようになるとよいと思います。その際には，たとえば，浸水５mとなっている場合には，５mが具体的にどのくらいの深さなのかを実感させることも必要です。筆者は教室の天井の高さが３mなので，よくそれを使って説明していました。５m以上となると，場合によっては２階まで浸水する可能性が考えられます。水かさが急速に増加した場合，避難行動は大きく制約を受けます。水がやってくる方角や深さを知ることは非常に重要な情報となります。

ｂ）避難場所や避難所での生活，備蓄品を考える

次に，ハザードマップで示されている避難場所の位置や施設について考えましょう。学校そのものが避難場所となっている場合には，設備や備蓄品について確認しておくことも重要です。公立学校では避難者がやってくる場合が想定されますので，どのような行動マニュアルが策定されているかを共有しておくとよいでしょう。緊急のトイレや発電機，燃料などの備蓄状況は震災時にもつながる重要な情報となります。

ｃ）災害後の活動を考える

さらに，被災後に何が起こるのかについても知っておくことは重要です。まずは人命優先ですが，災害が落ち着けば，被災後の後片づけやインフラの復旧，生活再建などが待っています。これまでの全国の災害経験から多くの発信がなされているので，地域の実情に合った過去の災害体験を共有することも必要です。

## ④さまざまな災害にそなえる

今回は，水害について考えてみました。地域によっては，震災や火山災害などの危険性があるところもあるでしょう。ハザードマップの成り立ちを知って，読みとり，実際の災害にそなえることで，自宅周辺に応用したり，地域全体の防災計画に参加することも可能です。全国の事例では，実際に高校生がハザードマップを作成している実践もあります。さまざまな展開ができますので，まずは，学校周辺のハザードマップを教材に取り組んでほしいと思います。

**参考文献・資料** --------------------------------------------------------------------

板橋区ハザードマップ　https://www.city.itabashi.tokyo.jp/bousai/bousai/map/1005633.html（最終閲覧 2021 年 2 月 20 日）
今昔マップ　on the web　http://ktgis.net/kjmapw/（最終閲覧 2021 年 2 月 20 日）
水害ハザードマップ作成の手引き　https://www.mlit.go.jp/river/basic_info/jigyo_keikaku/saigai/tisiki/hazardmap/index.html（最終閲覧 2021 年 2 月 20 日）
地理院地図　https://maps.gsi.go.jp/#5/36.104611/140.084556/&base=std&ls=std&disp=1&vs=c1j0h0k0l0u0t0z0r0s0m0f1（最終閲覧 2021 年 2 月 20 日）

（大野　新）

Ⓑ
生活圏の調査と地域の展望

# 1 身近な地域を調査してみよう

------------------------------------------------------------

キーワード　身近な地域　調査学習　千葉県松戸市　自然災害　社会参加

------------------------------------------------------------

## （1）授業のねらい

　学校周辺地域や居住地周辺地域をはじめとする身近な地域における調査学習のねらいについて学習指導要領では，「①地理的な課題の解決に向けた取組や探究する手法などについて理解すること，②地理的な課題について，主題を設定し，課題解決に求められる取組などを多面的・多角的に考察，構想し，表現すること」の2点にあります。このことは，地理的な見方・考え方をベースにしながら，地域的課題を把握し，解決するための探究プロセスそのものが重視されていることを意味するものと言えます。

　ところで，現実社会においては，異なる特性をもった地域がローカルレベルにおいて多数存在しており，各地域は，そこに存在する自然的・社会的諸事象の相互作用により，地理的観点から見て独自の性格を有しています。ゆえに，生活圏の調査学習においては，探究プロセスを重視しつつ，地域認識の育成を意図した授業づくりが求められていると考えます。すなわち，「地域で学ぶ」と「地域を学ぶ」のバランスが大切と言えるのです。

　以上の点をふまえ，本項では，筆者の勤務校の所在地である千葉県松戸市を事例に，自然災害をテーマとした調査活動を通して，地域認識から社会参画に至る一連の探究プロセス（図1）を追認することで，持続可能な地域社会形成のための担い手の育成をねらいとした授業のあり方について提示したいと思います。

図1　地域認識から社会参画に至る一連の探究プロセス

出典）泉　2019 を改変

## （2）テーマのための導入素材

　図2は，松戸市発行の洪水ハザードマップです。千葉県北西部に位置する同市は，東京都や埼玉県との境に接する江戸川左岸の低地帯に市街地が広がっていることから，降雨のたびに外水・内水氾濫に悩まされてきました。また，江戸川から離れた東部の台地に樹枝状に広がる谷津には小河川が流れており，低地帯と同様の被害を受けてきました。このようなハザードマップの存在は，住民にとって災害に対する危機意識を喚起するとともに，災害要因となる地域特有の地理的諸条件を把握することにもなり，そこから防災・減災へ

図2　松戸市の洪水ハザードマップ

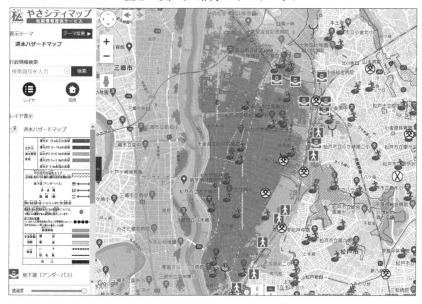

向けた持続可能なまちづくりのあり方を考えるきっかけにもなるのです。


## （3）自然災害をテーマに地域調査を行なうことの意義

　松戸の市街地は江戸川沿いの低平な場所に立地しています。江戸川は近世において主要な交通手段として利用されていたこともあり，松戸は河川交通の要衝として発達し，河岸集落から交易都市として発展を遂げていきました。

　その一方で，水害，液状化などの自然災害が発生しやすく，たびたび悩まされてきました。これらの災害は，自然現象の結果として生じるものがほとんどですが，その背景を探ると過度な開発行為の結果であることが多く，人間と環境との望ましい関係について私たちに教訓を与えてくれます。防災・減災の観点から持続可能なまちづくりをどのように考えていくのか。自然災害をテーマに地域調査を行なうことの意義はここにあると言えます。


## （4）単元「松戸市の自然災害の特徴と持続可能なまちづくり」

　以上述べた点をふまえ，自然災害をテーマにした授業実践事例を以下のように提案します。


①**単元計画**（**全6時間**）

　①松戸市の都市としての性格（1時間）

　②松戸市の自然環境と自然災害の特徴（2時間）

③防災・減災対策と持続可能なまちづくり（3時間）

**②学習対象地域の特性と防災対策**

　松戸市街地は，江戸川の河岸集落と水戸街道の宿場町として発展してきた歴史的経緯があり，交通の結節点として位置づけられてきました。高度経済成長期以降に市域の4分の3を占める東部の台地上に住宅開発がなされるようになるまで，江戸川の沖積地に沿って市街地が開発されていたため，江戸期から明治後期までは江戸川とその流域の中小河川の氾濫にたびたび悩まされていました。近年は，国土交通省による江戸川の河川改修はもとより，排水機場の整備や利根川からの導水，千葉県による中小河川の改修により，水害はほとんど見られなくなりました。しかしながら，夏の集中豪雨，秋の台風の襲来時には多くの雨が降るため，地形の特性上，治水対策は必至であり，市の防災当局も対策マニュアルや洪水ハザードマップを作成することとで，市民への意識啓発を行なっています。

**③学習目標**

　学習目標については，学習指導要領に規定されている3つの資質・能力とのかかわりから，以下の3点を設定します。

①資料分析，討論，まとめ，発表という一連の学習スキルを通して，地形環境を中心とした松戸市の地理的特性と自然災害との関係について過去の土地利用とのかかわりから理解する（知識・技能）。

②松戸市で起こりうる自然災害のもたらす影響について多面的に考察するとともに，防災・減災へ向けての過去から現在にかけての取り組みについて自助・共助・公助の面から考察する（思考・判断・表現）。

③防災・減災の観点から見た持続可能なまちづくりのあり方について提言する（主体的に学習に取り組む態度）。

**④授業開発にあたっての留意点**

　授業開発に際し，筆者が心がけたことは，「主体的，対話的で深い学び」の構築です。具体的には，①主体的な学習活動を喚起する発問の設定，②考察力と構想力の育成からなる学習プロセスの重視（図3），③毎時間の学習目標の達成を検証するための振り返りの重視，④学習者間の協力関係構築のための協働型学習の採用，をあげることができます。

　このような意識をもって授業づくりを行なうことで，生徒たちは，意欲的に学習に取り組み，結果的に活発な授業展開が可能になるものと考えます。それとともに，松戸市全体への興味・関心を高めることができ，そのことが地域社会における自然災害への当事者意識を喚起し，社会参画へ向けての素地を作っていくものと考えます。

**⑤授業展開**

a）松戸市の都市としての性格

図3　考察力と構想力の育成からなる探究プロセス

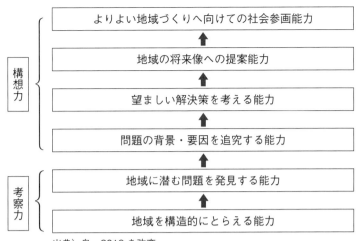

出典）泉　2019 を改変

　「今昔マップ」（図4）を活用し，現在（国土地理院2万5000分の1地形図「松戸」2019年発行）と70余年前の地形図とを見比べ，読み取らせることで，松戸市が第二次世界大戦後から現在に至るまで，東京大都市圏の衛星都市として発展を遂げたことを理解させます。次に，70余年前の地形図（地理調査所2万5千分の1地形図「松戸」1947年発行）から川沿いや街道沿い，駅付近に市街地が発達していることに着目させ，松戸が河岸集落，宿場町としての機能をもつ交通の要衝であったことに気づかせます。また，70余年前の地形図に示されている水田を緑色で着色させ，それが平坦な地形で水を得やすい低地帯や台地の狭間の谷津に分布していたこと，そのような地形条件がどのような自然災害を引き起こすのかを予想させ，次の単元につなげます。

ｂ）松戸市の自然環境と自然災害の特徴

　1時間目は，現在と70余年前の地形図とを比較し，等高線間隔に注意させながら読み

図4　「今昔マップ」から見た松戸市街地の新旧地形図（左は 1947 年版，右は 2019 年版）

出典）今昔マップ on the web

取らせることで，松戸市が西部の低地と東部の台地とに区分されること，水の得やすい低地が早くから開発が進み，市街地が発展したこと，台地は水が得にくいゆえに開発が遅れたことを理解させます。次に，同市で発生が予想される自然災害について，70余年前の地形図を洪水，液状化，土砂災害といった各種ハザードマップと比較させながら読み取らせることで地形と自然災害との関係について理解させます。さらに，西部で発生頻度の高い自然災害である洪水に着目させ，地形図とハザードマップとを関連づけて被害の程度について読みとらせます。その際，低地に縦横に張りめぐらされている中小河川や水路，旧河道，人工堤防，関連地名の分布を2種類の地図から読みとらせるとともに，顕彰碑，水門，排水機場などの画像を教師の側から示すことで，近世における新田開発と近世から近代にかけて実施された河川改修の跡を確認させ，同市の水害対策の歴史について理解させます。

　2時間目は，4，5名程度のグループに分かれ，洪水を引き起こす背景・要因，それによってもたらされる問題点について多面的に理解させることをねらいに，グループごとに模造紙またはホワイトボード上にウェビングマップ（図5）を作成させます。作成後はプレゼンテーションを実施し，グループごとに気づいたこと，感じたことを発表させます。

図5　洪水をテーマとしたウェビングマップの例

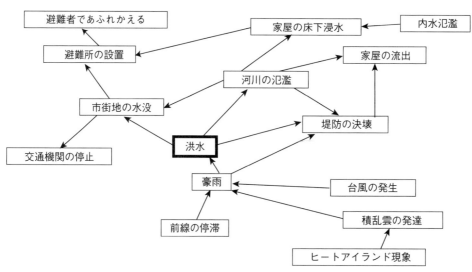

ｃ）防災・減災対策と持続可能なまちづくり

　1時間目は，松戸市では洪水対策へ向けてどのような取り組みを行なっているのかを，国や自治体発行の資料（『北千葉導水路のご紹介』国土交通省関東地方整備局ほか発行，『松戸市地域防災計画』松戸市防災会議発行，『松戸市水防計画書』松戸市発行）をもとに調べさせることで，防災対策における国や地方自治体の役割について理解させます。次に，地域住民としてできる洪水対策として，住民の立場になって取り組むべきことについて自由に意見を述べさせることで，行政がなすべき公助のみならず，自助，共助の意識が重要であることを再認識させるとともに，自身の居住地域における防災の取り組みについて考えるための

きっかけづくりとします。さらに，災害に強い持続可能なまちの実現へ向けて具体的ビジョンを描くために，グループごとに「持続可能」という言葉から連想するキーワードを3つ設定させます。

　2時間目は，前時で設定されたキーワードをもとに「災害に強い持続可能なまち」の実現へ向けての具体的な戦略を，フローチャートの形式（図6）で模造紙またはホワイトボード上に描きます。3時間目は，グループごとに打ち出した戦略を発表させ，それに基づいた議論を展開させます。時間的な余裕があれば，各グループのアイディアを取り込みながら，クラス全体で「災害に強い持続可能なまち」の実現へ向けた戦略を作成し，多方面から検討を加えたうえで，市に提案することもできるでしょう。

図6　「災害に強い持続可能なまち」の実現へ向けての具体的戦略の事例

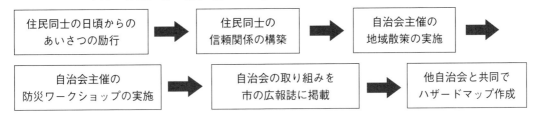

### ⑥評価の観点

　評価の観点については，以下の5つの観点を設定します。

①地形環境を中心とした松戸市の地理的特性と自然災害との関係について過去の土地利用とのかかわりから理解できる。

②松戸市で起こりうる自然災害のもたらす影響について多面的に考察できる。

③防災・減災へ向けての過去から現在にかけての取り組みについて自助・共助・公助の面から考察できる。

④防災・減災の観点から見た持続可能なまちづくりのあり方について提言できる。

⑤資料分析，討論，まとめ，発表という一連の学習スキルを身につけている。

　評価方法については，各単元の終了時に授業コメントを提出させ，その内容を最大限尊重したうえで，3段階での評価（Aよい，Bまあまあ，Cもう少し）を実施します。

参考文献・資料 ---------------------------------------------------------------------

泉　貴久　2019.「高校『地理総合』における生活圏学習の方向性と授業実践上の課題——単元『足もとから考える地域の課題：松戸市への政策提言』を通して」新地理 67-3, pp.112-121

今昔マップ on the web　http://ktgis.net/kjmapw/index.html（最終閲覧 2020 年 12 月 25 日）

やさシティマップ（松戸市地図情報提供サービス）　https://www.sonicweb-asp.jp/matsudo/（最終閲覧 2020 年 12 月 25 日）

（泉　貴久）

# 2 学校以外の地域を調査してみよう
—— 農山村を例に

---

キーワード　農山村　茨城県大子町　過疎化　高齢化　持続可能なまちづくり

---

## （1）授業のねらい

　日本列島の国土面積の7割超が山地（丘陵地を含む）となっており，そこには全人口の1割弱が居住する農山村が分布しています。農山村とは，農村と山村を合わせた言葉で，広い山林面積を有し，農業などの第一次産業を主要な産業基盤として位置づけている村落のことを言います。そこでは，盆地や谷筋などの比較的低平な土地に中心集落が形成され，自然環境の影響を強く受けたその土地ならではの生業が成立しています。また，鉄道開通以前の交通手段の整備されていない時代には，地形的な制約上，人々の行動も村落内で完結していたため，風習や方言，食生活，家屋の形態といった独自の地域文化が形成されています。それらは「ローカルな知」として今も形を変えて地域内で継承されている場合もあります。

　農山村は，高度経済成長期以降，第二次産業を主体とした産業構造の変化により，主に若年層を中心に太平洋ベルトを中心とした都市部への人口流出が進み，過疎化が進行しました。その後，さらなる経済発展にともなう第三次産業主体の産業構造の変化や，東京一極集中にともなう地域間格差の増大により，世帯ごと他地域に転居する挙家離村も見られ，過疎化が一層顕著になります。それにより，少子高齢化も進行し，「限界集落」という言葉に表されるがごとく，将来的には地域コミュニティの崩壊を招くことになります。

　以上の点をふまえ，本項では，学校以外の地域における調査学習の一例として，茨城県の最北西端に位置する典型的な農山村である久慈郡大子町における過疎化と高齢化をテーマにした生活圏の調査学習の授業プランについて提案します。

## （2）テーマのための導入素材

　図1は，大子町の1980年から2045年にかけての人口推移を示しています。それを見ると，町の人口は年々減少の一途をたどり，過疎化が進行していること，2020年を境に，生産年齢（15〜64歳）人口と老年人口（65歳以上）の数が逆転し，超高齢社会を迎えること，1988年を境に年少人口（14歳以下）と老年人口の数が逆転し，それ以降は少子化が進行していることを読みとることができます。

　また，図2は，大子町の2015年と2045年（推計）の人口ピラミッドを示しています。老年人口に着目してそれを見ると，25年後（2020年現在）の2045年には老年人口の割合

が（経済産業省＆内閣官房まち・ひと・しごと創成本部提供の WEB GIS「RESAS–地域経済分析システム」によると，40.7％から58.3％に）増大すると予想され，それを支える生産年齢層（RESAS によると，51.0％から35.6％へ低下と予想）の税負担が計り知れないものになること，高齢化対策に早急に手を打たなければ，社会保障費の増大によって町の財政は破綻し，町自体が将来的に消滅してしまうことを推測することができます。

　このような過疎化，高齢化の問題は，何も大子町に限ったことではなく，程度の差はあれ，日本国内のすべての農山村にあてはまるものです。また，地方中小都市や高度経済成長期に造成されたニュータウンを抱える大都市郊外の衛星都市においても同様の傾向が見られ，日本中の多くの地域において深刻な課題となっているのです。人口減少社会が進み，人間誰もが「老い」を迎えるという現実の中，過疎化，高齢化の問題に対して，私たちは当事者意識をもって臨む必要があるのです。

図1　大子町の人口推移

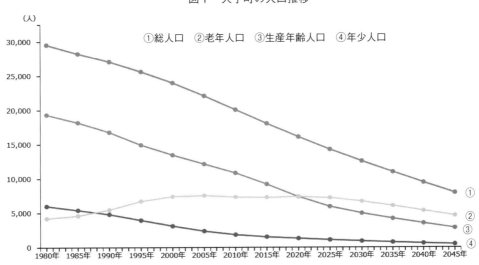

注）最新の国勢調査が実施された 2015 年までは実績値，それ以降は推計値
出典）RESAS —地域分析システムより作成

図2　大子町の人口ピラミッド

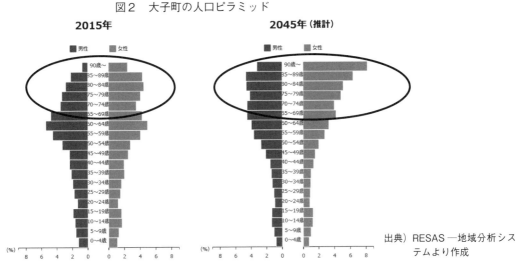

出典）RESAS —地域分析システムより作成

## （3）単元「大子町の過疎化・高齢化と持続可能なまちづくり」

　ここでは，調査学習の一例として，「過疎化・高齢化」をテーマにした上記単元による授業実践事例を以下のように提案します。

### ①単元計画（全9時間）

　①大子町の地理的な特徴について調べてみよう（3時間）

　②大子町が抱えている課題について考えてみよう（3時間）

　③大子町の未来について考えてみよう（3時間）

### ②学習対象地域の特性

　大子町（図3）は，久慈川と南郷街道を控えた交易の拠点として古くから集落が形成され，現在も県都・水戸市と福島県郡山市とを結ぶ結節点としての役割を果たしています（図4，図5）。町の総面積の約7割は，八溝山系と阿武隈山系からなる山林が占めており，久慈川とその支流が形成する盆地や谷筋に大小の集落が形成されています。河川に沿った緩傾斜地に

図3　大子町中心部とその周辺

出典）地理院地図より

図4　宿場町の雰囲気が残る大子町中心部

出典）2017年8月23日筆者撮影

図5　大子町を南北に流れる久慈川の清流

出典）2017年8月23日筆者撮影

は，水田，畑地，牧場，養鶏場などが広がり，地形や気候の特性を生かした農牧畜業とともに，ヒノキやスギなどの針葉樹林を生かした林業も主要産業として位置づけられています。

　河川と山地の存在は，豊かな自然景観を生み出し，清流，滝，ジオサイト，温泉郷など関東地方有数の魅力ある観光地としての地位を築いています。しかしながら，高度経済成長期以降の産業構造の変化は，都市部への人口流出を促し，過疎化や高齢化が深刻化しています。そのことが住民生活や自治体経営に影響を及ぼすなどの連鎖的な問題を引き起こすことになり，地域の活性化とともに，未来へ向けた持続可能なまちづくりをどのように実現していくのかが，町全体で取り組むべき課題として位置づけられます。

### ③学習目標
　学習指導要領に規定される3つの資質・能力とのかかわりから，以下の3点を設定します。
　①資料分析，討論，まとめ，発表という一連の学習スキルを通して，大子町の地理的特性について多面的に理解する（知識・技能）。
　②大子町が抱えている過疎化，高齢化の2つの課題を多面的に考察し，解決への方途を探る（思考・判断・表現）。
　③大子町の未来へ向けた持続可能な地域づくりのあり方について提言する（主体的に学習に取り組む態度）。

### ④授業展開
a）大子町の地理的特徴について調べてみよう
　1，2時間目は，生徒たちを4，5名程度のグループに分け，大子町の地理的特徴について「自然環境」「歴史」「産業」「文化」「観光」の5つのテーマを各グループに割り振ります。次に，資料を関連書籍やインターネットから検索・収集させ，調査活動を展開します。その後，調査成果を模造紙やパワーポイントなどにまとめるよう指示を出しますが，その際，「自然環境」については，地形面，気候面と人々の生業や自然災害との関係に，「歴史」については，大子町の農山村としての成長と衰退の過程に，それぞれ触れるよう指示を出します。また，「産業」「文化」「観光」については，それぞれの特徴に加え，現状と課題についてまとめるよう指示を出します。そうすることで，小単元②で扱う学習内容との関連性を見出すことになると考えるからです。
　3時間目は，調査の成果を生徒たちに発表させます。その際，質疑応答を含めて活発な議論が展開できるよう，生徒たちの発言を促していくなどの雰囲気づくりに教師の側は努めます。また，ここでは，各グループの発表内容から大子町の有する地理的特徴についての多面的な理解をクラス全体に促すことをめざします。そうすることで，小単元②や小単元③で扱う学習内容の素地となる「リアルな地域認識」を形成することにもつながると考えるからです。

b）大子町が抱えている課題について考えてみよう

　1，2時間目は，図1と図2を生徒たちに示すことで，大子町が過疎化と高齢化の2つの課題を抱えていることを認識させます。そのうえで，グループごとに各々の課題の背景・要因，影響について，小単元①での学習内容をふまえながら多面的に把握させ，他の課題ともリンクさせるために，ウェビングマップ（図6，図7）を模造紙に作成させます。あわせて，課題の解決策についても考えさせ，模造紙やパワーポイントにまとめさせます。

図6　過疎化をテーマとしたウェビングマップの例

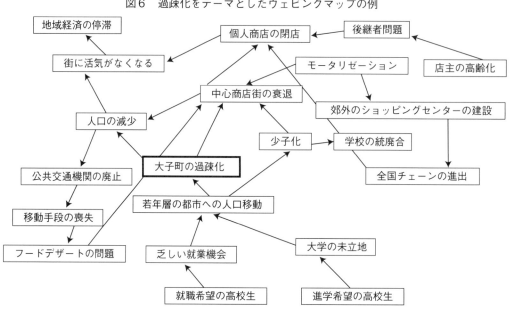

図7　高齢化をテーマとしたウェビングマップの例

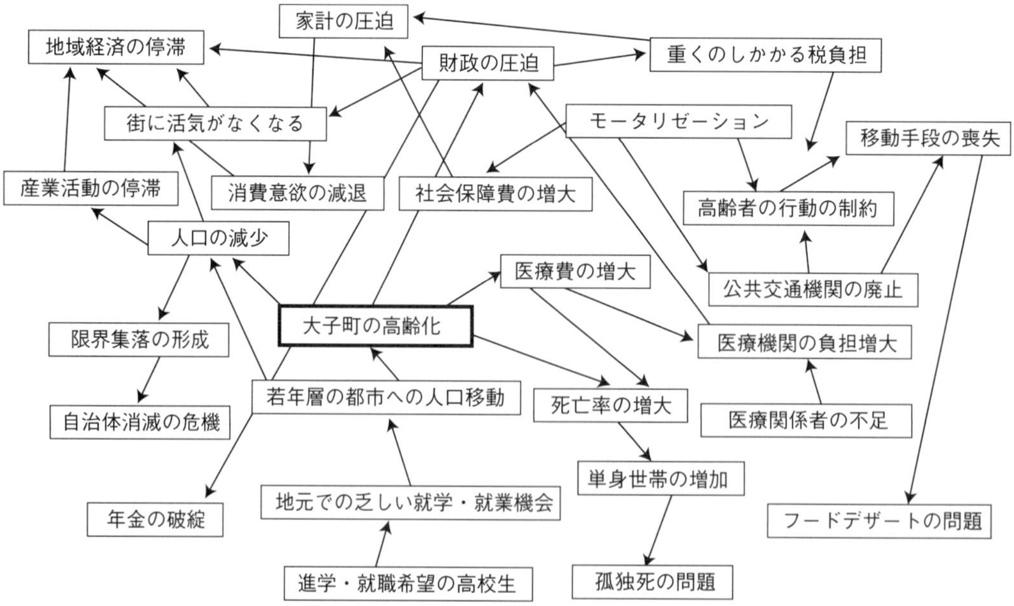

3時間目は，グループごとに自分たちの作成したウェビングマップから何が読み取れるのかを生徒たちに発表させるとともに，過疎化と高齢化の2つの課題の解決策についてグループごとに発表させます。ここでは，町の抱える2つの課題が連鎖的に他の課題を引き起こしていることに気づかせるとともに，総合的な観点に立脚した解決策が必要なことを認識させます。

ｃ）大子町の未来について考えてみよう

　1，2時間目は，ユネスコが提唱する持続可能な17の開発目標（SDGs）を生徒たちに示し，それを参考にさせたうえで，グループごとに大子町の未来へ向けた持続可能な地域のあり方について文献やインターネットをもとに考えさせます。次に，持続可能性にかかわる3つのキーワードを17の開発目標をふまえたうえで提示させ，それを生かした町の将来像について模造紙やパワーポイントなどに自由な形式でまとめさせます。

　3時間目は，まとめた成果をグループごとに発表させるとともに，クラス全体で町の今後の方向性について協議させ，継続的な追究を促します。いわば，オープンエンドの形で9時間にわたる本単元での学習成果を互いに共有しながら，持続可能な未来社会へ向けた地域創生のための学びが続いていくのです。

## ⑤評価の観点

　評価について，以下の4観点を設定し，その方法については，各単元の終了時に授業コメントを提出させ，3段階評価（Aよい，Bまあまあ，Cもう少し）を行ないます。

　①大子町の地理的特性について多面的に理解できる。

　②大子町が抱えている2つの課題を多面的に考察し，解決方法を示すことができる。

　③大子町の未来へ向けた持続可能な地域づくりのあり方について提言することができる。

　④資料分析，討論，まとめ，発表という一連の学習スキルを身につけている。

**参考文献・資料** - - - - - - - - - - - - - - - - - - - - - - - - - - - - - - - - - - - - - - - - - - - - - - - - - - - - - -

小田切徳美　2009.『農山村再生──「限界集落」問題を超えて』岩波書店
小田切徳美　2014.『農山村は消滅しない』岩波書店
大子学のすすめ編集委員会編　2018.『大子学のすすめ（第2版）──大子で学ぶ　大子を学ぶ　大子のために学ぶ』大子町教育委員会
大子町　2016.『大子町まち・ひと・しごと創生総合戦略　平成28年3月』
田中治彦・枝廣淳子・久保田崇編　2019.『SDGsとまちづくり──持続可能な地域と学びづくり』学文社
地理院地図　https://maps.gsi.go.jp/（最終閲覧2020年12月25日）
RESAS－地域経済分析システム　https://resas.go.jp/#/8/08364（最終閲覧2020年12月25日）

（泉　貴久）

# 3 課題を抱える地域を調査してみよう──産業遺産・土砂災害

4Ⓑ-3

---

キーワード　産業遺産　地理院地図　土砂災害　ハザードマップ　調査報告集

---

## （1）授業のねらい

　地域調査は，実際に現地を訪れ，自分の目で見て，直接人から話を聞くことを通して，当事者の立場でそこで起きたことや起きていることを考察していく学習の場です。地域調査に役立つ有効な情報は，国土地理院の地理院地図や国土交通省のハザードマップなどを活用することで収集することができます。

　ここでは，産業遺産と土砂災害をテーマにして，地域調査の具体例を紹介しながら，地域調査の事前学習の方法，現地での調査活動，報告書の作成について解説します。

## （2）テーマのための導入素材

　世界文化遺産となった広島の原爆ドームは「負の世界遺産」と言われます。国内の産業遺産や歴史遺産を訪ねると，かつての地域の繁栄とともに，衰退の歴史や過酷な労働，地域文化の喪失など負の側面についても知ることになります。実際に地域に行って調査をすることで，地域の課題を住民視点で考えるようになり，新たに気づくことがあります。

　次の4枚の写真の場所はどこで，写真からはどういうことが読みとれるでしょうか？

　図1の島は長崎県の端島，通称，軍艦島とよばれています。1916年に三菱鉱業が採炭を増加させる中で，日本初の鉄筋コンクリート7階建ての高層アパートが完成しました。1941年には過酷な労働下で約41万tの最高出炭量を記録し，1974年に閉山しました。

　図2は茨城県日立市の日立鉱山の煙突で，完成当時，高さ155.7mの世界一高い鉄筋コンクリート製でした。1914年に完成した大煙突は，新田次郎の小説『ある町の高い煙突』に

図1　ここは何の島でしょうか？

出典）筆者撮影（以下，同）

図2　この煙突がある場所はどこ？

図3　この産業遺産は何でしょう？

図4　渡良瀬川源流域のこの施設は？

描かれ，映画化されました。1993年に3分の1を残して倒壊してしまいました。

　図3は佐渡市の佐渡金山にある北沢浮遊選鉱場跡です。1940年に建設され，月間5万t以上の鉱石を処理し，同年，金山史上最大の年間産金量1537kgを記録しています。鉱石の積み出しや石炭などの陸揚げを行なう大間港にも煉瓦倉庫やクレーン台座などの貴重な産業遺産があります。

　図4は栃木県日光市足尾の足尾銅山本山精錬所跡です。渡良瀬川源流域に位置する足尾銅山周辺の国有林では，伐採や山火事，精錬所から排出される亜硫酸ガスによる煙害で森林を消失させました。1956年から緑化事業が始まり，緑の復元をめざしています。


## （3）「産業遺産のある地域でのフィールドワーク」
### ── 追究活動（1）

　長崎県西彼杵半島の沖合西方約7kmに池島があります。東西約1.5km，南北約1km，周囲約4km，面積は約0.86km²の小島です。池島の炭鉱は1959年に操業を開始し，1985年に出炭量のピークを迎えた後，2011年11月末に閉山しました。池島にはまだ居住者がいます。炭鉱施設はほぼそのまま残っているため，当時の生活を疑似体験できます。池島には炭鉱アパートが全部で約50棟あり，そのすべてが鉄筋コンクリート造りです。形状は隣り合う2戸に1つの共用階段を利用する階段室型で，鉱員の居室は6畳と4畳半の2DK，水洗トイレが併設され，風呂はないもののダイニングは広く，システムキッチンまで施工されていました。

　現在，池島炭鉱跡は長崎市が主催する観光企画として一般公開されています。見学コース（有料）では，実際の坑内にトロッコで入り，採掘現場復元場所では採炭機器の模擬体験ができる内容となっています。人気があるのはオプションで注文できる「炭鉱弁当」で，当時の炭鉱員の食事が体験できます。フィールドワークは，池島港フェリー待合室からスタートします。炭鉱開業とともに整備されていく公共施設や商店，鉄筋アパート群跡を実際に見て，最盛期の様子を想像しながら，炭鉱の島の暮らしを実体験してみましょう。

　北海道の旧夕張炭鉱は映画「幸せの黄色いハンカチ」の舞台として有名ですが，現在，炭鉱遺産を活用した産業遺産ツーリズムが清水沢地区で始まっています。その活動は，こ

こを研究対象地域とした学生の構想からスタートしており，夕張市と提携した「清水沢プロジェクト」では，住民が主体となって地域に埋もれているものを掘り起こし，新たな価値を付与し，地域を訪れる人たちと間で継続的かつ多様な交流人口を創出することをめざしています。現地には，ズリ山（選炭時の捨て石を積み上げた山）や炭鉱住宅が数多く残っています。

夕張市から無償貸与された旧炭鉱住宅「清水沢コミュニティゲート」が集合場所です。炭鉱住宅街から浴場をまわって炭鉱町の暮らしやコミュニティを実体験し，選炭場跡，旧北炭清水沢火力発電所などの施設で説明を受けます。清水沢ズリ山には平坦な農地に積み上げられた高低差約60mのものがあり，頂上から街を360度見渡すことができます。夕張は，野外博物館（エコミュージアム）として産業遺産ツーリズムの拠点となっています。


# （４）「広島市の土砂災害常襲地でのフィールドワーク」
## ── 探究活動（2）

地域調査を行なうにあたっては，調査目的を明確にしましょう。何のためにその地域に行くのか，そこで何を見て，何を調べるのかを事前にはっきり決めましょう。訪問する候補地を絞った後は，その地域で実際に何を調べることができるのかを探り，生徒や学生にとって学習効果の高い地域を優先して選んでいくことになります。

ここでは，「広島市の土砂災害多発地域と被害の要因」をテーマにして地域調査をすることにします。事前の下見では訪問場所を確認し，役場や資料館などで資料を収集し，現地での聞き取り予定者との打ち合わせを綿密に行なっておくことが大切です。

広島市の地域調査では，最近大きな土砂災害の被害を受けた広島市安佐南区を中心にまわり，被災現場を調査することにしました。安佐南区は山の麓まで住宅地が広がる広島市のベッドタウンです。2014年と2018年の土砂災害で甚大な被害が出ました。既存の住宅地を守るために砂防堰堤が数多く建設されていますが，土砂災害警戒区域に含まれている住宅地が多くあります。

土砂災害警戒区域は，急傾斜地の崩壊等が発生した場合に住民等の生命または身体に危害が生じる恐れがあると認められる区域のことです。危険の周知，避難体制整備の義務があります。また，土砂災害特別警戒区域は，急傾斜地の崩壊等が発生した場合に建築物に損壊が生じ，住民等の生命または身体に著しい危害が生ずる恐れがあると認められる区域のことです。開発には許可が必要になり建築物規制等があります。

広島市は太田川によって形成された沖積平野で，市街地を取り囲むように北側に山地が広がっています。山地を形成する岩石は，表面が風化しやすく水に弱い花崗岩が多くを占めます。産総研地質調査総合センターの地質図Naviから広島市北部丘陵地の「花崗岩」分布図を見ると，このあたり一帯に花崗岩が風化したマサ土が表層に堆積する丘陵地が広がっていることがわかります。そのため，集中豪雨（時間あたり100mℓ程度の降水量）が発生すると斜面崩壊が起きて，土石流が発生しやすくなります。

図5 梅林小にある自然災害伝承碑　　　　　図6 広島市安芸区にある水害碑

　事前調査では，国土地理院の地理院地図を利用してみましょう。地理院地図のサイトから広島市安佐南区を検索すると，地図画面に「自然災害伝承碑」の地図記号が数多く出てきます。なかでも土砂災害と洪水に関するものが点在しています。地図からは安佐南区の土砂災害の自然災害伝承碑は7か所（2020年9月現在）あり，多くが2014年建立のものです。JR梅林駅（ばいりん）近くには「広島土砂災害　忘れまい8・20」と刻まれた災害碑があり，画面の写真をクリックすると災害の概要が記されています。

　図5の碑は梅林小学校の敷地内にあり，石碑の裏側には「平成26年8月20日，未曾有の集中豪雨と土石流により梅林学区で65名の尊い命が失われた　ここに犠牲になられた方々の尊命を記し　哀悼の意を表する　私たちはこの大災害を忘れずに　後世にこれを学ぶ子どもたちに伝わることを願ってこの碑を建立する」とあります。

　さらに地理院地図の画面から関連外部サイトへのリンクにつなぐと，広島県内の水害碑のほか，全国の詳細な情報を見ることができ，災害に関する石碑の知識がさらに深まります。

　図6は広島市安芸区矢野にある水害碑で，1907年7月の豪雨災害に関することが漢文で記されています。記述の内容は，災害発生時の村の様子や被災地の地理的な位置，そして氾濫した河川に関する記述があり，土石流が突然発生し，村人が何もできなかったこと，また多くの支援や援助によって村が復興したことが書かれています。広島大学の調査では，広島県内に1909年以降，少なくとも38基の水害碑が建立されています。

　災害に関する地名として，梅林小学校の「梅」には，「土砂崩れで埋まった所」「地すべり地」「低湿地」「人工的に埋め立てた場所」といった意味があると言われています。古くからある地名はその土地の履歴を知る1つの手かがりとなり，その土地のもつ特徴を表すことがあります。街歩きの中で，地名と地形の関係を考えていくことも楽しい作業です。

　また，今昔マップon the webのサイトからは，戦後の経済成長にともない広島市安佐南区の丘陵地が宅地開発によって拡大していくようすがわかります。新旧の地図を比較することで，梅林駅周辺は梅林小学校ができるまで水田が広がっていたことが読み取れます。

　これまでの地域調査の事前調査では，市役所の窓口をまわり，市勢要覧や統計資料，広報誌や都市計画図，観光パンフレットなどを手に入れることが一般的でしたが，最近ではインターネットなどでたやすく情報を収集することができるようになりました。広島市危機管理室の防災情報サイトでは，広島市内の水害碑の所在地を地図に示し，水害碑の名称

をクリックすると被害についての詳細を見ることができます。また，リーフレット「水害碑が伝えるひろしまの記憶・過去が教えてくれること」をPDFファイルでも公開しています。

さらに，この防災情報サイトには「避難所へGo！」という広島市避難誘導アプリがあります。これを利用すると最寄りの避難所への最短ルートがわかり，土砂災害警戒区域等のハザードマップが確認できます。自分のいる現在地に避難情報が発令されると，もっとも近い開設中の避難所への避難ルートがGPS情報にもとづいて表示されます。

国土交通省のハザードマップポータルサイトからは梅林小学校区の土砂災害ハザードマップにつながり，土砂災害警戒区域と土砂災害特別警戒区域の範囲が色分けして表示されます。ハザードとは「危険性・危険要因」のことで，ハザードの種類，影響の範囲，危険度，危険頻度などを予測して，防災上の施設や避難路・避難場所などを地図上に示します。ハザードマップは，最近の災害予測において活用されることが多くなりました。

## （5）「地域調査の報告集の作成」
### —— 探究活動（3）

生徒や学生の多くが目的をもって積極的に活動した調査活動では，調査後の満足度も高くなります。その調査活動を楽しい思い出だけにせず，形にして残すのが「調査報告集」の作成です。報告集をつくることは大変な労力をともないますが，自分たちで調査したことを冊子にまとめていく作業は，作成する者にとって大きな学びとなるだけでなく，報告集は取材した相手への最大のお礼となります。

### ①事前準備

地域調査の目的に沿って訪問場所や取材対象を絞り込んだ後は，訪問先の下見を実施することになります。下見では役場や訪問施設での打ち合わせや資料収集を行ない，施設使用料や案内者へ支払う料金等を確認します。取材対象者への訪問では，地域調査当日の時間の設定，取材内容について，念入りに打ち合わせを行なう必要があります。

訪問地から次の訪問先への移動時間，昼食場所と所要時間，宿泊場所の施設（コインランドリーの有無・料金等），夕食・朝食の食事時間なども決めておくことが大切です。丁寧な下見によって，地域調査の全日程の詳細なタイムスケジュールを立てることができます。

ここから，いよいよ地域調査に向けての役割分担ですが，それは報告集作成の担当箇所の分担ともなります。報告集作成の決め手は，この担当箇所の分担をきちんと行なうことです。それが生徒・学生への過大な負担とならないように配慮することも必要です。

報告集の表紙や地図などの作成はそれが得意な者に依頼できますが，基本的に2〜3人のグループごとに細かく担当する施設や聞き取り対象者を決めておくことがポイントです。

生徒・学生は決められた役割については責任をもって行ないます。指導する側は，生徒・学生に取材時のことをイメージさせ，取材相手に何を聞いて報告書にまとめなければ

ならないのかを主体的に考えさせ，質問項目をグループ内の話し合いを通して作成させていきます。そのために，適宜，必要な資料や情報を与えていくことも必要になります。取材対象者に関する資料を探し，事前に学習しておくことはきわめて大切なことです。

### ②調査活動と取材方法

調査報告集の様式は地域調査の前に決めておきます。報告集のサイズ，縦・横の字数・行数，文字の大きさと字体，上下左右の余白幅を決め，前年度作成の報告集などを示しながら図表や写真の位置づけをイメージさせるとよいでしょう。そうすることで，生徒・学生は現地で作成する報告集の出来上がりのことを常に考えながら取材するようになります。

地域調査では，いつでも記録できる態勢で取材活動をすることが求められます。フィールドノートは小型ノートでも十分対応できます。相手への聞き取りでは，録音の許可をとったうえでスマートフォンのボイスメモで記録しておきましょう。しかし，後日に行なうテープ起こしの作業は大変なので可能なかぎり相手の話はメモにとり，そのときに重要と思った部分に下線を引くなどして強調しておくと後で役立ちます。グループで取材する場合は，交替しながら質問，記録を行ない，写真撮影や録音担当も事前に決めておくとよいでしょう。

### ③調査報告集の作成

現地で調べたこと，見たこと，聞いたことを書きとめたノートの内容は，早い段階でパソコンやスマートフォンに入力しておくとよいでしょう。その後，文章を並び替え，修正・加筆していくことになりますが，取材対象者から聞き取った内容は正確に文章化しなければなりません。

調査報告集は，段階を踏みながら作成していくことになるため，最初の段階ではまとめた文章の字数が少々オーバーしていても気にする必要はありません。報告集に入れるデータを作成し，図表や写真を挿入していく中で，徐々に所定のページ数に収めていけばよいのです。その作業にはかなりの時間が必要ですが，グループで何度も修正しながら完成させていく過程は，生徒・学生にとってきわめて重要な学習の時間となります。

完成した調査報告集は，取材を依頼した相手だけでなく不特定多数の人たちにも読んでもらうことになります。作成したメンバーの自己紹介や地域調査を通じて感じたこと，取材活動を通してわかったこと，疑問に思ったことなども文章にして残しましょう。

**参考文献・資料** ----------------------------------------------------------------

大阪自治体問題研究所・自治体問題研究所編　2019.『豪雨災害と自治体──防災・減災を考える』自治体研究社

黒沢永紀　2017.『池島全景──離島の《異空間》』三才ブックス

今昔マップ　on the web　http://ktgis.net/kjmapw/（最終閲覧 2021 年 2 月 20 日）

斎藤潤　2018.『日本の島　産業・戦争遺産』マイナビ出版

土屋信行　2019.『水害列島』文春新書

（吉本健一）

# 4 課題を抱える地域を調査してみよう──津波・原発

----

キーワード　東日本大震災　防潮堤　震災遺構　福島第1原子力発電所事故　災害伝承館

----

## （1）授業のねらい

　日本は多くの地震や台風，集中豪雨などの災害が頻発し，世界的にも類を見ない災害リスクの高い国です。災害を減らすためには，先人の知恵を生かし，災害を拡大させた要因を検証しながら，先を見据えた対策を実施することが求められています。

　ここでは，東日本大震災および福島第1原子力発電所事故の被害を受けた東北地方の被災地を調査対象にして，震災遺構や伝承館などをまわるとともに，現地の人たちへの聞き取り調査を行なうことで，震災復興の課題を考えていくことを学習のねらいとしました。

## （2）テーマのための導入素材

　次の4枚の写真は，東日本大震災の津波被害や福島第1原子力発電所事故による放射能被害を受けた地域で撮影されたものです。図1〜4を見て何が読みとれますか。

　図1は岩手県大船渡市の泊里漁港の防潮堤です。震災前の高さ6.3mから震災後12.8mとなった防潮堤で陸地と海は遮断されました（2020年8月3日撮影）。

　図2は旧気仙沼向洋高校で，現在は気仙沼市東日本大震災遺構・伝承館となりました。津波で流されてきた冷凍工場が校舎4階に激突して壁面が破損し，激突した方向に折れ曲がりました。当時，屋上には約50人が避難していました（2020年3月11日撮影）。

　図3はJR気仙沼線の鉄道敷を活用したBRT（Bus Rapid Transit）のバス専用道路です。東日本大震災で甚大な被害を受けたJR気仙沼線と大船渡線は，復旧に多くの課題が

図1　この壁は何でしょうか？

出典）筆者撮影（以下，同）

図2　校舎4階はなぜ破損したのか？

図3　遮断機のある道路に何が通るの？

図4　なぜこの先には入れないの？

あるため BRT による高速輸送サービスを続けています（2020年8月4日撮影）。

　図4は，福島県浪江町の帰還困難区域を通る国道114号線から葛尾村へ向かう道路です。撮影時（2017年12月）は，まだ除染されていないため立ち入りが禁止されていました。帰還困難区域とは放射線の年間積算線量が50mSv以上の区域です。


# （3）津波被災地を訪れ，被害の状況を学ぶ
## —— 探究活動（1）

　東日本大震災後の津波によって東北地方の太平洋沿岸は甚大な被害を受けました。巨大防潮堤で知られた岩手県宮古市田老も，高さ10mの防潮堤が津波で破壊されました（図5，2011年7月撮影）。田老地区では，1933年の昭和三陸津波（津波高8.9m）を基準に防潮堤での「せり上がり」を考慮して，新たな防潮堤を14.7mの高さに設定しました。田老の防潮堤では，田老消防団の分団長から話をうかがいました。

　図6は，17mを越える津波によって建物の2階まで流出した「たろう観光ホテル」です。現在は震災遺構として保存され，「学ぶ防災」施設として活用されています（2016年9月6日撮影）。

　災害を後世に伝えるため震災遺構には被災した学校が多く，旧気仙沼向洋高校のほかに仙台市立荒浜小学校や山元町の旧中浜小学校などが震災伝承館として整備されています。

図5　破壊された田老の防潮堤

図6　震災遺構となった田老のホテル

図7　津波で破壊された女川港

図8　女川いのちの石碑（山祇神社境内）

　また，宮城県石巻市の旧大川小学校や福島県浪江町の請戸小学校も震災遺構として整備されています。

　東日本大震災で被害を受けた太平洋沿岸では，震災の事実や記憶，経験や教訓を伝えることを目的に，数多くの震災伝承施設が作られています。来訪者が訪問しやすいように施設が整備され，案内人や語り部活動などを導入し，震災のことを学ぶことができる伝承館も増えています。気仙沼市東日本大震災遺構・伝承館や陸前高田市のいわて TSUNAMI メモリアルなどの見学では，時間に余裕をもってフィールドワークの時間設定をすることが重要です。

　事前に施設内の展示内容を HP などで調べ，現地では何を調べ，誰から話を聞き取るのかを明確にしたうえで，訪問日時と語り部案内などの依頼をしておきましょう。

　宮城県女川町は日本有数のサンマの水揚げ基地として有名でしたが，東日本大震災の津波によって人口の約９％の人々が犠牲となりました。この割合は被害を受けた全市町村の中でもっとも高いものでした。震災後の女川港は図7（2011 年 5 月 14 日撮影）のように壊滅的な被害を受けました。その後，倒壊・水没した建物は女川交番を残してすべて撤去され，土地のかさ上げ工事が大規模に行なわれました。

　女川では，地元中学生の復興への取り組みについて学ぶことができます。女川第一中学校の生徒は，「千年後の人々に自分たちが経験した，とても辛く，悲しい想いを二度とさせたくない」と願い，町内 21 か所のすべての浜で，津波が到達した地点よりも高い場所に石碑を建てることを提案しました。建立費用は 100 円募金で集めました。2013 年 11 月に完成した 1 基目の「女川いのちの石碑」（図8，2019 年 9 月 3 日撮影）の碑文には，次のような生徒たちの言葉が記されています。

　　ここは，津波が到達した地点なので，絶対に移動させないでください。もし，大きな地震が来たら，この石碑よりも上へ逃げてください。逃げない人がいても，無理やりにでも連れ出してください。家に戻ろうとしている人がいれば，絶対に引き止めてください

図9　大川小学校で語り部の話を聞く

図10　復元された大川小周辺の街並み

## （４）被災地の復興支援や語り部活動に取り組む人たちから学ぶ——探究活動（２）

　東日本大震災後，大学生や高校生など，大勢のボランティアが全国から被災地に駆けつけ，復興支援に力を注ぎました。岩手県では，被災地から車で１時間の距離にある遠野 <ruby>（とおの）</ruby>市にボランティア基地が作られ，毎朝，沿岸部の大船渡，陸前高田，そして気仙沼方面などへ支援活動に向かいました。事前学習において，ボランティアセンターの位置や体制，被災時の自治体間連携について調べておくと，現地でのフィールドワークに役立ちます。

　日本を代表するカキ・ホタテ養殖の生産地，宮城県気仙沼市唐桑 <ruby>（からくわ）</ruby>地区も大きな被害を受け，全国から大勢のボランティアが駆けつけました。鮪立 <ruby>（しびたち）</ruby>の漁師の家では，屋根だけ残った自宅を若いボランティアに無償で提供しました。現在，ボランティア活動してきた20代の若い人たちが唐桑に移住しています。そして，気仙沼市から事業委託を受けて地元の中高生が漁師などの職業体験する企画運営や地元に誇りをもつ人材を育成する活動に取り組み，若い移住者の情報発信は新たな移住者を呼び込んでいます。こうした若い移住者の案内で現地を見てまわるのも，新たな視点でのフィールドワークになります。

　宮城県石巻市釜谷の旧大川小学校は，北上川河口から約４km上流にあります。川を遡上した高さ８mを越える津波によって，児童74人，教職員10人が犠牲になりました。この小学校で起きた出来事を語り部として伝える活動をしている大川伝承の会は，１～２か月に一度，定期的な語り部ガイドを行なってきました（図9，2019年7月21日撮影）。語り部は大川小学校に通っていた子どもを津波で亡くした保護者が中心ですが，現在では，当時，津波から奇跡的に助かった子どもも成長し語り部として参加するようになっています。

　学校周辺は何もない空き地となっていますが，かつてここには多くの民家が立ち並んでいました。そのことを示すため，地元住民たちが「記憶の街」模型復元プロジェクトを立ち上げ，震災前の大川地区の街並みを復元し公開しています（図10，2019年7月21日撮影）。

　震災遺構となった旧大川小学校は，学校管理下の防災について考える場所です。そし

て，語り部の方から直接説明を受けることで，子どもの命を守ることについて学びます。

## （5）避難指示が解除された福島の被災地を訪れる
### ── 探究活動（3）

福島第1原子力発電所事故による放射能汚染によって避難を強いられた地域を訪れ，避難の実態を知ること，そして福島の復興10年間の取り組みを現地で学び，町の将来についてともに考えることは生徒・学生にとって貴重な体験となります。

避難困難区域が解除されたことで，住民の帰還が進められています。全町村民が避難した自治体でも役場機能が回復し，立派な施設をそなえた新たな小中学校も開校しています。しかし，戻ってくる人は少なく，多くの人たちは避難先での生活が続いています。

福島市飯野町では繁殖牛を育てる畜産農家を訪ねました（図11，2017年9月7日撮影）。繁殖牛は子牛を出産させ繁殖させるために飼育する牛のことです。この畜産農家は全村避難となった飯舘村からここに避難し，牛の育成を再開しています。父親は飯舘村に戻って畜産業を再開したいと考えていますが，息子夫婦は放射線量が高いことを心配してい

図11　福島市飯野町の繁殖牛舎で聞き取り

図12　川俣町山木屋地区の花卉農家訪問

ます。それでも，飯舘村でブランド牛の「飯舘牛」を復活させることを手伝っていきたいそうです。

2017年3月末に避難指示区域が解除された川俣町山木屋地区には，トルコギキョウ栽培を再開した花卉農家があります（図12，2017年9月6日撮影）。川俣町役場の農業振興係で農家を紹介してもらい，山木屋地区に向かいました。訪問した農園は福島第1原子力発電所から西北西約34kmの地点にありますが，標高1054mの日山によってさえぎられて放射能汚染が比較的少なかった地域です。夏の期間はビニールハウスのトルコギキョウは出荷の最盛期となりますが，山木屋地区に戻る人は避難指示が解除されても少なく，人手不足の状態が続いています。ここでは，トルコギキョウの栽培では，「一枝一蕾」という1本の枝に1つの花と1つの蕾をつけるように剪定するのが基本であることを学びました。

福島県相馬市沖からいわき市沖合は親潮（寒流と）黒潮（暖流）が交わる潮目ができ，

図13　飯舘村の太陽光パネルの下で

図14　土湯温泉の地熱発電施設にて

「常磐もの」とよばれる魚介類が四季を通じて水揚げされていました。しかし，原発事故によって国の出荷制限を受けました。沿岸漁業は試験操業によって段階的に操業を拡大してきましたが，今なお風評被害が続いています。いわき市小名浜漁港では，検査場で放射能の検査体制を見学したり，魚介類の販売拡大の取り組みなどの話を聞きました。

　福島第1原子力発電所事故後，福島県は「原子力に依存しない，安全・安心で持続的に発展可能な社会づくり」を掲げています。ここでは，「原子力から自然エネルギーへ」をキーワードにしたフィールドワークを考えました。福島県では，市民による再生可能エネルギーを柱とした電力会社が生まれています。訪問した飯舘村では，農地の上部に太陽光パネルを設置する営農型太陽光発電（図13，2018年9月5日撮影）による再生可能エネルギーの普及をめざしています。喜多方市の会津電力では，再生可能エネルギーの普及状況や普及の障害となっていることについて，太陽光パネルがある発電所施設で学習することができます。

　福島市の土湯温泉では，温泉熱を利用した地熱バイナリー発電（低沸点媒体を利用して低温の蒸気・熱水を利用する方式）を中心としたまちづくりと観光地づくりについて学ぶことができます（図14，2018年9月6日撮影）。土湯温泉町では，地熱発電の売電収益によって，地元の小学校の給食費の全額負担や，高校・大学生や高齢者向けにバスの定期券無料化まで実現させています。

## 東北の震災伝承館・webサイト -----------------------------------------------------------

いわてTSUNAMIメモリアル（東日本大震災津波伝承館）
　所在地：岩手県陸前高田市気仙町字土手影180（高田松原津波復興祈念公園内）　https://iwate-tsunami-memorial.jp（最終閲覧2021年2月13日）
気仙沼市東日本大震災遺構・伝承館
　所在地：宮城県気仙沼市波路上瀬向9-1　https://www.kesennuma-memorial.jp（最終閲覧2021年2月13日）
東日本大震災・原子力災害伝承館
　所在地：福島県双葉郡双葉町大字中野字髙田39　https://www.fipo.or.jp/lore/（最終閲覧2021年2月13日）
ふくしま復興ステーション　https://www. https://www.pref.fukushima.lg.jp/site/portal/（最終閲覧2021年2月13日）

（吉本健一）

# 研究の成果を発信しよう

---
キーワード　プレゼンテーション　スライド発表　ポスター発表　社会貢献　探究学習
---

## （1）授業のねらい

　この節の最終項として，研究成果の発信を取り上げます。以前から学習指導要領では，フィールドワークで得られた成果を教室内で共有することや，社会へ発信することを求めてきました。その一方で，時間や人数の関係からフィールドワークそのものへの取り組みも難しく，ましてや共有や社会発信などはできない状況が続いています。しかし，アクティブ・ラーニングが盛り込まれた新しい学習指導要領では，さらにこのような機会を拡充させることが求められています。加えて地理だけではなく，新設された「公共」でも政策提言や社会への発信を求めています。今やこの流れを止めることはできません。むしろ，好機ととらえて，高校生による発信の機会を作ることを試みてはどうでしょうか。

　では，その場としてどのようなものがあるでしょうか。まずは教室内や校内での発信，次に地域社会への発信，さらに校外との交流や関連する学会など日本，世界を対象とした発信の場が考えられます。今回，筆者の経験を紹介しつつ，高校生がどのように外部へ発信していけるのか，その可能性について考えてみたいと思います。

## （2）テーマのための導入素材

　筆者の前勤務校（筑波大学附属駒場高校）では，長年にわたって文部科学省のスーパーサイエンスハイスクール（SSH）事業に取り組んできました。もともとは，理数系科目の高度化を図る事業ですが，勤務校では，開始当初から全教科による取り組みを行なっており，社会科も「科学者の社会的責任」をテーマに授業開発や講演会を実施してきました。さらに，2010年度からは，フィールドワークを実施しており，広島や水俣を対象地域として研究に取り組んできました。

　近年は課題研究という授業を学校設定科目として，高校2年生の選択必修授業としています。社会科の授業でありながら，SSHの対象としたのには理由があります。水俣はあらためて語るまでもありませんが，日本が高度経済成長期に起こした公害の原点と言える都市です。公害事件で，企業活動によって住民に健康被害がおよんだわけですが，単に病気が発生して治療していくという単純なものではなく，社会学や経済学，医学や法学などあらゆる分野を巻き込んだ事件と言えるでしょう。また，地域住民だけでなく，公害は国際的な環境問題へと関心が広がっていきます。そしてもっとも重要なことは，この事件がいまだに解決されていないということです。最近では，歴史の教科書の1ページとして

語られることの多い問題ですが，まだまだ関心をもって取り組まなければならないと考えています。さらに，この事件に対して科学者がどのように対峙したのかも重要なテーマです。このような背景もあって，課題研究の1つのテーマとして位置づけて，現地におもむき活動するフィールドワークの対象として長年取り組んできました。

図1は，毎年1月に行なわれる校内の発表会で，受講生たちが後輩に活動報告をする際のポスターです。1年間の活動概要を紹介するものとなっています。校内の発表会は，これまでの10年間にさまざまな形態で行なってきました。当初はレジュメ（紙ベース）をもとに発表していましたが，それがパワーポイントのスライドとなり，近年はポスター発表が多くなっています。

図1 水俣ゼミの活動報告のポスター

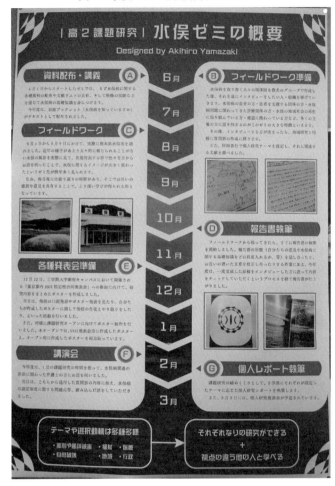

## （3）課題研究をどのように進めるか

### ①事前の調査

まず，具体的な研究の流れについて見ておきましょう。生徒は自分たちの興味・関心に従って，このゼミを選択します。しかし，その選択理由は個人によってまちまちです。そこでまず，第1回目のゼミでは，講座の選択理由と個人的な研究関心について発表してもらいます。これは，のちのちの個人研究テーマにもつながるものですが，この時点ではまだ漠然とした受講動機となっています。

その後，もっとも重要な夏のフィールドワークに向けた準備を始めます。まずは水俣病に関するリサーチをします。長年の研究によって，参考文献はたくさんありますが，高校生向けの入門テキストとして適したものはそう多くありません。ゼミがスタートした当初は熊本学園大学の水俣学ブックレット『水俣病小史』をテキストとしていました。これは水

俣病事件史の中のトピックを取り上げて解説したもので，熊本日日新聞の連載記事をもとにしたものです。歴史的に水俣病をとらえるうえでは好適な文献となっています。最近は，2016年に刊行された，高峰武『水俣病を知っていますか』（岩波ブックレット）を使用しています。高峰さんは熊本日日新聞の論説主幹で，長年にわたって水俣病を取材した人です。加えて，患者さんの肉声が伝わる栗原彬『証言・水俣病』（岩波新書）を読ませています。

文献を読みながら，映像でも水俣病を追います。土本典昭監督の作品など水俣病を題材とした映像作品も多くありますが，近年は，NHK戦後史証言プロジェクト「日本人は何をめざしてきたか　第2回　水俣」（2013年7月13日放送，90分）を使っています。総合的に水俣病を扱った番組で，当時の映像を使いながら水俣病を歴史的に追っています。

### ②調査計画の策定と準備

夏休みに実施する4日間のフィールドワークの日程は生徒が中心となって決めていきます。生徒は，現地でインタビューをする人を考えていきます。現地で水俣での教育旅行を誘致しアレンジしているNPO法人である環不知火プランニングからのアドバイスをもらいながら，生徒の希望を聞いて人選を進めています。

当初は，熊本学園大学の水俣学を学ぶことで，将来研究者になることが多い生徒たちに学問の深淵に触れさせることを考えていました。実際，水俣にある学園大の現地研究センターで原田正純先生から話を聞いたり，熊本市内の学園大に宮北隆志先生をたずねたりもしました。しかし最近は，移動の時間も考慮して水俣市内での活動を中心とし，研究者よりも当事者にインタビューすることに主眼をおくようになっています。

インタビューに応えてくれる，いわゆる水俣病の語り部としては，さまざまな人たちが現在活動しています。患者のみなさんや患者家族，支援者，行政にたずさわる人などこちらの問題意識に応じて，訪問することができます。事前に語り部さんを選定し，生徒が考えた質問項目をまとめて送るようにしています。4日間の行程のうち，前半の3日間は全員で話を聞いていきますが，最終日の半日は，各個人の問題意識にもとづいて，小グループに分かれて話を聞くようにしています。

### ③現地実習の概要

ここでは，2019年度に実施した実習の内容を見てみましょう。

日程：2019年8月6日（火）〜8月9日（金）

行先：熊本県水俣市　参加者：高校2年生20名，引率2名

主な行程：

1日目午前　鹿児島空港経由水俣入り

　　　午後　JNC（チッソの子会社。2011年にチッソのほぼすべての事業を譲渡して設立された）正門前見学，JNC水俣製作所見学

2日目午前　水俣フィールドワーク①　百間排水口・親水護岸・水俣病資料館見学

　　　午後　水俣に聴くプログラム①　下地明友氏，入口紀男氏，杉本　肇氏

３日目午前　水俣フィールドワーク②　相思社・歴史考証館見学
　　　　午後　水俣に聴くプログラム②　坂本しのぶ氏，緒方誠也氏
４日目午前　水俣に聴くプログラム③　班別学習
　　　　　　石牟礼智氏（親子二代にわたるチッソ社員，中国・朝鮮で生活した経験がある）
　　　　　　坂本みゆき氏（水俣市在住，現在熊本県人権教育研究協議会）
　　　　　　徳富一敏氏（水俣市南部もやい直しセンターおれんじ館館長）
　　　　　　田畑恵子氏（水俣国際交流協会副会長）
　　　　　　吉本哲郎氏（元水俣市職員，地元学提唱者）
　　　　午後　熊本空港経由帰京
　生徒のまとめた報告書から，胎児性水俣病患者である坂本しのぶさんと，同席した患者支援に取り組む谷由布さんから聞いた話の感想を抜粋してみましょう。

　　（感想・考察）谷さんは我々の拙い質問をくみ取り，それを坂本さんにかみ砕いて伝えて，また坂本さんの話したことを我々にわかりやすく伝えてくださり，とてもありがたかった。ヘルパーとして患者に現在進行形で向き合っている人の言葉には説得力を感じた。坂本さんはとても表情が豊かで，とくに笑顔が印象的だった。治らない病気をもって生まれ，つらい経験も多くしてきたはずなのに，それを感じさせないような笑顔だったのを見て，とても強い人だと思った。それだけに水俣について語る坂本さんの言葉はとても重たいものがあった。

#### ④実習後の取り組み

a）報告書の作成

　実習の成果は，毎年報告書としてまとめています。発行したのち，世話になった現地の人たちや機関に送付しています。2019年度は89ページで，実習中のインタビューの内容や考察・感想など生徒たちが分担して執筆・編集しました。2019年度は生徒の活動が活発で，10年目ではじめて，執筆した原稿をいったん現地の人たちに送付して校正してもらうことができました。当たり前のこととはいえ，これまではできていませんでした。

b）弁護士から話を聞く

　以前は，実習から帰ってくると報告書の作成が進まず，2学期はほとんど原稿の読み合わせや編集作業に費やし

図2　JNC正門前で説明を聞く

図3　湯堂集落で説明を聞く

ていましたが，2019年度は思いのほかはかどったので，東京でも学習を深めることにしました。知人の紹介でノーモア・ミナマタ訴訟の弁護団に加わっている弁護士にきてもらうことができました。水俣病の学習を進めていくと，必ずと言っていいほど，訴訟の問題に突きあたります。原告の状況や審理の内容，判決とその後の影響など，複雑な裁判史の理解は難しいのですが，弁護士から話を聞くと，大変わかりやすく訴訟を整理してもらうことができました。


## （４）成果を発信する

　成果を発信する際に重要なのは，形式ではなく内容です。形式を整えようとしても，生徒から発信する内容がなければ形ばかりの発表となってしまいます。実際，フィールドワークに行って充実感を味わった生徒たちは，成果の発信にとても意欲的です。

　現地で行なったことをそのまま報告することだけでも記録としては意味がありますが，より大切なのは，考察や探究につながっていくことです。そのために，以下のような作業を行ないます。

　①まず現地で得た知見や考察をそのままの形でまとめる。

　②事前に設定した個人の研究テーマにそくした形で，実習で得たことを再構成する。

　③不足している部分やさらに深めたい課題を考える。

　④全員が各々のテーマと成果を発表して教室内で共有する。

　以上のような段階をふんだ後に，外部への発信内容を考えると，内容の裏づけがあるので発表内容や全体の枠組みをまとめやすくなります。そして，ポスターやスライドを作成する際にはプレゼンテーションの留意事項（文字の大きさ，１枚に入れる分量，発表時間に対する枚数）などを確認します。前勤務校では，中学校時代に東京近郊と東北地方で２回のフィールドワークと発表学習を行なっているので，基本的なリテラシーは獲得しており，成果物をまとめる作業には困りませんでした。言い換えるとプレゼンテーションの基本的な技能は修得させる機会が必要です。

　具体的な成果物としては，まず報告書があります。現地で聞きとった内容や考察をまとめたものです。実習の記録としても重要なので，年度末の発刊をめざして毎年編集を行なっています。

　次に，年末に開催される都内SSH校合同発表会への参加があります。この会は主に理数系の発表が中心ですが，社会科系の発表も行なえます。当日は１時間程度，参加者に対してポスターで発表をしています。さらに年末に学校から台湾に国際交流に行く生徒がいるので，水俣に関する研究発表も行なっています。台湾の高校生は水俣に関する知識をあまりもっていないようなので，公害の概要の説明となりますが，現地の反応はよいようです。そして，１月には下級生を対象とした発表会を開催しています。受講生は分担してパワーポイントやポスターを作成し，高１や中３の後輩に研究成果を発表しています。

　また，日本地理学会が主宰する高校生によるポスターセッションにエントリーしたこともありました。大人も参加する外部での発信経験は高校生を大きく成長させます。

図4　生徒が作成したポスター

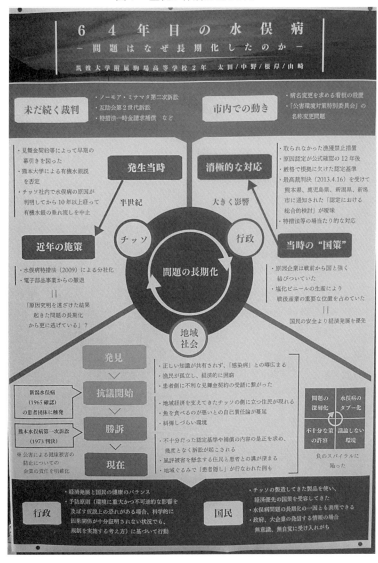

## （5）課題探究と発信を進めるには

　10年間続いた課題研究で，フィールドワークや外部への発信のノウハウを蓄積することができました。現在では，外部発信の機会はさまざまあると思います。まずは高校生が取り組んだ研究の成果を発信してみることが重要ではないかと思っています。社会へ発信して，交流していくことでまた成長していくと考えるからです。

参考文献 ------------------------------------------------------------------------

大野　新　2012.「高校生と取り組む水俣フィールドワーク」地理57-2
大野　新　2019.「10年目を迎えた水俣フィールドワーク」地理教育49
吉本健一　2019.「調査・発表学習やフィールドワークにどう取り組むか」『中等社会科100テーマ』三恵社, pp.34-35

（大野　新）

**編者**

大野　新（おおの　あらた）　　　中央大学法学部特任教授（地理教育研究会事務局長）
主な著作：
『地理教育をつくる50のポイント』（共編著，大月書店，2004年）
『中等社会科100テーマ──〈地理総合・歴史総合・公共〉授業づくりの手引き』（和井田清司ほか編，共著，三恵社，2019年）
『授業のための世界地理　第5版』（地理教育研究会編，共著，2020年）


竹内裕一（たけうち　ひろかず）　　千葉大学名誉教授／開智国際大学教授
主な著作：
『社会科教育の再構築を目指して──新しい市民教育の実践と学力』（編著，東京学芸大学出版会，2009年）
『現代リスク社会にどう向き合うか──小・中・高校，社会科の実践』（編著，梨の木舎，2013年）
『高校社会「地理総合」の授業を創る』（井田仁康編著，共著，明治図書，2021年）


**執筆者**

飯塚和幸（いいづか　かずゆき）　　明治大学付属中野中学・高等学校
石毛一郎（いしげ　いちろう）　　　千葉県立成田国際高等学校
泉　貴久（いずみ　たかひさ）　　　専修大学松戸中学校・高等学校
井上明日香（いのうえ　あすか）　　神奈川県立希望ケ丘高等学校
黒川仁紀（くろかわ　よしき）　　　千葉県立流山おおたかの森高等学校
近藤正治（こんどう　しょうじ）　　浅野中学・高等学校
菅澤雄大（すがさわ　ゆうだい）　　明治大学付属明治高等学校・中学校
武田竜一（たけだ　りゅういち）　　東京大学教育学部附属中等教育学校
内藤芳宏（ないとう　よしひろ）　　桐朋女子中学校・高等学校
長谷川裕彦（はせがわ　ひろひこ）　明星大学
宮﨑大輔（みやざき　だいすけ）　　筑波大学附属駒場中・高等学校
宮嶋祐一（みやじま　ゆういち）　　文京学院大学女子中学校　高等学校
山本晴久（やまもと　はるひさ）　　千葉県立柏高等学校
吉村憲二（よしむら　けんじ）　　　神奈川県立横浜緑ケ丘高等学校
吉本健一（よしもと　けんいち）　　至学館大学

DTP　編集工房一生社

装幀　森デザイン室


地域と世界をつなぐ「地理総合」の授業

2021 年 4 月 22 日　第 1 刷発行
2023 年 11 月 30 日　第 2 刷発行

編　者　大野　新・竹内裕一

発行者　中川　進

発行所　株式会社 大月書店
　　　　〒 113−0033　東京都文京区本郷 2−27−16
　　　　電話（代表）03−3813−4651　FAX 03−3813−4656
　　　　振替 00130−7−16387
　　　　http://www.otsukishoten.co.jp/

印　刷　太平印刷社

製　本　中永製本

ISBN978-4-272-40598-5　C0337　Printed in Japan

## 2022年スタートの高校社会科・新科目

# 具体的な授業プランや授業づくりのヒントを提案

各定価 ［本体 3,000 円＋税］